분노 내려놓기

마음챙김과 연민을 통한 분노 치유

제프리 브랜틀리 지음 | 한기연 옮김

Σ 시그마프레스

분노 내려놓기 마음챙김과 연민을 통한 분노 치유

발행일 | 2016년 6월 20일 초판 1쇄 발행
지은이 | Jeffrey Brantley
옮긴이 | 한기연
발행인 | 강학경
발행처 | (주)시그마프레스
디자인 | 강경희
편집 | 문수진

등록번호 | 제10-2642호
주소 | 서울시 영등포구 양평로 22길 21 선유도코오롱디지털타워 A401~403호
전자우편 | sigma@spress.co.kr
홈페이지 | http://www.sigmapress.co.kr
전화 | (02)323-4845, (02)2062-5184~8
팩스 | (02)323-4197

ISBN | 978-89-6866-744-2

Calming Your Angry Mind
How Mindfulness and Compassion Can Free You from Anger and Bring Peace to Your Life

* 책값은 책 뒤표지에 있습니다.
* 이 도서의 국립중앙도서관 출판예정도서목록(CIP)은 서지정보유통지원시스템 홈페이지(http://seoji.nl.go.kr)와 국가자료공동목록시스템(http://www.nl.go.kr/kolisnet)에서 이용하실 수 있습니다.(CIP 제어번호 : CIP2016014274)

"이 책은 당신의 분노를 마음챙김, 이해, 연민을 통해 다스리는 방법을 제시한다. 이 책은 당신의 일상에 적용할 수 있는 실용적이고 실제적인 마음챙김 사례들을 담고 있다. 이 책은 당신에게 화내지 않고 평화로운 마음으로 사는 방법을 알려준다."

- Bob Stahl, PhD
*A Mindfulness-Based Stress Reduction Workbook, Living With Your Heart Open, Calming the Rush of Panic*과 *A Mindfulness-Based Stress Reduction Workbook for Anxiety*의 공동 저자

"브랜틀리 박사는 연민을 가지고 전문적으로 명료하게 분노를 다스리는 방법을 풍부하게 설명하고 있으며, 나아가 마음챙김 수련에 대해 영감에 찬 안내를 하고 있다."

- *Richard M. Jaffe*
듀크대학교 종교학과 부교수

역자서문

최근 들어 분노폭발이나 충동적 폭력에 관한 사건을 자주 접한다. 그런 현상을 볼 때마다 걱정과 안타까움으로 가슴이 서늘해지는 건 비단 나만은 아닐 것이다. 아이를 폭행하는 어른들의 이야기나 운전 중 발생하는 도로 위의 공격에 관한 뉴스는 우리가 믿고 살아온 '보편적 인간다움'에 대해서조차 강한 의구심을 갖게 한다. 과연 인간의 본성이 저런 모습이던가?

하지만 심리치료사라는 직업을 갖고 마음이 아픈 사람들을 도와주며 살고 있는 나로서는 '원래' 그런 사람은 없다고 생각한다. 우리가 이 세상에 신생아의 모습으로 올 때, 어느 누구도 처음부터 그런 악감정과 적대감을 마음 안에 담고 있지는 않았을 것이다.

분노는 그 크기와 표출 방식에 있어 개인차가 있을 뿐이지, 실은 우리 모두의 내면에 존재하는 그냥 그런 감정 중 하나이다. 때로는 우리를 힘 있게 만들어주어서, 내가 원하는 것들을 강력하게 추진할 수 있도록 하는 것이 분노이다. 분노는 우리의 존엄성을 유지해주기도 하고, 무엇인가 그릇되고 나빠지는 상태를 수정할 수 있도록 돕기도 한다. 문제는 분노 자체가 아니다. 우리가 분노를 어떻게 접근하고 다루는지가 늘 문제인 것이다.

의사이자 마음챙김 지도자인 브랜틀리 박사는 마음챙김 명상을 통해 분노라는 경험에 접근하고 있다. 외부로 드러난 분노폭발을 문제로 삼고 가라앉히는 단차원에 머무는 것이 아니라 심층적인 차원에서 분노를 바라보고 있다. 분노의 밑에는 두려움이, 그 밑에는 오래된 자신만의 신념이 있다는 생각을 갖고, 분노의 원인과 그것이 유지되는 조건을 지금까지와는 다른 방식으로 제시한다. 마음챙김을 통해 분노의 시작과 그것을 지탱하는 상태를 찾아내고, 어떻게 그 상태를 멈추거나 다르게 변형시킬 것인지도 다루고 있다. 그렇게 한다면, 분노 이외의 다른 모든 부정적 정서들, 즉 자기비난이나 경멸하는 마음, 적개심, 두려움과 같은 감정을 지속시키는 정신적 습관 또한 우리 마음과 신체에서 힘을 잃게 할 수 있을 것이다.

마음챙김 명상은 원래 불교의 종교적인 전통 속에서 발전해온 것이지만, 심리학에서는 이를 정서적 고통이나 스트레스를 감소시키기 위한 전략으로 종교와 무관하게 받아들이고 실시하고 있다. 마음챙김은 몇 가지 요소로 이루어져 있다. 가장 중요한 한 가지는 마음챙김은 의도적 행위라는 것이다. 자신의 주의 과정과 관찰 과정을 자각하면서 세상에는 다양한 의식과 주의가 존재한다는 것을 알고자 하는 의도이다. 기꺼이 자신의 경험에 참여하면서 경험하는 모든 것을 충분히 관찰한다. 이때 일어나는 어떤 것에 대해서도 평가하지 않는 태도로 그저 바라본다. 평가하는 마음이 생겼을 때조차 그것을 알아채고 그저 흘러가게 둘 뿐이다. 또한 자신에게 발생한 어떤 것이든 회피하지 않고 기꺼이 바라보며 접촉하고 수용한다.

저자는 우리에게 '분노는 일시적인 것이고, 분노가 아닌 요소들로 만들어져 있다. 분노는 당신이 아니다. 그러니 분노와 같은 어려운 감정들을 친절과 연민으로 똑바로 바라보라'고 청하고 있다. 마음챙김은 현재, 지금-여기에 무엇이 일어났는지 놓치지 않고 끊임없이 관찰하고 알아간다. 그것이 분노여도 마찬가지여서 회피하거나 억압하지 말고 그저 깊게 바라보는 것이다.

삶은 곧 순간이라는 말에 동의할 것이다. 지금-여기가 아닌 곳에 삶은 있을 수 없다. 현재에 존재한다는 것은 여기, 지금, 이 순간에 주의를 기울인다는 말의 다른 표현이다. 마음챙김으로 집중한다면 삶의 매 순간에 보다 풍요롭게 연결될 수 있을 것이다. 실행을 거듭할수록 더 깨어 있는 상태에 있게 될 것이며 더욱더 현재의 순간에 존재할 것이다. 가장 강력하면서 가장 접근 용이한 마음챙김의 방법 하나는 바로 자신의 호흡에 집중하는 일이다. 스스로 안절부절못하고 있거나 산란해져서 몸과 마음이 분리되고 멍해져 있다고 느낄 때, 혹은 치밀어 오르는 분노와 공격성에 당황스러울 때, 단지 호흡 자체, 호흡이 주는 느낌, 거기에만 집중해보자. 실행을 반복하면 더 깊은 고요함과 평정심을 현재의 순간으로 가져올 수 있을 것이다. 일어난 모든 것을 수용하면서 자신의 경험에 열려 있게 되면 실존적 의미의 존재로서 나를 만날 수 있다. 그래서, 마음챙김으로 분노를 바라보는 것은 분노조절에서 끝나는 것이 아니라, 자신과 자신의 삶을 이해하는 사색적인 삶을 추구하는 일이 될 것이다.

우리가 마음을 사용하는 방법이 우리의 뇌를 바꾼다는 신경가소성 이론은 여전히 매력적이다. 신체의 근육이 달라지듯이 마음을 어떻게 사용하느냐에 따라 뇌의 상태도 변화한다. 바람직한 중요한 자질을 키우고 도움이 되지 않거나 건설적이지 않은 자질들을 사라지게 할 수 있는 능력이 우리에게는 있다. 성인기를 살아가는 우리 모두의 희망이기도 하다.

번역하면서 시종일관 한 치의 머뭇거림도 용납지 않는 저자의 확신에 찬 단호함, 그리고 친절함에 탄복하는 마음이 절로 들었다. 독자들도 그의 안내와 지지 속에서 분노감정을 다스리는 기술뿐 아니라, 뇌를 가장 스마트하게 변화시키는 방법을 내 것으로 할 수 있을 것이다. 기꺼이 그렇게 하겠다는 의도가 충분하다면 말이다. 부디 그런 행운을 모든 독자가 거머쥐기 바란다.

2016년
역자 한기연

추천의 글

브랜틀리 박사는 이 책에서 우리가 날마다 겪는 일상의 경험들을 더 좋은 것으로 만들어줄 수 있는 실천 가능한 방법들을 제시한다. 독자들은 책을 통해 건강한 몸과 마음 및 더 나은 인간관계에 도움이 되는 간단한 기술을 배우고 실천해볼 수 있을 것이다. 아울러 무엇보다 중요한 한 가지는, 그런 과정을 통해 날마다 평화로운 마음을 지니게 되리라는 점이다.

분노는 우리 모두가 경험하는 것이다. 화가 나고, 짜증이 나거나, 때로는 격분하는 것은 사실 사람이라면 피할 수 없는 감정이다. 분노가 자연스러운 인간의 감정이라는 것을 인정하면서 우리가 반드시 알아야 할 것은, 분노는 우리의 눈을 가리고 밑도 끝도 없는 확신을 동반한다는 점이다. 분노는 우리의 생각을 편협하게 만들고 무엇을, 누구를 탓할까 궁리하게 만든다. 분노는 또한 당신이 화가 나는 그 상황이 화가 나기에 충분한 상황이라고 확신하게 만들면서 도대체 화가 어디서부터 왔는지 알 수 없게 만든다. 엎친 데 덮친 격으로, 화가 났을 때 당신이 느끼는 감정들은 교활하게 당신이 계속해서 그 감정들을 유지하도록 종용한다. 분노가 당신의 정신을 은밀히 통제하는 방식을 알게 되면, 분노가 어떻게 당신의 일상과 나아가 인생까지 지배하는지 볼 수 있을 것이다.

분노는, 우리가 살면서 느끼는 다른 부정적인 감정들처럼, 피할 수 있는 것은 아니지만 그것에 휘둘릴 필요는 없다. 심리학은 분노를 '쌓아놓거나 끌고 가지 않기를 선택'하는 것이 얼마든지 가능하다는 것을 보여준다. 분노가 우리의 일상이 될 필요는 없다. 심리학적 연구들은 분노가 마음의 기저선이 되거나, 어떤 상황에 대한 첫 반응이 된다면 그 개인은 결국 신체적 건강을 잃고 인간관계에서 파탄을 겪는다는 것을 제시하고 있다.

기꺼이 초대한 적도 없건만 분노가 당신의 삶에 떡 하니 자리를 잡고 있었다고 해도 이제부터 좋은 마음을 가져보자. 당신은 변할 수 있기 때문이다. 이 책이 도움이 될 것이다. 고대에서부터 이어져온 지혜와 최신 과학을 모두 참고하여 브랜틀리 박사는 분노를 안정시키는 방법과 생생한 변화의 성공담을 제시하고 있다.

독자들은 마음챙김과 연민의 핵심적인 실천 방법들을 배우고 어떻게 활용할 것인지 알게 될 것이다. 내적 다스림을 위한 지혜와 직관을 얻을 수 있을 것이다. 당신이 더 큰 행복, 더 많은 관계, 보다 충분한 충만함을 느낄 수 있도록 분노를 제어하는 방법을 배울 것이다. 풍성함으로 나아가는 길을 알게 될 것이다.

당신의 마음을 이해하고 분노를 다스리는 첫걸음을 떼게 된 것을 축하한다. 브랜틀리 박사가 제시하는 지혜를 흡수하고 실천하여 꼭 성공하길 바란다.

−바버라 프레드릭슨(Barbara L. Fredrickson, PhD)
노스캐롤라이나 채플힐대학교 심리학과 석좌교수

차례

제 **2** 부   화난 마음을 다스리는 수련

서문

화가 나는 것에 지친 적이 있는가? 고집스럽게 판단하고 비난하는 마음이 당신의 일상과 타인과의 관계를 불안하고 쓸쓸하게 만드는 것에 지친 때가 있는가? 당신의 가시 돋친 말과 짜증이 다른 사람들에게 어떤 영향을 줄지 걱정해본 적이 있는가?

이런 질문에 하나라도 '예'라고 대답했다면, 이 책이 당신에게 도움을 줄 것이다.

또는, 분노로 가득 찬 순간의 내가 나라고 느끼는 것보다 더 행복한 삶을 소망한 적이 있는가? 그렇지 않았다면 나는 한 인간으로서 더 나은 사람이 될 수도 있었을 것이라고 생각하는가?

더 친근하고, 현명하고, 차분하고, 근사한 내가 더 자주 등장해서 사랑하는 사람과 직장동료들 사이의 관계, 그리고 일상의 행복과 도전들에 대응할 수 있었으면 좋겠다고 생각한 적이 있는가?

이런 질문들에 '그렇다'고 대답했다면 이 책이 당신을 도울 것이다. 이 책은 보통 사람들을 위한 간단한 책이고 우리의 날마다의 삶에 도움이 되는 책이다.

이 책은 분노와 당신에 대한 책이다. 그리고 더 중요한 것은, 이 책은 당신이 이미 가지고 있는 힘을 찾고, 그것을 이용해서, 화를 내거나 표출하는 방식을 바꾸는 법을 담고 있다는 점이다. 분노의 손아귀로부터 자신을 자유롭게 하는 방법을 배움으로써 당신은 즉각적으로 당신의 삶을 바꿀 수 있다. 그리고 점점 더 큰 안락함과 행복을 느끼게 될 것이다. 당신은 친절함, 이해심, 자신을 사랑하는 마음에 있어 새로운 세계를 찾게 된 것에 놀랄 것이다.

변화를 위한 당신의 내재된 힘은 마음챙김(mindfulness)에 근본을 두고 있다. 마음챙김은 자각(awareness)의 다른 말이다. 마음챙김은 모든 인간이 가질 수 있는 에너지이자 성질인데 그 이유는 마음챙김이 기본적인 인간 지성에 기반하고 있으며 친절함, 연민과 같은 우리의 잠재된 선량함에서 찾을 수 있기 때문이다.

이 책에서는 마음챙김을 키우고 분노 및 다른 고통스러운 감정, 일상의 스트레스를 다스리는 방법을 배울 것이다. 또한 마음챙김과 분노에 대한 유용한 정보와 이것들이 당신의 건강에 미치는 영향, 그리고 따라 하기 쉬운 명상법과 사색법을 통해 해로운 분노로부터 당신의 인생을 되찾는 방법을 찾을 것이다.

이 책에 담긴 정보와 명상법은 마음챙김, 명상, 건강, 신체 반응에 대한 현대 과학, 심리학, 그리고 고대 지혜에 기반하고 있다. 이렇게 쌓인 지식들이 마음챙김 명상법의 장점들에 대해 알려준다. 마음챙김은 당신의 의식과 직관을 넓히고 연민 어린, 친절한, 그리고 사랑스러운 당신을 만들어내는 데 도움을 줄 것이다.

당신은 특별한 수련 과정이나 예비 훈련 없이도 이 책을 충분히 활용할 수 있으며, 특수한 신념 체계를 받아들여야 한다거나, 독특한 종교성이나 영성을 가져야 할 필요도 없다. 그저 필요한 것은 당신이 행복해지고 건강해지는 데 할 수 있는 일늘을 하고 싶다는 관심뿐이다.

이 책은 마음챙김 명상수련과 연민, 거기에 담긴 지혜가 주는 세상으로 당신을 초대할 것이다. 이 여행을 통해 당신은 꼭꼭 숨겨진 자신의 현재 모습을 새로운 시각으로 바라볼 수 있다. 이 여행의 매 순간들을 주의하여 받아들인다면 비로소 당신은 스스로를 찾고, 만족스러운 대인관계와 풍성하고 행복한 인생을 경험할 수 있도록 이끌어주는 가장 믿음직한 원천을 알게 되는 것이다. 만약 당신이 당신 자신과 분노에 대해서 더 알고 싶다면, 그리고 분노를 조절하는 것은 물론 자신과 주변 사람들을 위해 더 효과적으로 자신을 더 좋은 사람으로 만들고 싶다면 이 책이 전하는 말에 귀 기울여 보기를 권한다.

:: 분노의 본질

분노나 관용의 감정, 또는 증오와 사랑과 같은 강렬한 정서나, 전쟁과 평화를 일으키는 의도 같은 것은 그것이 감정이건 생각이건 행동이건 간에, 개개인이 느끼고 생각하고 대응하는 것에 대한 반응으로 우리 안에 생겼다가 사라지는 것들이다. 이런 감정이 지속되거나 커지거나, 혹은 줄어들거나 사라지는 것은 이 감정들을 일으킨 대응적 생각과 감상들을 의식적으로든 무의식적으로든 어떻게 관리하는가에 달려있다.

이것은 우리 모두에게 해당되는 말이다. 어떤 일이 일어날 때―이를테면 고속도로에서 차가 확 끼어든다거나, 동료가 무신경한 지적을 한다든가, 친구가 따뜻한 글을 보내는 것―어떤 느낌이나 감정이 순식간에 우리 안에서 일어난다. 그것은 탓하고 싶은 마음이거나 고마워하는 마음, 비판하거나 품어주는 마음, 심지어 지루하다거나 관심이 생기는 어떤 것이든 될 수 있다. 이와 같이 다양한 인간의 감정과 정서의 발단은 단지 하나의 소리, 감각, 혹은 생각들, 즉 우리의 마음과 몸에서 어떤 반응을 일으키는 바로 한 사건이 단서가 되서 시작한다. 그래서 감정이라는 것은 왔다가 매우 빨리 갈 수도, 오랫동안 내 안에 머무를 수도 있는 것이다.

분노의 감정이란 것도 또한 그렇다. 당신이 얼마만큼의 화를 느끼는지, 또는 어떤 주어진 경험에 대해 얼마나 화가 나는지, 심지어는 당신이 화가 나게 될지 여부마저도, 이 모든 것이 당신의 마음속에서 무슨 일이 일어나는지에 달렸다. 즉 당신이 어떤 신체 감각을 느끼는지 그리고 무슨 생각을 하는지에 달렸다는 뜻이다.

아마도 당신은 분노나 그와 관련된 정서들, 이를테면 비난하고 비판하고 싶은 느낌, 짜증이 나거나 울컥하는 감정들이 당신의 삶을 짧게, 또는 길게 지배했던 경험을 가지고 있을 것이다. 그런 것들이 몸 안에서 어떻게 느껴졌는가? 그때 당신의 생각은 당신에게 무슨 말을 했는가?

아마도 누군가가 당신의 분노가 직장생활이나 건강, 혹은 대인관계를 비롯한 여러 방면에서 '문제'라고 말한 적이 있을 것이다. 자, 정작 스스로는 어떠한가? 마음속의 분노에 대해 알고 있는가? 혹은 이것이 매우 놀라운 내용인가?

혹 어떤 때는 분노가 '힘을 실어줘서' 내가 원하는 것을 얻을 수 있었다고 느낀 적이 있을지도 모른다. 아마도 얼마 지나지 않아 분노가 유발한 고통을 깨달았겠지만, '목적은 수단을 정당화한다'는 내용의 속담을 생각하며 그 고통을 떨쳐버렸을지도 모른다. 또는, 같은 확률로 당신은 당신의 분노가 다른 사람에게 미쳤을 해로움의 깊이에 대해 전혀 알아채지 못했거나, 진실로 깨닫지 못했을 수도 있다.

이것이 분노의 본질이며, 인간이라는 존재의 본질이다. 이는 매우 복잡하면서도 진정 가슴 아픈 경험이다. 때로는 분노가 당신이 알아채는 상태에서 발생한다. 즉 당신은 당신이 화가 났다는 것을 알고, 왜 화가 났는지, 그리고 어떻게 당신의 화를 표현할지를 알고 있다. 또 다른 때에는, 당신이 자각하지 못하는 상태에서 화가 발생한다. 당신은 자신이 왜 화가 났는지, 혹은 낭신의 화가 당신의 주변에 어떤 영향을 미칠지, 심지어는 자신이 화가 났다는 것 자체를 알지 못할 수도 있다. 분노는 우리의 생각, 신체 감각, 표현과 행동들의 일련의 흐름을 통해 일어나고 또 표현되며, 그것들은 사고와 감각의 지배를 받는다.

당신이 화가 난 상태라는 것을 주관적으로 경험하게끔 하는 정신적 활동이나 신체적 반응은 그 자체가 엄청난 양의 에너지가 들어가는 일이다. '분노로 타오르는'이라는 표현이 분노라는 감정 속에 있는 강력한 에너지의 정도를 가리킨다고 말할 수 있겠다. 또한 분노를 일으키고 지속시키는 것은 우리의 마음, 두뇌, 신체 간의 연결과 소통에 있어서 깊게 형성된 습관의 형태를 띤다. 그래서 나는 이와 같은 화의 활동적이고 습관적인 측면과 그것에 연관된 감정들을 지칭하기 위해 습관 에너지(habit energy)라는 표현을 종종 사용할 것이다.

분노하고 있는 현재 당신의 개인적이고 주관적인 경험은 무엇인가? 당신을 '타오르게' 하는 그 지점은 어디인가? 당신의 몸에서, 마음에서, 혹은 관계 속에서 그 분노를 느낄 수 있는가? 분노가 당신의 행복한 느낌, 이 세상에의 소속감을 무너뜨리는가? 이 감정은 무엇에 대응하여 발생하는 것인가? 존중받지 못한다든가, 위협을 받는다든가, 혹은 쉽게 상처받는다고 느끼는가? 분노가 찾아왔을 때 당신은 분노라는 감정과 어떤 관계를 맺는가? 당신은 분노에 대해 분노하는 편인가, 아니면 당신이 그 감정 자체가 되었다고―예를 들면 '단지 화가 난 사람'이라고―느끼는 편인가? 당신이 이 문제들에 대해 조금 더 자각할 수 있고, 무언가 발견할 수 있다면 어떻겠는가? 당신의 감정에 대한 당신의 반응들을 생각해보았을 때, 뭔가 다른 식으로 반응하고 싶은가? 요컨대, 당신은 다른 종류의 사람이 되고 싶은가?

분노에 대한 우리의 선택은 삶의 너무도 많은 측면에 대한 선택과 동일한 것이다―분노를 향해 마주 바라보면서, 더 잘 이해하고 더 잘 다스리기를 추구할 것인가? 혹은 '분노 안에서' 그리고 '분노로부터' 발생하여 우리의 삶과 사고와 활동에 존재하는 '습관 에너지'가 우리의 삶과 행동을 좌지우지하고, 세상에 미칠 영향까지도 지배하게 내버려둘 것인가?

나는 이 책을 통해 당신이 당신의 분노를 향해 몸을 돌려, 그것을 이해하고, 그것을 다스릴 수 있는 건강한 방법들을 찾을 수 있도록 초대하고 싶다. 나는 당신이 현재를 충만하고 사려 깊게 살아갈 수 있는 능력에 도달하여, 여러 감정들—특히 분노 및 그와 관련된 감정—을 느꼈던 개인적인 경험에 깊이 뛰어들 수 있었으면 한다. 그래서 어떤 특정한 감정에 닥쳤을 때 당신의 몸과 마음에서 어떤 일이 일어나는지 알고, 지금까지와는 다르게 대처할 수 있기를 바란다.

당신이 분노를 경험하는 순간이나, 이후의 행동이 달라지는 순간을 상상해보라. 분노, 비난, 비판, 짜증, 격분과 같은 것들의 강도와 그것들이 일어나는 횟수가 감소할 수 있다는 것을 상상해보라. 당신의 삶과 인간관계에서 분노가 힘을 발휘하는 일이 줄어들 수 있음을 상상해보라.

스스로 분노를 인식하고 경험은 하지만, 화난 감정이나 그 분출에 의해 삶이 제한되거나 왜곡되지 않고 사는 삶을 상상해보자. 그것은 엄청난 변화이며, 근본적으로 다른 삶이 될 것이다. 만약 당신의 분노가 덜 강하고 덜 지배적이었다면, 당신은 그렇게 고립되거나 혼자라고 느끼지 않았을 것이다. 또한 괜한 추측에 사로잡히지 않으며, 당신이 이미 저지른 짓이나 또다시 분노에 장악당해서 하게 될지 모르는 행동들을 걱정하지도 않을 것이다. 이제 어떻게 당신의 삶을 우리가 방금 상상했던 삶으로 변하게 할 것인가? 마음챙김이 그것을 도와줄 것이다. 이 책이 당신이 화를 다스리는 데 마음챙김을 어떻게 사용할 것인지 가르쳐줄 것이다. 나는 마음챙김에 기반한 스트레스 감소(MBSR) 강의를 자주 하는데, 당신이 유용하다고 생각할 것 같아서 우리의 신념 중 한 가지를 공유하려고 한다. 그것은 '사람들에게는 아무리 큰 잘못이 있다고 하더라도, 잘못된 것보다는 옳은 것이 더 많다고 믿는다'는 생각이다. 여기서 '더 옳은' 것이란 인간의 지성에 관한 것이다. 인간은 배울 수 있고, 타인과 관계 맺을 수 있고, 스스로를 알 수 있는 능력이 있다. 이는 또한 '마음챙김'이라

불리는 인간의 기본적인 자각 능력과도 관련이 깊다. 이제 마음챙김이 무엇인지 자세히 알아보자.

:: 마음챙김이란 무엇인가

마음챙김(mindfulness)은 이미 우리가 가지고 있는 것이다. 혹은 우리 모두에게는 최소한 그 가능성이 존재한다. 당신이 마음을 챙길(mindful) 때, 당신은 지금 이 순간 아무런 판단도 하지 않으며 무언가를 조정하거나 바꾸려는 생각이나 계획 속에서 길을 잃지 않은 채로 무슨 일이 일어나고 있는지 자각한다. 마음챙김은 어떤 일도 하지 않는다. 그것은 단지 어떠한 판단 없이 알아채는 것이다.

마음챙김이 지금 당신 앞에 나타난 것을 아주 정확하게 비추는 거울과 같은 것이라고 생각하면 된다. 마음챙김은 현재가 무엇인지 분명하게 본다. 그것이 바로 당신이 당신을 둘러싼 세상뿐 아니라, 당신의 몸과 마음에서 무슨 일이 일어나고 있는지 알고자 할 때 마음을 챙기는(being mindful) 것을 매우 중요하게 만드는 요인이다. 또한 마음챙김을 음악적 능력 정도로 생각해도 좋다. 당신의 능력은 분명히 타고난 것이며, 이미 그곳에 있는 것이지만, 재능이 완전히 꽃을 피우기 위해서는 악기를 가지고 특정 기술들을 배워야 하며, 연습도 해야 한다. 이 책은 마음챙김의 기본 기술들을 소개할 것이며, 그 기술들을 연습할 유용한 안내를 제공할 것이다.

인류는 수천 년 동안 마음챙김을 훈련해왔으며, 명상수련과 마음챙김에 대한 방대한 양의 지혜를 축적해왔다. 당신도 이 책을 통해 명상과 사색 훈련을 배우면서 그와 같은 지혜에 기댈 수 있을 것이다. 지금 이 순간에 초점을 맞춘 자각을 키우고, 육성하는 것을 추구하는 고대 전통에 합류하게 될 것이다.

요즈음, 고대의 마음챙김과 명상의 전통들이 현대 과학의 연구 방법을 통해서 새롭게 탐구되고 재평가되고 있다. 발전된 과학적 방법들은 매우 흥미로우면서 상상을 초월하는 수준이다. 그렇기 때문에 마음챙김을 계속 훈련한다면 당신 또한 한 사람의 과학자가 되는 것이다. 이제 과학이 밝힌 인간의 뇌와 스트레스, 건강, 그리고 그것들이 분노와 어떤 관계를 갖고 있는지에 관한 내용을 간단하게 살펴보자.

:: 신경과학, 스트레스, 건강

인간의 뇌는 마음을 어떻게 사용하느냐에 따라 변화한다. 이것이 바로 지난 수십 년에 걸친 뇌과학과 의학 혁명의 결론이다. 살아있는 인간 뇌의 이러한 역동성과 가변성을 신경가소성(neuroplasticity)이라고 한다.

'신경가소적'인 두뇌를 가지고 있다는 것의 함의는 실로 엄청난 것이다. 예를 들어 당신이 의식적으로 선택하는 정신 활동들, 즉 '감사합니다'라고 말한다거나, 스스로 감사하고 있다고 되새기거나, 당신이 누리고 있는 것들에 대해 감사를 느끼는 등의 긍정적인 행동들은 시간이 갈수록 감사와 관련된 활동에 대해 더 강한 두뇌 기반을 만들어내고, 그런 생각이나 감정들이 다시 나타날 가능성은 높아진다는 뜻이다. 마찬가지로, 만성적인 분노나 좌절, 경멸하고 비판하는 감정과 같은 우리에게 익숙한 마음 상태가 있다고 한다면, 이러한 유형의 습관 에너지 또한 매우 강력해서 쉽게 점화될 수 있을 것이다. 어떤 일이 현재에 발생하면, 그것들은 우리 안에 오랫동안 간직했던 개인적인 관점, 숨겨진 이야기, 또는 오래된 기억과 같은 것들의 에너지를 불러내고, 순간적으로 당신을 상악해서 전혀 예상치 못했던 행동을 하게끔 몰아친다.

다양한 형태의 분노는 마치 지금 순간에 갑자기, 놀랄 정도로 강하게 나타나는 오랜 습관 에너지와 같은 것이다. 신경가소성의 본질을 생각할 때 이것은 두 가지 중요한 질문을 던진다—당신은 화가 나는 것을 '연습'하는가? 만약에 당신이 마음을 챙기는 것을 연습한다면 어떤 일이 생길 것인가?

우리가 마음을 사용하는 방법이 우리의 뇌를 바꾼다. 다시 말해 우리가 건강을 유지하기 위해, 원하는 대로 근육을 사용하면서 알맞게 근육운동을 하듯이, 우리에게 중요한 자질은 키우고, 도움이 되지 않거나 건설적이지 않은 자질들은 사라질 수 있도록 적절하게 뇌 훈련을 해야 한다는 말이다.

마음챙김 실행을 통해서, 명상과 숙고라는 강력한 내면적 기술을 사용하여 우리의 마음을 잘 살펴볼 기회를 잡을 것이다. 뇌과학의 연구를 통해, 이제 우리는 단순히 명상을 하는 방식으로 마음을 사용하는 것이 실제로 우리의 뇌가 작동하는 방법을 바꾼다는 것을 알게 되었다. 그것은 스트레스를 감소시키고, 건강에 도움을 주며, 분노와 같은 강력한 감정들을 더 잘 이해하고 조절할 수 있도록 힘을 주는 등의 강한 긍정적 효과를 보여주었다.

우리가 화를 덜 내고 덜 비판적으로 되며, 대신에 더 긍정적으로, 더 기뻐하며, 친절하고, 연민을 느끼게 되기를 소망한다면, 그 소망은 우리의 뇌가 그런 방향으로 바뀔 수 있다는 것을 알아차리는 데 도움이 될 것이다. 현대 과학과 심리학의 놀랄 만한 연구 결과는 고대로부터 내려오는 정신적인 세계의 영적 지혜의 가르침과 상치되지 않는다. 친절과 연민이라는 인간 본성을 북돋게 하는 영적 세계와 지혜의 가르침은 여전히 유효하다. 그러면 이제 인간의 마음의 힘과 지성이라는 주제, 우리가 이 책의 전반에 걸쳐 몇 번이고 되돌아갈 주제에 대해 자세히 알아보자.

:: 인간의 지성과 선량한 마음

많이 알려진 미국 영화 라이언 일병 구하기(1998)에서 노인이 된 라이언이 자신을 구해준 전우의 묘비를 찾아간다. 이 장면에서 라이언 일병은 잠시 숨을 고르고 함께 무덤을 찾은 주변 사람들에게 묻는다. "나는 좋은 인생을 살았을까요?"

인간이 자신의 생명을 남을 위해 희생하는 이유는 무엇인가? 우리는 얼마나 많은 이들로부터 얼마나 다양한 방식으로 도움과 희생을 받았는가?

현대 심리학자들과 건강과학자들은 우리 인간이 실제로 다른 사람들과 관계를 맺는 것을 중요시하고, 그런 능력을 더 키우도록 설계되어 태어났으며, 그런 방향으로 진화를 거듭해왔다고 주장한다. 인간은 자신의 내적세계와 신체에 대해 매우 민감하게 의식할 수 있는 잠재력을 지니고 있다. 그리고 라이언 일병처럼 자신의 인생이 좋은 인생이었냐고 스스로 묻는 일은 인류의 역사만큼이나 오래된 인간의 모습이다.

우리는 이 책을 통해 긍정적인 경험과 느낌이 건강과 행복에 도움이 되는 것을 보게 될 것이다. 사실 긍정적인 경험과 느낌이 주는 이점은 현대 심리학의 한 분류인 '긍정심리학'의 기본이 된다. 긍정심리학의 과학에 대한 많은 부분이 바버라 프레드릭슨(Barbara Fredrickson)의 연구에 의해 밝혀졌다. 바버라의 연구는 마음챙김과 연민에 기반을 둔 명상훈련이 긍정적인 경험에 닿고 그것을 지속시킬 수 있는 잠재력을 개발시킨다는 것과, 이러한 과정을 거치면서 건강과 보다 나은 삶을 발전시키게 된다는 것을 보여주었다.

이렇게 과학적인 발견을 살펴보면, 세상의 위대한 시인이나 화가, 작가뿐 아니라 모든 문화권에서 전통적인 영적 지도자들이 오랜 시간 전달하고자 했던 메시지를 발견할 수 있다. 그것은 우리가 인간으로서 바로 지금, 이 삶에서 매우 특별한 현명함과 선량함을 누릴 수 있는 잠재력과 능력을 지니고 있는 특별한 존재라는 점이다. 그렇다면 중요한 질문은 이것이 될 것이다. '좋은 인생'이 당신에게 정말로 의미하는 것은 무엇이며 그것이 삶의 의미와 목적, 그리고 당신에게 내재된 깊은 가치와 어떤 연관이 있는가? 무엇이 당신이 더 온전하게 잘 살아낼 수 있는 가능성을 방해하는가? 만약 분노가 좋은 인생을 실현하고자 하는 당신의 꿈을 방해하고 있다면, 마음챙김 실행과 명상이 그 분노를 이해하고 조절할 수 있게 도와줄 것이다. 마음챙김 실행과 명상은 좋은 인생이라는 것이 당신에게 어떤 의미인지를 찾는 데도 도움을 줄 것이다.

:: 마음챙김에 기반을 둔 삶

이 책은 마음챙김에 기반을 두어 삶을 이해하고자 한다. 이는 살면서 우리에게 일어나는 어떤 일에도 더 온전하게 자각하는 법을 배우자는 뜻이다. 더 온전하게 자각하면 분노와 같은 다루기 어려운 감정들을 더 잘 이해하고 조절할 수 있을 것이다. 마음챙김 실행을 통해 갖게 되는 더 온전한 자각은 우리를 현재에 머무르게 하며, 중요하게 생각하는 일에 더 집중하고, 어려운 일이 닥쳤을 때 더 효율적으로 대처할 수 있게 만들 것이다.

이 책을 집필하기 위해서 명상 분야와 의학, 심리학 관련 자료들을 연구하는 것뿐 아니라 분노조절 전문가로 활동하고 있는 치료자, 교육자, 연구자들과 의견을 나누었다. 나는 그들에게 "선생님께서는 이미 사람들에게 분노를 조절하고 어려운 감정을 다스리는 방법들을 효과적으로 가르쳐주고 계십니다. 그렇다면 그들이 선생님이 제시하는 좋은 내용을 제대로 활용하는 데 있어 가장 큰 난관은 무엇인가요?"라고 물었다.

전문가들의 답변은 기본적으로 동일했다. 분노와 같은 강렬한 감정적 어려움에 지친 사람들이 가장 어렵게 느끼는 부분은 그들이 막상 화가 났을 때 그 화난 감정을 충분히 인지하지 못하는 점이었다. 또한 분노 감정이 자신의 건강과 대인관계, 전 인생을 통해 성공과 행복의 기회에 어떤 악영향을 미치는지 제대로 파악하지 못하는 점이라고 했다.

마음을 챙긴다는 것은 삶의 통제권을 갖는 매우 중요한 방식이다. 예를 들면 분노가 당신을 휘두르는 것이 아니라 분노를 다스리는 방법을 배울 수 있고, 자신의 건강에 더 책임감을 느끼고 더 건강하게 지낼 수 있으며, 일상에서 본인이 내리는 결정과 방향에 대해 더 만족할 수 있다.

마음챙김으로 분노를 조절하는 것을 포함하여 마음챙김에 기반을 두어 삶을 이해하는 것을 '사색적인 삶', '명상하는 삶', '되돌아보는 삶'이라고들 표현한다. 마음챙김은 현재 무엇이 일어나는지 관찰하는 것에 집중하고 생각하기보다는 바로 관찰하면서 무언가를 알아내고자 하는 자세이기 때문이다. (거울은 앞에 무엇이 있든 간에 그것을 그대로 보여준다는 것을 기억하자.)

우리가 미처 알아차리지 못했더라도, 이렇게 마음챙김을 하면서 사는 것을 우리는 이미 경험하고 있다. 예를 들어 산책길에 아무 '생각' 없이 아름다운 꽃의 모양과 색을 인식하거나 구름의 움직임과 모양을 알아차릴 때가 있다. 이것이 바로 마음챙김을 경험하는 순간이다. 찬물을 한 잔 마셨는데 기대했던 것보다 훨씬 물이 차갑다고 알아챘다면, 그 차가움에 대한 직접적인 경험을 아는 것이 마음챙김이다.

마음챙김에 기반한 삶의 자세를 갖기로 하는 것은 거창한 것이 아니라 인생의 매 순간과 삶의 변화의 순간에 모든 경험을 직접 관찰하겠다, 마음챙김을 점점 더 많이 하겠다고 약속하는 일이다. 사과에 대해 수십 권의 책을 읽을 수는 있으나 사과를 정말로 안다는 것은 사과를 한 입 베어 물고 그 아삭함과 달달함, 육즙에 집중하고 알아차리기 전에는 불가능한 일이다.

마음챙김에 기반한 스트레스 감소(MBSR) 강의에서 우리는 '아는 것이 행동을 돕는다'고 말하곤 한다. 이것이 의미하는 것은, 지금 이 순간 무엇이 벌어지고 있는지 정확히 알 수 있다면, 그에 대한 대응도 나아질 것이란 뜻이다. 다시 사과 이야기로 돌아가면, 사과에 집중하여 그것이 무엇인지 제대로 알고 나서야 우리는 사과를 한 개 더 먹기 위해 손을 뻗을 수도 있고, '난 사과가 별로야'라고 결정할 수도 있는 것이다. 그 반응이 어찌 되었건, 사과를 맛보고 씹는 경험, 즉 사과를 '아는 것'에 집중함으로써, 그다음에 사과를 어떻게 할 것인지(하나 더 먹을지, 먹지 않을지) 더 나은 '행동'을 할 수 있는 것이다.

우리는 다양한 형태로 표출되는 분노와 그것이 우리의 건강과 인간관계에 미치는 영향에 주목할 것이다. 마음챙김에 기반한 삶의 자세의 핵심을 다음과 같이 요약할 수 있다.

1. 아무리 강력해도, 또는 어떤 결과를 불러온다 하더라도, 분노는 내가 아니다. 분노는 여러 가지 조건이 복합적으로 배치되면서 일시적으로 나타나는 우리의 몸과 마음의 상태이자 강렬한 에너지일 뿐이며 곧 사라지는 것이다.
2. 분노의 본질과 그것이 우리의 인생을 어떻게 휘두르는지 완전히 이해하지 못한다면, 건강과 삶의 질, 대인관계, 궁극적인 삶의 만족과 행복에 혹독한 대가를 치르게 될 것이다.
3. 현대 뇌과학과 의학, 고대로부터 내려온 명상에 관한 지혜에 따르면 마음챙김 실행은 분노라는 정서와 그 분출을 이해하고 변용시키며, 그것을 지탱할 수 있는 몸과 마음의 기초가 된다고 했다. 이를 통해 분노의 독소와 조절 불가능한 측면을 감소시키거나 제거할 수 있을 것이다.

이미 언급한 것처럼, 우리는 한 인간으로서 본래 마음챙김을 실천할 수 있는 능력을 지니고 있다. 그리고 마음을 모으는 능력은 명상을 통해 개발되고 성숙된다. 우리가 여기서 말하는 명상이란, 단지 우리의 주의를 특정한 목적을 위해 어떤 한 방향으로 향하게 한다는 의미이다.

명상이라는 단어가 특정한 종교적 전통과 종교 집단을 연상시킨다는 것을 알고 있다. 하지만 어떤 신앙 전통을 막론하고, 아무리 서로 다른 전통이나 다른 지도자로부터 배웠다고 해도, 명상에 대한 가르침은 우리의 주의를 특정 목적을 위해 특정 방향에 향하게 하는 것이라는 점에 강조점을 두고 있다. 예를 들면 어떤 명상의 가르침은 특정 어구(語句)에 마음을 모으고, 반복해서 읊조리도록 한다. 혹은 '마음을 진정시킨다', '정자세를 유지한다'는 목적을 이루기 위해 어떤 상징물이나 성상을 지그시 바라보며 종교적 전통과 깊이 연결되고 그 가르침에 대해 더 깊이 이해하고자 한다.

이 책에서 소개하는 명상을 활용하기 위해서 특정한 종교 집단이라든지 특수한 영적 입장을 취할 필요는 없다. 명상 활동은 인간의 두 가지 기본적인 본질에 기반을 둔다. 그것은 바로 우리에게 내재되어 있는 지성과 선량함이다. 인간의 이런 성질은 바로 여기에서 당장 활용할 수 있으며, 더 발전시킬 수 있다고 본다.

또 다른 짚고 넘어가야 할 중요한 점은, 분노에 통제력을 키우고, 행복한 삶을 위한 명상법은 이 책에서 제시하는 마음챙김 명상 방법만이 유일한 것은 아니라는 점이다. 스스로를 믿고, 자신의 지성과 마음의 선량함을 존중하면서 명상에 관한 '회의적 호기심'을 발달시킨다면, 어떤 명상법이라도 우리의 삶을 보다 편안하고 질적인 것으로 이끄는 힘을 발휘할 것이다.

책에서 '명상 실행'의 의미는 기계적으로 반복한다거나, '완벽'해야 한다거나, 어떤 공연을 위해 예행연습을 하는 그런 의미는 아니다. '명상 실행'은 단지 현재에 존재하고 지금 이 순간에 주의를 집중한다는 뜻이다. 우리는 자신이 누구인지, 인간이란 어떤 존재인지를 이해하기 위해 마음챙김과 기타 다른 명상법을 '실행'한다. 우리는 지금 여기에서의 인간의 고요함, 마음챙김, 평정심으로 뒷받침되는 완전한 자각의 다양한 차원이 구현되는 방식을 드러내기 위하여 끊임없이 배우고 반복하며 실천할 뿐이다.

:: 이 책은 누구를 위한 것인가

만약 당신이 분노와 다른 어려운 감정들을 조절하는 방법을 배우고 싶다면 이 책은 당신을 위한 책이다. 만약 당신이 단순한 분노조절뿐 아니라 사람들과 제대로 관계 맺고자 하며, 아름다운 주변 세계와 잘 연결되고, 삶이 주는 엄청난 잠재력과 기회를 온전히 받아들일 진정한 방법을 배우고자 한다면, 이 책은 당신을 위한 책이다.

이 책을 제대로 활용하기 위해서 분노조절의 전문가일 필요는 없다. 또한 명상 지도자가 될 필요도 없다. 사실 이 책은 명상에 관한 그 어떤 사전 지식과 경험을 필요로 하지 않는다. 낮은 연령에서부터 노인까지, 회사 중역, 군인, 운동선수나 가정주부 등 누구나, 그리고 최적의 행복을 찾는 사람부터 치료가 어려운 병을 앓고 있는 사람까지, 많은 사람들이 명상을 하고 있다. 만약 당신이 '난 명상을 하는 타입이 아냐'(명상 타입이 무엇을 의미하는지는 잘 모르겠지만)라고 생각해본 적이 있다고 해도 그건 문제가 되지 않는다. 당신을 포함한 모든 사람이 명상을 할 수 있다는 것을 알게 될 것이다.

숙고하는 훈련을 통해 자각, 연민, 이해심을 키우는 명상적 접근들은 만약 당신이 동기부여가 확실하고 기꺼이 이것들을 탐구하려는 열의가 있다면 강력한 자산이 되어 줄 것이다. 당신에게 진정 필요한 것은 하고자 하는 동기와 열의다. 어느 정도의 회의적 호기심을 갖는 것도 도움이 된다. 이 회의적 호기심을 가지라는 말은 명상이 나에게 정말 도움이 될지 잘 모르겠지만 과연 정말 효과가 있는지 알아보고자 하는 호기심과 기꺼이 실천해보겠다는 마음이다.

이 책에 제시된 이론과 간결하고 직접적이며 따라 하기 쉬운 마음챙김에 기초한 실행법들은 자기 각성을 증가시키고, 수용력과 회복력의 내적 근원을 찾고, 무엇보다 행복을 찾는 데 도움을 줄 것이다. 이 중 적어도 하나의 방법을 의도를 가지고 실천하는 것만으로도 자신과의 관계와 타인과의 관계를 획기적으로 개선할 것이다. 뿐만 아니라 생활에서 더 나은 선택을 내리고 효과적으로 행동할 수 있게 해줄 것이다.

한 가지 주의할 점은 바로 순서이다. 이 책, 그리고 실천 방법들, 그리고 마음챙김은 '마법 총알' 같은 것은 아니다. 또한 이것은 전문가의 치료가 필요한 순간에 그것을 대신할 수 없다. 마음챙김 수련이 여러 치료 과정에 도움을 준다는 근거는 많지만, 꼭 필요한 상황에 그 사람에게 필요한 치료법이 따로 있는 법이다. 만약 당신이 전문적인 분노조절 프로그램이 필요한 시점이라면, 이 책이 그 프로그램의 대체가 될 수는 없다는 의미이다. 부디 현명하게 생각하고 스스로에게 친절해지기 바란다. 분노조절을 위한 전문적인 도움이 필요한지 아닌지 확실치 않다면 주저하지 말고 심리치료사나 코치, 혹은 다른 전문가와 의논하기 바란다.

:: 이 책을 사용하는 방법

이 책은 마음챙김, 연민, 지혜에 기반을 둔 명상을 통해 분노와 다른 어려운 감정들을 효과적으로 조절하여 더 행복하고 편안한 인생을 살자는 내용을 담고 있다. 여기에 나온 명상법을 행할 때 '옳고 그름'이란 존재하지 않는다. 사실 무언가를 '하고 있다'(혹은 '고치고 있다', '바꾸고 있다')와 같은 생각을 버릴 때 명상이 더 효과적일 것이다. 정말로 효과적인 방법은, 마음을 가라앉히고 각 명상법들을 호기심과 자기 자신에 대한 믿음으로 실천하여 스스로에게 어떤 변화가 생기는지 알아차리는 것이다. 새로운 명상법을 시도하는 좋은 방법은 이것을 마치 새 옷을 입어보는 것처럼 생각하는 것이다. 실제로 입어보면 어떨지 잘 모르지만, 시도해보고 싶은 호기심이 있어서 한번 입어보는 것이다.

당신은 아마도 어떤 명상법을 다른 명상법보다 '선호'하게 될 것이다. 그것은 괜찮다. 좋아하는 명상법을 더 자주, 정기적으로, 예를 들면 매일 혹은 하루 중 몇 번이라도 실천하며 스스로 실험해보는 것도 좋은 방법이다. 때로는 명상을 시작할 때 처음에는 별로 내키지 않던 명상법들부터 시도하는 것도 도움이 될 것이다. 처음에는 큰 관심이 없던 명상법을 지속적으로 시도해보고 어떤 변화가 생기는지 느끼는 것도 굉장히 흥미로운 일이 될 것이다.

새로운 명상법을 시도할 때마다, 혹은 친근한 명상법으로 돌아갈 때도, 언제 어떤 명상법을 실시하는 것이 최선의 방법일지 찾을 수 있다는 자신감을 갖자. 당신이 가장 흥미로운 부분에서부터 시작하자. 그 최선의 방법을 찾을 수 있다고 스스로를 믿고, 거기서 시작하는 것이다. 시작하기에 앞서, 이 책의 내용에 대한 간단한 요약과 정보, 명상법이 어떻게 구성되어 있는지 알아보겠다.

1장에서부터 4장까지는 마음챙김, 분노, 마음챙김의 시각에서 분노에 대한 이해, 명상을 하기 위한 실천적 조언들을 담고 있다.

5장에서부터 7장까지는 마음챙김, 연민, 그리고 분노와 다른 어려운 감정 조절을 위한 직관을 강조하는 명상법들을 상세히 제시한다. 이 명상법들은 행복해지고, 현재에 집중하며, 자신과 남들에게 더 친절해지는 데도 큰 도움이 될 것이다.

8장에서는 사람들이 마음챙김과 연민에 기반을 둔 명상법을 실행할 때 갖게 되는 보편적 질문들과 염려들이 무엇인지 알아보고 이것에 대한 유용한 해결 방법을 제시한다.

9장에서부터 11장까지는 실제 예와 성공담, 그리고 매 순간, 매 상황에서 더 충일하고 연민 어린 삶을 살 수 있는 방법을 제시하는 다른 명상법도 소개한다.

각자의 속도에 맞춰 이 책에 제시된 명상법의 가능성과 이 명상법에 관련된 예시와 이야기들을 알아간다면 당신은 자각을 확대하고, 주의를 오랜 시간 유지할 수 있게 되며, 현재 자신의 안팎에서 일어나는 일을 더 정확히 알 수 있고 이에 더 효과적으로 대응할 수 있을 것이다. 이 발견과 변화의 여행 속에서 당신은 또한 이 세상에 긍정적 영향을 미치는 스스로의 힘에 대해 더 깊게 이해하고 감사하게 될 것이다. 이러한 과정에서 당신과 분노의 관계, 분노와 관련된 경험들을 바꿔나가게 될 것이다.

:: 스스로를 보라

현재 당신의 삶에 분노가 침입자로 존재하고, 그 분노의 고통에서 벗어나고자 길을 찾고 있다면, 이 책이 당신의 지지자이자 동료, 친구가 되기 바란다. 혹은 이 책이 앞으로 나갈 수 있는 출입구나 길이 되어 주었으면 하는 것이 나의 의도이자 희망이다. 책은 여기에 있지만 여기에서 이익을 얻는 것은 당신이다! 오직 당신만이 스스로를 변화시킬 수 있다.

스스로의 인생을 더 행복하고 긍정적으로 바꾸고 싶다는 욕망이 끈기를 가지고 버티게 해줄 것이다. 그다음에는 분노가 만들어내는 고통과 괴로움으로부터 자유로워지기 위해 알아야 할 무엇이 있다는 것에 분명하고 강력한 의도를 갖자. 마지막으로, 당신은 이미 변하기 위해 필요한 모든 것을 가지고 있다는 믿음을 갖자. 그리고 스스로를 변화시키기 위한 방법으로서 마음챙김 명상법을 알아가는 데 최선을 다하자.

제 **1** 부

기초편

calming your angry min

1

왜 마음챙김인가?

당신이 무엇에 관심을 기울이는지 말해주면, 나는 당신이 누구인지 말해주겠다.
– 호세 오르테가 이 가세트(José Ortega y Gasset)

당신은 당신의 생각이 아니다. 심지어 화가 났거나, 짜증이 났거나, 무엇인가를 비난하거나 비판을 할 때에도 생각이 당신이 아니기 때문에, 그것들에 지배당할 필요가 없다. 사람이라면 모두 경험하는 격노나 좌절, 비탄, 불안과 같은 불쾌하고도 강력한 감정 또한 당신이 아니기 때문에, 당신은 그것들의 포로가 될 필요가 없다. 사실, 인간으로서의 당신은 훨씬 거대하며, 훨씬 놀랍고, 훨씬 복잡한 존재이다. 따라서 그런 생각이나 감정이 당신 삶의 순간순간에 당신을 찾아와 주의를 요한다고 해도, 당신은 어떤 생각이나 감정들보다 훨씬 더 큰 잠재력을 가지고 있다.

당신은 이미 마음챙김을 수련하기 위해 필요한 것들을 갖추고 있다. 당신은 사실 마음을 한 곳으로 모을 수 있는 능력을 가지고 태어났다. 마음챙김은 열린 마음으로 현재의 순간에 주의를 기울이는 것에 달려있고 이것은 모든 사람이 할 수 있는 일이다. 마음을 챙긴다는 것은 지금 이 순간, 여기에 무엇이 있는지를 그저 알아채고, 어떤 판단도 하지 않으면서, 의도적으로 주의를 기울이는 상태를 의미한다.

마음을 모아 알아채기 위해 잠시 멈추는 것은 끊임없이 바쁜 가운데 무언가를 더하고, 또는 어떤 무엇이 되기 위해 쉴 새 없이 행하고 고치고 추구하는 과잉 동일시 상태, 그리고 내면의 가속으로부터 당신을 해방시켜줄 것이다. 그렇다고 마음챙김 상태로 있는 것이 모든 행동을 멈추고 바쁘게 사는 삶을 다 포기해야 한다는 것을 의미하지는 않는다. 다만 바쁜 와중이지만, 거기서 길을 잃을 필요는 없다는 것을 말한다. 마음챙김은 당신이 너무 바쁘지도, 너무 의욕이 넘치지도 않게, 더욱더 만족스럽게 당신의 삶을 살 수 있는 가능성을 발견하도록 도울 것이다.

자각 속에서 멈추고, 조율하고, 더 주의 깊게 알아채고, 지금 여기에 무엇이 있는지를 알기 위해 현재에 머무는 방법을 배우면서, 당신은 생각과 감정(분노를 포함한)과의 관계를 놀랍고 자유로운 방식으로 변화시킬 수 있을 것이다.

현재에 존재하고, 내면적 삶과 외부세계와의 상호작용 흐름을 온 마음으로 바라볼 수 있게 되면서, 생각과 감정에 대한 깊은 이해도 함께 발전할 수밖에 없다. 분노와 적개심, 경멸하고 미워하는 생각과 감정들은 당신의 변하지 않는 정체성이 아니다. 그것들은 일시적인 것이고, 지금 이 순간 수면 위로 떠올랐을 뿐이다. 지금 여기에 나타나기 위해서 다른 순간적 상태들과 마찬가지로 그저 일시적으로 많은 조건이 서로 얽혀 있는 그런 것들이다.

마음챙김은 타인에 대해, 주변의 세상에 대해 더욱 의식적으로 다가갈 수 있게 해준다. 증대된 자기 각성은 당신 안에서 자동적으로 점화되어 관계 속에서 분노를 자극하는 도화선이 무엇인지를 알아채도록 도와준다. 더 잘 자각한다는 것은, 당신이 타인에게 미치는 영향을 더 잘 알게 되며, 그 관계들 속에서 더 효과적이고 긍정적인 반응을 만들어낼 수 있게 되는 것이다.

이제 인간의 놀라운 마음챙김 자질에 대해 자세히 알아보도록 하자. 정말 중요한 이 자질은 삶의 매 순간을 진정으로 깨어서 살 수 있게 도와줄 것이다.

∷ 마음챙김이란 무엇인가

마음챙김은 당신이 인간으로서 이미 가지고 있는 훌륭한 자각 능력이며 가능성이다. 마음챙김은 자각(항상 현재의 순간에 존재하며, 지금 여기에서 지금 이 순간 나타나고 발생한 일에 대해서 판단하지 않고, 수용하며, 관찰하는 것)의 다른 명칭일 뿐이다.

　전심으로 마음을 모으게 되면 항상 가까이에 있는 고요함과 존재의 경지에 이르게 될 것이다. 사실 당신은 어느 순간에나 이 경지에 도달할 수 있다. 당신이 내쉬는 숨결마다, 내딛는 발걸음마다, 생각마다, 당신이 경험하는 소리마다, 감각마다, 냄새마다, 혹은 모든 맛에도 마음을 챙길 수 있다.

　사실 '마음챙김'이란 당신의 부분이며(최소한 어느 정도의 수준까지는) 당신 안에서 이미 작용하고 있기 때문에 당신이 인지하지 못했을지라도, 혹은 그것을 마음챙김이라 부르지 않았을지라도 당신은 이미 마음을 챙기는 순간들, 경험들을 가지고 있다. 예를 들어 시원한 산들바람이 당신의 얼굴에 와 닿는 것을 알아차리는 순간, 혹은 줄을 서 있다가 무언가 요리하는 냄새를 인식하는 순간, 혹은 집이나 일터에서 앉아 있다가 자동차나 트럭이 근처를 지나가는 격한 소리를 인식하는 순간에 방금 인식한 것들에 관하여 생각하느라 당신의 마음이 바빠지기 전의 바로 그것, 그것이 당신의 마음에서 작용하고 있는 마음챙김의 특성이다. 그러한 감각, 냄새, 소리 등이 당신의 피부, 코, 귀에 닿을 때에 당신의 두뇌가 그러한 신호들을 의식으로, 그리고 그 순간에 일어나고 있는 경험에 대한 인식으로 바꿀 수 있는 것은 당신의 '본성적인(natural)' 마음챙김이 작용하고 있기 때문에 가능한 것이다. 마음챙김은 현재의 매 순간에 걸쳐 지나가는 모든 감각적인 경험(소리, 생각, 감각, 냄새, 맛)의 변화하는 흐름을 인식한다.

한마디로 마음챙김은 현재의 순간을 의식하는 것, 무슨 일이 일어나는지 아는 것에 관한 것이다. 또한 그것은 존재에 관한 것, 그러면서도 어떤 행동이나 생각도 하지 않는 것에 관한 것이다. 이 책 전체에 걸쳐 보게 되겠지만, 마음챙김이란 생각하지 않으면서도 어떤 생각이나 몸과 마음의 다른 경험들을 인식의 밝은 빛 아래에 둘 수 있게 되는 것이다. 그러므로 마음챙김을 실행하면 당신과 당신의 생각과의 관계에 변화를 가져와 치유와 변형이라는 엄청난 길이 열릴 것이다. 예를 들어 누군가와 대화를 한다고 하면, 마음챙김은 당신이 그저 현재에 머물며, 그 사람이 무엇을 말하고 있는지 듣고, 매 순간마다의 느낌과 생각을 더 잘 알아챌 수 있도록 해줄 것이다.

당신은 이제 마음챙김이 무엇을 의미하는지에 대한 감을 잡았을 것이다. 이것을 조금 더 깊이 탐구하기 위해, 저명한 마음챙김 명상가들이 들려주는 마음챙김의 의미를 살펴보자.

조셉 골드스타인(Joseph Goldstein) – 통찰 명상 모임(Insight Meditation Society)의 창립자

"마음챙김을 통해, 그러니까 그 순간에 완전한 주의를 기울일 수 있는 자질을 통해 변화의 진실을 향한 문이 열린다"(2002, 32).

"마음챙김은 어떠한 판단도, 간섭도 없이 무엇이 존재하는지를 알아챌 수 있는 마음의 특성이다"(2002, 89).

존 카밧 진(Jon Kabat-Zinn) – 마음챙김에 기반한 스트레스 감소 프로그램(mindfulness-based stress reduction, MBSR)의 창시자

간단히 말해서, 마음챙김은 매 순간에 대한 자각이다. 그것은 우리가 보통 생각을 두지 않는 순간의 것들에 대해 의도적으로 주의를 기울임으로써 기를 수 있다. 그것은 휴식할 수 있고, 주의를 기울일 수 있고, 자각과 통찰을 할 수 있는 우리의 내적인 능력에 기반을 두고 우리 삶의 새로운 조절 능력과 지혜를 발달시키는 체계적인 접근법이다(1990, 2).

틱 낫 한(Thich Nhat Hanh) – 선(禪) 지도자이자 평화 활동가이며 시인, 작가

나는 마음챙김이라는 용어를 누군가의 의식을 현재의 현실에 대해 깨어 있게 하는 것을 칭하는 데 사용할 것이다(1975, 11).

샤론 살즈버그(Sharon Salzberg) – 통찰 명상 모임(Insight Meditation Society)의 창립자

마음챙김은 '실제로 무슨 일이 일어나고 있는지'와 '일어난 일을 자신에게 어떻게 말하고 있는지'의 차이를 보게 해주는, 스스로에게 하고 있는 '이야기'가 직접적인 경험에 어떻게 방해가 되는지를 잘 볼 수 있도록 해준다(2011, 13)

:: 마음챙김과 명상

인간이 사용할 수 있는 의식의 영역은 광범위하다. 마음챙김 수련을 통해 누구나 그 광범위한 영역 전부를 사용할 수 있게 될 것이다. 당신이 숨 하나, 발걸음 하나에 마음을 챙기는 것을 훈련할수록, 당신은 현재의 순간으로, 의식의 차원으로 더 깊이 들어가게 된다. 마음챙김 실행은 인간 본래의 유산인 날마다의 편안한 삶과 간결함, 뿐만 아니라 우리 내면의 고요함과 거대함을 발견하고 경험할 수 있는 풍부한 기회를 제공할 것이다.

마음챙김에 대한 당신의 잠재력과 가능성은 여러 가지 명상법을 실행함으로써 더 풍부하고 깊게 발달시킬 수 있다. 명상을 통하여 당신의 의도를 스스로 알아챌 수 있을 만큼 강해지고, 주의를 집중하고 유지할 수 있는 능력이 커지며, 어떤 경험에도 열린 마음으로, 판단하지 않는 태도로 머물 수 있는 능력이 확장된다. 명상에는 아주 다양한 형태가 있지만, 이 책에서 우리는 아주 기초적인 정의를 사용할 것이다. 명상은 특정한 목적을 위해, 특정한 방법으로 주의를 집중하는 것을 실행하는 것이다. 명상에 대해 자세히 알아보도록 하자.

명상이란 무엇인가

명상은 특정한 목적을 위해, 특정한 방법으로 주의를 집중하는 것을 말한다. 명상은 기술이며, 예술이다. 명상의 기술에는 의도적으로 주의를 집중하는 것, 그리고 판단하지 않는 태도를 유지하는 것들이 있다. 명상은 고대로부터 많은 사람들에 의해 다양한 영적 전통에서 훈련되었던 자기 변형의 예술이다. 최근에는 의료, 건강 관련 분야의 사람들도 명상에 큰 관심을 갖게 되었다. 명상은 개인적 신념이나 종교, 경제 여건, 기타 다른 특성과 상관없이 누구든 배울 수 있으며, 수련을 통해 분노와 같은 고통스럽고, 슬프고, 파괴적인 감정을 더욱 효과적으로 다룰 수 있고, 점점 더 행복해지고 더 건강해질 수 있다는 것이 알려지고 있다.

명상 지도자인 크리스티나 펠드먼(Christina Feldman, 1998, 2)은 모든 명상수련법을 관통하는 몇 가지 핵심 원칙을 강조했다.

- 주의(attentiom) : 우리 스스로를 현재 순간에 확고하게 세우는 수단이다.
- 자각(awareness) : 가볍고 무겁지 않으며, 예민하고 분명한 의식을 개발한다. 직관적이면서도 안정적인 내적 환경을 제공한다.
- 이해(understanding) : '바깥 세상과 내적 세상에 대한 즉각적이고 직접적인 인식에서 발생'한다. 명상을 통해 이해를 개발하는 것은 '우리 인생의 새로운 길을 만들고, 깊어지는 지혜라는 무늬를 넣어 인생이라는 훌륭한 양탄자를 직조하는 일'이다.
- 연민(compassion) : 명상의 기본 원칙이다. 명상은 자기애적이거나 자기중심적인 행동이 아니다.

그러므로 명상은 주의를 모으고 유지하는 기술을 쌓는, 환하고 분명한 의식을 개발하는, 자기 이해를 늘리고 인생을 지혜롭게 사는 직관을 늘리는 예술이자 행위로 볼 수 있다. 또한 명상은 명상하는 사람이 가지고 있는 기본적인 인간의 가치인 연민과 친절로 뒷받침된다.

명상 수련법은 수없이 많다. 특정 명상법에 따라 앞서 제시한 핵심 원칙 중 어떤 한두 가지를 특히 강조한다. 다양한 명상법의 방법론과 그 효과를 배우는 것, 언제 어떻게 어떤 명상법을 실시할지 결정하는 것은 명상을 행함에 있어 '예술'과 같은 부분이다. 그리고 당신이 어떤 핵심 가치에 더 무게를 두고 특정 명상법을 행하더라도 당신은 그때그때 자각을 실행하면서 주의와 의도, 어떤 것도 판단하지 않는 명상 기술을 발전시킬 것이다.

예를 들면 당신은 숨 쉬는 감각에 의식을 집중하며, 의식이 흩어질 때마다 다음 숨에 집중하는 방식으로 명상할 수 있다. 이런 기술은 특히 집중적인 의식을 기를 때 도움이 된다. 혹은 의식을 연민이나 친절함과 같은 특성에 집중하여 자신과 타인 안에서 그 특성과 관련된 감정들이 어떠한지에 주목하면서 그런 특성들을 훈련하고 강하게 할 수 있다.

물론, 모든 핵심 원칙들—주의, 자각, 이해, 연민—은 어떤 명상법을 선택하든 어느 정도 포함된다. 특정한 명상법을 선택하는 배경은 당신이 명상을 통해 그중 어떤 원칙을 더 집중적으로 탐구하고 싶은지에 달려있다.

마음챙김 명상법은 특히 스트레스를 관리하고 분노와 같은 파괴적인 감정으로부터 통제력을 찾는 데 유용하다. 마음챙김은 파괴적인 감정들과 그것을 불러일으키는 일들에 대해 알아차릴 수 있도록 우리의 의식을 깊게 해주기 때문이다.

5, 6, 7장에서 당신은 주의, 자각, 이해, 연민의 각 요소와 특성을 탐색할 수 있는, 마음챙김에 기반을 둔 명상 훈련을 자세하게 볼 수 있을 것이다. 또한 다른 장들에서 당신을 더 큰 자각과 이해에 도달하게 도와줄 간략한 마음챙김에 기초한 명상수련을 볼 수 있을 것이다. 이는 여러 상황(특히 분노에 관련된)에서 마음챙김 상태에 들어가고 그것을 유지하게 해줄 것이다. 또한 당신 스

스로 만든 명상법을 실행하길 원한다면, 4장에 당신만의 명상법을 만드는 데 도움을 줄 실용적인 제안이 담겨 있다.

명상에 대한 오해

이제 명상이 무엇인지 더 잘 알게 되었다. 그러나 최근 들어 마음챙김과 명상에 대해 너무나 많은 말들이 넘쳐나는 추세여서, 명상에 대한 그릇된 생각들을 살펴보는 것도 도움이 될 것이다.

명상은 '긍정적 생각'이 아니다. 사실 명상은 그 어떤 '생각'도 아니다. 명상은 당신 생각의 본질적인 부분에 대한 주의와 각성을 길러내는 과정이다.

명상은 그저 또 다른 이완법이 아니다. 명상을 하면서 이완을 느낄 수 있지만, 마음챙김 명상은 자각을 발전시키는 데 의미가 있다. 그러나 이완과 평안이 마음챙김 실행을 도울 수 있고, 인생의 중요한 것들, 혹은 그런 지점에서 자신을 연민 어린 마음으로 바라보며 능숙하게 대하는 데 도움이 될 것이다.

명상은 최면상태나 '황홀경'으로 들어간다는 의미가 아니다. 당신이 마음챙김 명상을 행하는 이유는 다른 세계로 가기 위함이 아니다! 이것은 차라리 지금 여기에 있는 것에 대해 제대로 알고 보려는 것이다.

명상은 고통과 실망에 면역력을 키워주지 않는다. 당신은 살아 있는 존재이고, 계속해서 좋은 일과 나쁜 일을 겪게 될 것이다. 당신은 인생의 풍파를 막을 수 없다! 명상을 실행하고 더 사려 깊은 사람이 되는 것은 인생에서 일어나는 일들에 다르게 대응할 수 있도록, 인생의 풍파를 '파도타기를 하듯' 유려하게 넘어갈 수 있도록 도와준다는 의미이다.

명상은 '머리를 비운다'는 의미가 아니다. 그보다는 마음챙김 명상은 습관적으로 생각하고 반응하던 방식에 대한 자각을 증가시켜서 과거의 생각과 반응 방식에서 벗어나고 과도하게 동일시하는 것을 막아준다. 머릿속 생각들에 일일이 반응하지 않을 때 오히려 생각이 빨리 지나간다는 것을 알게 될 것이다.

명상은 사제, 수도승, 수녀들만 하는 것이 아니며, 종교도 아니다. 마음챙김과 명상은 이것을 하고자 하는 모두를 위한 것이다. 당신이 특별한 사람일 필요는 없다. 명상수련은 모든 인간이 가진 기본적인 지능과 선량함을 기억하고 다시 연결하는 것이다. 이 책에 나온 명상법들은 어떤 신앙을 가진 사람도 할 수 있는 것들이다. 물론 종교가 없는 사람도 얼마든지 속세의 방법으로 할 수 있다.

명상은 이기적이거나 자기중심적이지 않다. 명상을 핑계로 누군가 자신의 책임과 관계를 등한시할 수는 있겠지만, 그것은 명상을 왜곡하는 것이다. 마음챙김과 명상을 통해 얻게 되는 변화들은 자기충만(self-full)이라고 표현하는 것이 좋겠다. 왜냐하면 마음을 더 모으게 될수록 당신은 더욱 현실감을 갖는 것은 물론 자기 자신과 다른 사람들에 대한 이해가 늘어날 것이고, 주변 사람들은 연민 어린 도움을 기꺼이 나누는 당신을 경험하게 될 것이다.

마음챙김과 명상 : 기억해야 할 중요한 것들

마음챙김을 하는 능력은 인간의 잠재력에 이미 내재되어 있다. 명상을 통해 의지력과 주의력, 그리고 수용적이며 판단하지 않는 태도를 개발하는 것은 마음챙김 잠재력을 실현하는 데 도움을 줄 것이다. 그리고 그것은 당신의 인생의 매 순간을 더 풍성하고 강하게 해줄 것이다. 다음은 마음챙김과 명상의 중요한 부분에 대한 간단한 요약이다.

마음챙김은 그것을 경험함으로써 가장 잘 이해할 수 있다. 사과에 대해 생각하고 읽는 것보다 사과를 한 번 먹어보는 것이 사과에 대한 고유한 이해를 만들어내듯, 마음챙김에 대해 직접 경험을 하는 것이 마음챙김을 배우는 진정한 방법이다. 규칙적인 명상 실행을 통해 마음챙김은 더 강력해질 것이다.

마음챙김에 대한 역설은, 마음챙김으로 도움을 얻고자 한다면 무엇을 변화시키거나 다른 새로운 사람이 되려고 하는 것을 멈춰야 한다는 것이다. 이 말은 더 훌륭한 마음챙김 명상가가 되기 위한 노력조차 그만둬야 한다는 뜻이다! 진실로, 무엇인가를 '하려는' 것을 멈추고 그저 흘러가게 두어야 한다. 우리는 이것을 '존재하되 하지 않음'이라고 말한다. 이것이 의미하는 것은 이번만큼은 마음을 내려놓고 무엇인가를 고치려는 행동을 하지 말라는 것이다. 마음챙김을 실행하는 것은 스스로에게 주는 선물이며, 이 선물은 지금 이 순간을 세심한 주의로 받아들이는 것을 제외하고는 무언가를 하려 들지 않고, 어딘가로 가려 하지도 않으며 가만히, 그리고 현재에 존재하는 것이다.

마음챙김에는 '진정성'의 차원이 있다. 이것이 의미하는 것은 주변에 일어나는 일에 대해 친근하고 수용적이며 호기심을 갖는 것을 의미한다. 예를 들어 짜증과 좌절을 느끼게 하는 상황에 직면했을 때 당신은 '진정성'을 통해 이 정신적 고통을 인식하고 그것을 환영하기로 결정하며 고통을 수용하고 당신과 함께하기를 선언한다. 이 과정에서 고통과 함께 일어나는 감각과 생각에 더 호기심을 갖고 자세히 살핀다. 마음챙김은 결코 '머리를 자극하는 일(head trip)'도 아니고, 단지 사람의 생각에 관한 것이 아니다. 마음챙김은 오히려 '사람 전체를 자극하는 일(whole-person trip)'이다. 마음챙김을 실행하는 것은 인간의 주의와 자각을 모두 포함하고, 인간으로서의 모든 경험을 기꺼이 받아들인다는 것을 의미한다. 이것은 곧 지금 이 순간과 연결된 모든 생각과 느낌, 감각, 심지어 냄새와 맛까지도 마음챙김의 대상으로 삼는다는 뜻이다. 마음챙김 '기술'을 통해 판단하지 않고 생각할 수 있게 된다면 친절함과 연민이라는 '진정한' 특질이 온 마음을 다해 깨어서 바라보는 과정 중에 나타난다. 이 책에서 명상과 사색적인 훈련이 진정성의 핵심 요소인 친절함과 연민의 발전에 도움이 되는 것을 보게 될 것이다.

당신의 마음챙김 '재능'은 명상 실행을 통해 개발될 수 있다. 여기서 명상 실행을 한다는 것은 정식 명상 세션을 갖는 것은 물론 정식 수련을 삶의 모든 부분으로 가져오는 것을 의미한다. '실행'한다는 것은 간단히 말해 더 자주 마음챙김 주의를 기울인다는 의미이다. 예를 들어 만약 당신이 정식 명상법으로서 마음챙김 호흡법을 실행했다면 당신은 당신이 원할 때 언제, 어디서라도 호흡에 주의를 집중하고 마음을 챙겨 숨 쉬기를 할 수 있다. 하루 동안 마음챙김 호흡을 실천한다면, 당신은 단 한 번의 마음챙김 호흡조차 얼마나 강력할 수 있는지 알게 될 것이다. 또한 우리가 '실행'이라고 말할 때에는 '완벽'해지기 위한 연습을 의미하거나 당신이 아닌 누군가가 되라고 이야기하는 것이 아니다. 마음챙김을 실행하는 것은 온전히 자기 자신이 되라는 의미이고 온전히 자신이 된다는 것이 어떤 의미인지 알아가는 과정이다. (4장에 명상을 실행하는 데 도움을 줄 내용들이 있다.)

∷ 마음챙김을 뒷받침하는 핵심 기술과 태도

수많은 마음챙김 지도자와 연구자들은 마음챙김 상태가 되는 데 필요한 내재된 가능성을 완전히 펼치는 데 도움을 주는 기술 세 가지를 말한다. 그것은 의도를 갖는 것과 주의를 기울이는 능력, 그리고 판단하지 않고 수용하는 태도를 키우는 것이다. 이는 크리스티나 펠드먼이 제시한 명상의 핵심 원칙을 다른 용어들로 풀어내 명상의 기술로 강조한 것이라고 볼 수 있다.

마음챙김의 세 가지 핵심 기술

이 장의 후반부에는 마음챙김의 핵심 기술을 담고 있는 기본적인 마음챙김 명상법을 소개하였다. 그리고 마음챙김, 연민, 지혜에 기본을 둔 따라 하기 쉽고 배우기 쉬운 명상법들도 있다. 이 명상법들 중 단 하나라도 당신의 일일 명상 스케줄에 넣어 규칙적으로 실행한다면 핵심 기술을 기르고, 명상의 핵심 원칙을 직접 느끼며, 결과적으로 분노를 포함한 힘든 감정들을 지배하고 평화와 기쁨을 느끼는 데 도움이 될 것이다. 이제 각 기술에 대해 자세히 살펴보자.

의도

의도(intention)는 당신이 미리 알아채지 못해도 당신의 모든 행동에 선행한다. 의도는 마음챙김 기술 중 하나라고 할 수 있는데, 무엇보다도 우선 당신은 반드시 깨어 있는 상태로 마음을 챙겨보겠다는 의도를 가져야 한다. 그래야 우리 인간 본성의 한 부분이라고 할 수 있는, 현재에 주의를 두지 않으며 현재에 존재하지 못하는 습관에 대항할 수 있기 때문이다. 인간은 이미 마음챙김을 할 잠재력을 가지고 있다는 것과, 건강과학과 긍정심리학에 기초한 원리를 알고 있다는 것은 마음챙김을 하려는 의도를 유지하는 데 큰 도움이 될 것이다. 그리고 행복한 삶을 살고자 하는 것, 더 만족스러운 인생을 원하는 욕구는 매 순간 마음챙김을 하려는 큰 동기부여가 될 것이다.

주의

주의(attention)는 단연코 당신이 매 순간, 적어도 깨어 있는 매 순간 연마해야 하는 기술이다. 대화를 하며 방금 상대방이 한 말을 알아듣지 못했을 때 당신의 주의가 당신의 초점과 다른 곳으로 향하는 것을 알아차렸을 것이다(그리고 이것을 알아차렸다는 것은 당신의 내재된 마음챙김이 작동하고 있다는 의미이다). 혹은 가끔 당신이 일을 하고 있을 때 누가 불러도 알아차리지 못할 때, 일에 매우 몰두했다는 것을 깨닫게 된다.

마음챙김 호흡법 같은 명상법은 초점에 더 오래 머물러 더 안정적이고 지속적이게, 더 예리하고 더 유연하며 쉽고 정확하게 초점의 방향을 돌릴 수 있는 주의를 기르는 데 도움을 준다. 지속적이면서도 유연한 주의를 기르는 것은 마치 뭉뚝한 칼을 예리하게 가는 것과 같다. 즉 더 쓸모 있는 도구가 되는 것이다.

태도

현재 이 순간에 일어나는 모든 것에 대해 판단하지 않고 수용하는 태도(attitude)를 갖는 것은 마음챙김을 행하는 데 꼭 필요하다. 이 태도에 관한 기술은 단지 현재 이 순간 일어나는 모든 것에 대해 온 마음을 챙겨 관찰할 때 판단하지 않고 수용하는 입장과 태도를 갖는 것을 의미한다. 이런 태도에 관한 기술은 마음챙김을 행하는 데 필수적이다. 왜냐하면 매 순간, 매번 숨을 쉴 때마다 '존재하되 아무것도 하지 않음'을 도와주기 때문이다. 매 순간의 경험에 온 마음을 다한 주의를 주며 판단하지 않고 수용적 태도를 기르는 것은 대부분 사람들이 연마해야 할 기술이다. 오래된 정신적 습관인 판단하고 반응적인 태도는 마음과 몸에 굉장히 빠르게 떠올라 순식간에 당신을 현재에 존재하지 못하게 휩쓸어가 버린다. 순식간에 남을 탓하고 비판하는 것과 같은 행동을 하게 만든다.

이 핵심적인 태도 기술은 많은 방식으로 표현되며 여러 차원이 있다. 자각상태에 머무르면서, 단지 현재에 존재하는 기술을 개발하고 심화할 수 있는 다양한 가능성을 시도해볼 수 있다는 뜻이다. 마음챙김에 기반한 스트레스 감소

법(MBSR)의 아버지인 존 카밧 진(Jon Kabat-Zinn)은 MBSR 모델에서 마음챙김에 필수적인 일곱 가지 핵심 태도를 제시하였다(1990). 이 태도들은 마음챙김을 행하는 누구에게나 도움이 된다.

마음챙김을 행할 때 필요한 일곱 가지 핵심 태도

1. 비판단(nonjudging)
2. 비추구(nonstriving)
3. 믿음(trust)
4. 인내(patience)
5. 수용(acceptance)
6. 초심자의 마음(beginner's mind)
7. 놓아주기(letting go)

마음챙김을 행할 때 이런 태도들을 알고 익히고 의지하는 것은 큰 도움이 될 것이다. 이 책 전체를 통해 마음챙김과 연민에 기초한 명상법들을 배워 나가면서 이런 태도들을 참고할 것이다. 이제 각 태도들을 자세히 살펴보자.

비판단. 마음챙김은 당신이 알아챈 모든 것을 기꺼이 받아들이고 투영하는 자각이다. 판단은 매 순간 일어난 일에 대해 당신의 생각과 비난을 얹고 포개면서 당신과 직접적인 경험 사이를 분리한다. 판단하지 않는 것은 단지 판단하는 습관을 알아차리고 그것을 놓아주는 방법을 배우는 것이다. 이것은 당신이 판단하는 것을 판단하는 것도 멈추라는 의미이다! 당신 머릿속에 판단이 일어나고 있다는 것을 깨닫는 것으로 충분하다. 예를 들어 만약 당신의 동료가 보고서 제출기한을 넘겼고 당신 머릿속에 그 사람에 대한 판단과 분노가 일어난다면 그저 그런 판단이 머릿속에 생겼다는 것을 깨닫기만 하라는 것이다. 마음챙김을 통해서 스스로 차분함을 되찾고 궁금증을 가져라. 왜 제출기한을 넘겼다는 것이 날 이렇게 화나게 하는 걸까? 그 사람에 대한 비난은 접어두고 왜 그가 제출기한을 넘기게 되었는지 그 이유를 찾아볼 수 있겠는가? 만약 그의 아이가 위급하여 병원에 가는 바람에 제출기한을 넘겼다는 것을 알게 된다면 당신 기분은 어떠할 것인가? 머릿속에 떠오르는 판단을 잠시 멈추는 것은 분노와 비난을 넘어서서 당신의 선택의 폭을 넓혀준다. 당신 스스로 어느 새 판단하고 있는 자신을 판단하지 않는 것도 비판단의 연습이 될 수 있다!

비추구. 행동하고 고치고 바꾸려는 습관 에너지는 당신의 몸과 정신에 깊게 새겨져 있다. 추구한다는 것은 무언가를 바꿔야 한다거나 어딘가로 가야 한다거나 다른 사람처럼 행동해야 하는 일종의 압박과 같은 느낌이다. 마음챙김을 행한다는 것은 적어도 명상을 하는 동안만이라도 변화를 찾는 습관을 버리고 지금 이 순간에 진정으로 들어가 어떤 일이 생기든 있는 그대로 둔다는 것을 의미한다. 비판단을 판단하고 있는 자신을 알아차리는 것으로 연마할 수 있는 것처럼 비추구 또한 지금 이 순간을 바꾸거나 피하고 싶은 압력과 위급함을 알아차리고는 그대로 두는 것을 훈련한다.

믿음. 당신의 안과 밖에서 일어나는 일들에 대해 가장 잘 아는 사람은 바로 당신 자신이다. 마음챙김을 행하면서 당신은 매 순간 내면과 밖에서 일어나는 일을 구분할 줄 아는 예민함과 정확함을 개발할 것이다. 명상을 배우는 것의 기본은 스스로를 믿어서 당신의 마음과 몸에서 일어나는 일을 알아차리는 것이다. 의심, 자기비판에서 벗어나 온 마음을 모아 유심히 관찰한다면 스스로를 알 수 있을 것이라고 믿는 것이다.

인내. 인내는 지금 순간에 일어난 어려움(나의 마음속과 정신과 신체에서 일어난 것도 포함하여)에 침착하게 대응하고 현재에 머무는 능력을 말한다. 인내는 차분한 내면의 핵심과 연결되는 일이다. 감정이 상할 때도 현재에 머무는 용기와 그렇게 머문다고 해도 해가 될 것이 없다는 믿음이 중요하다. 인내는 모든 것은 결국 변한다는 지혜로부터 나온다. 사람도, 상황도 나름의 수명이 있고, 변화할 것이며, 그러한 변화에 내 자아를 다 맞출 수는 없다. 인내를 훈련하는 것은 조급함의 느낌을 알아차리고, 당신 몸의 그러한 감정과 마음속 분노에 온 마음을 모아 주의를 기울이고 그것들을 부드럽게 바라보는 것과 같은 과정이다.

수용. 마음챙김을 행함에 있어 수용이라는 말은 지금 이 순간에 있는 모든 것을 단지 있는 그대로 받아들인다는 의미이다. 당신이 본 것이 마음이 들지 않거나 정말 마음에 들었을 때 그 감정이 지금 이 순간 일어난 그저 또 다른 상태일 뿐이라는 것을 알아차리는 것으로 수용을 훈련할 수 있다. 수용을 실행한다는 것은 정적인 사람이 되라는 것이 아니다. 오히려 그 반대이다. 마음챙김을 실행한다는 것, 다른 말로 수용하는 마음을 갖고 현상에 주의를 기울인다는 것은 지금 일어난 일에 깊은 관심을 갖고 주의를 집중하며 그것과 싸우거나 매달리기보다는 기꺼이 있는 그대로 두는 것이다. 수용은 현재 있는 것에 대해 유순하고 열린 마음이 되는 것이다.

초심자의 마음. 초심자의 마음을 갖는 것은 어떤 일을 경험할 때 그 일이 마치 당신 인생에서 처음 벌어진 일처럼 받아들이라는 의미이다. 이런 자세는 그 즉시 호기심과 활력을 불러일으킬 것이다. 아이가 처음으로 장미의 냄새를 맡고, 처음으로 빗줄기를 맞아보고, 처음으로 개나 고양이를 봤을 때 놀라며 흥분하는 모습을 본 적이 있을 것이다. 초심자의 마음이란 바로 그렇게 당신의 과거로부터 생겨난 생각과 판단에 여과되지 않은 흥분과 경이로움을 느끼는 순간에 나타난다. 초심자의 마음은 일어나는 일(예를 들어 소리, 냄새 같은)을 직접 느끼고 그 경험에 대해 머릿속에서 생각을 만들어내는 경향을 이겨냄으로써 단련할 수 있다. 생각은 생각대로 거기에 있거나 흘러가도록 두고 그저 알아챌 뿐이다.

놓아주기. 달라붙지 않기, 집착하지 않기 등이 놓아주기를 설명하는 또 다른 말이다. 많은 사람들은 사실 놓아주기보다 달라붙고 집착하는 일을 더 자주 한다. 그들은 자기 자신, 다른 사람, 상황에 대한 생각과 견해에 자주, 아주 강하게 집착한다. 당신의 몸을 진정으로 알아차리게 된다면 이런 집착하는 마음은 주먹이나 턱과 같은 신체 부위에 무언가 고정되어 있는 느낌일 것이다. 이런 사고의 경직과 생각의 집착은 많은 문제를 일으킬 수 있는데, 다음 장에서 다루게 될 내용처럼 분노와 화를 돋우기도 한다. 놓아주기를 연습하는 것은 뭔가에 집착하고 묶이는 마음이 생길 때마다 마음챙김을 실행함으로써 가능하다. 예를 들어 손으로 주먹을 만들고 이것에 주의를 기울이면 실제 물리적인 악력을 느낄 수 있다. 재빨리 주먹을 놓았을 때 느끼는 것이 놓아주기의 기분이다. 놓아주기를 함으로써 느끼는 해방과 자유의 감정을 느낄 수 있겠는가?

우리는 마음챙김과 명상, 마음챙김 실행을 위한 핵심 태도에 대해 알아보았다. 그러나 당신은 '제가 왜 마음챙김과 명상을 해야 하나요? 왜 필요한 건가요?'하고 묻고 싶을지 모르겠다. 이런 질문에 대한 답변으로 마음챙김이 당신의 건강에 유익하다는 매우 놀라운 증거들을 소개하겠다. 이런 증거 자료들이 점점 쌓여가는 추세이다.

:: 마음챙김의 과학

만약 당신이 분노와 공격성을 조절하지 못하고, 심지어 만성적인 통제불능 상태에 있다면, 이런 현상들은 당신에게 해로울뿐더러 심지어 생명에 위협이 되는 결과를 가져올 수 있다. 다음 장에서는 이러한 분노의 독성적 영향이 무엇인지 더 자세히 알아볼 것이다. 우선 당신이 분노를 효과적으로 관리하기 위해서 할 일을 단순하게 요약하면 다음과 같다.

- 스트레스를 관리하는 것은 분노를 관리하는 것의 중요한 부분이다.
- 당신이 어떻게 다른 사람들과 이 세상을 바라보고 관계 맺는지가 중요하다.
- 당신과 다른 사람들에 대해 당신이 갖고 있는 태도와 믿음이 결정적인 역할을 한다.
- 마음챙김 실행은 앞서 언급한 것들의 개선을 돕는다.
- 마음챙김 실행을 하는 사람과 그렇지 않은 사람을 비교한 연구 자료들은 마음챙김 수련을 지지하는 매우 흥미로운 근거를 제시하고 있다.

마음챙김 수련을 지지하는 연구 자료

마음챙김에 대한 연구가 굉장히 빠른 속도로 늘어나고 있다. 많은 과학적 근거들이 마음챙김 실행이 분노의 치명적인 결과와 분노 및 다른 곤란한 정서의 유발 원인에 긍정적이며 직접적으로 작용한다는 것을 보여주고 있다.

마음챙김 실행은 스트레스가 당신의 건강에 미치는 부정적 효과들을 줄이는 데 도움이 된다. 많은 연구들이 마음챙김 명상수련을 한 사람들이 스트레스를 덜 받고 덜 불안하고 덜 우울하며 전체적으로 분노나 걱정과 같은 심리적 어려움을 이길 수 있었다는 것을 보여준다(Baer, 2003; Brown, Ryan, & Creswell, 2007; Grossman et al., 2004.) 아울러 스트레스로 야기되는 건선(Kabat-Zinn et al., 1998), 2종 당뇨병(Rosenzweig et al., 2007), 섬유근육통(Grossman et al., 2007), 만성 요통(Morone, Greco, & Weiner, 2008), 류머티스성 관절염(Pradhan et al., 2007; Zautra et al., 2008)에 대해 마음챙김 명상이 치료 효과가 있다는 근거들도 늘어나고 있다. 마음챙김 명상법은 또한 스트레스와 부정적 감정으로 생기는 증상들을 완화하고 암을 포함한 만성질병을 앓는 사람들에게 정신적인 평온함과 삶의 질을 증진한다고 알려져 있다(Speca et al., 2000; Carlson et al., 2007).

마음챙김 실행은 타인을 이해하고 충분히 공감하는 데 도움이 된다. 마음챙김 명상법을 실시한 커플들이 연인관계에서의 만족감과 서로 연결되어 있다는 느낌, 그리고 서로를 받아들이는 면이 향상했다는 연구 결과가 있으며(Carson et al., 2004), 감정통제와 분노조절에 더 능숙하다는 결과도 있다(Wachs & Cordova, 2007). 심리치료자들도 마음챙김 명상을 실행하는 환자들이 더 좋은 결과를 보인다고 보고하고 있다(Grepmair et al., 2007). 공감은 다른 사람의 생각과 감정을 공유하거나 '느끼는' 능력을 말한다. 공감은 인간관계와 건강한 정신 상태의 근본이 되는 요소라고 할 수 있다. 마음챙김 실행을 통해 공감 능력을 향상시킬 수 있다는 연구 결과들이 있다(Shapiro, Schwartz, & Bonner, 1998; Shapiro & Izett, 2008; Schure, Christopher, & Christopher, 2008).

마음챙김 실행은 자아개념과 자아존중감에 영향을 주는 내면의 '이야기'와 생각하는 습관에 대한 자각 증진에 도움이 된다. 잠시라도 '마음챙김 상태'에 있는 것이 안락한 삶의 느낌을 갖는 데 도움이 된다는 연구가 있다(Lau et al., 2006). 정식으로 마음챙김 훈련을 받지 않았지만, 자연적으로 마음챙김 수준이 높은 사람들도 스트레스가 적고, 불안감과 우울감이 낮으며, 더 직관적으로 희망을 갖고 즐겁게, 생생하게 삶을 만족하며 살아간다는 연구가 있다(Baer et al., 2006; Brown & Ryan, 2003; Cardaciotto et al., 2008; Feldman et al., 2007; Walach et al., 2006). 또 다른 연구들은 마음챙김 명상법을 훈련하는 것이 반복되는 사고, 즉 우울증이나 다른 정서장애에서 나타나는 사고과정의 하나인 반추를 감소시킨다고 한다(Jain et al., 2007; Ramel et al., 2004). 또한 마음챙김 수준이 높은 사람들이 정서적 각성이나 이해심, 수용 능력이 높고, 불유쾌한 정서 상태에서 빨리 벗어날 수 있어서 결과적으로 삶과 일상을 만족하게 조율할 수 있다는 것을 밝힌 연구들이 있다(Baer et al., 2008; Brown, Ryan, & Creswell, 2007; Feldman et al., 2007). 마지막으로 마음챙김 명상 훈련을 통해 긍정적 정서와 자기 연민 수준을 높일 수 있었다(Shapiro, Brown, & Biegel, 2007).

이제 마음챙김과 명상에 대해 어느 정도의 이해와 이것이 개인의 건강과 만족한 삶에 지대한 영향을 미칠 수 있다는 과학적 근거들을 알았다. 다음으로 마음챙김 실행이 무엇인지 살펴보자.

:: 마음챙김 실행

이제부터 마음챙김과 연민이라는 주제를 당신 인생에 가져올 다양한 명상법을 보게 될 것이다. 당신은 다양한 물체에 주의를 돌리는 방법들을 배우게 될 것이며(마음챙김 명상법이 호흡에 관한 것만 있는 것은 아니므로), 주의(attention), 자각(awareness), 친절(kindness), 연민(compassion)의 다양한 면을 탐구할 방법을 배울 것이다. 당신은 마치 소설이나 수필을 읽듯이 이 훈련 방법을 읽어나가고 싶은 욕구가 생길 수 있지만, 부디 그러지 않기를 바란다! 만약 그냥 읽기만 하고 실제로 실행하지 않는다면 당신은 마음챙김과 명상을 통해 자신의 삶을 바꿀 수 있는, 당신이 이미 가지고 있는 그 힘을 경험해볼 기회를 버리는 것이다. 그리고 왜 읽기만 하는 것으로는 부족한지에 대한 설명과, 책에 나온 명상법들을 실행할 때 바로 적용해볼 수 있는 실질적인 조언들을 제시하려고 한다.

개인적 실행과 경험으로 배우기

피아노를 연주하는 것에 대해 읽는 것은 건반에 손가락을 얹는 것과 다르다. 골프공을 퍼팅하는 교육 동영상을 보는 것과 손에 골프채를 쥐고 팔을 휘두르는 것은 다르다. 이 둘의 차이점은 피아노를 치고 골프를 하는 것처럼 인생의 많은 부분은 직접적인 경험을 통해 가장 잘 배울 수 있다는 것을 알려준다. 우리는 이것을 경험으로 배우기(experimental learning)라 부른다.

명상을 통해 자각의 영역을 탐구하고 긍정의 가능성을 찾는 것과 마음챙김 기술들을 쌓는 것은 피아노를 치고 골프공을 퍼팅하는 것과 비슷하다. 경험에 의한 배움을 통해 가장 잘 익힐 수 있다. 마음챙김과 명상법은 오로지 실행에 전념하고, 자각의 차원을 경험하고, 삶의 매 순간에 마음과 머릿속에 직접적으로 일어나는 삶의 매 순간을 그것 그대로 경험할 때 온전히 배울 수 있다.

실제로 마음챙김을 실행하고 경험할 때 중요하고 부인할 수 없는 어떤 일들이 일어난다. 다른 방식은 없다. 이 일들은 마음챙김을 행하며 나타나는 변화들에 대한 직접적인 경험이다. 마음챙김과 명상에 대해 생각만 하는 것으로는 불충분하다. 마음챙김을 실행할 때 이런 말을 하곤 한다. "꼭 좋아할 필요는 없어. 그냥 하면 돼!"

그러면 '마음챙김을 실행한다'는 것은 어떤 의미인가? 피아노나 골프를 연습하는 것과는 조금 다르다. 명상을 하고 마음챙김을 실행한다는 것은 '더 잘해야지', '완벽하게 해야지' 하지 않으며, 당신을 넘어 다른 누군가가 되려고 하지 않는다. 우리가 여기서 '마음챙김을 실행한다'는 것은 현재에 머물며 지금 여기에 판단하지 않으면서 주의를 집중하는 것에 전념하는 것을 의미한다. 그게 전부다. 의도를 갖고 판단하지 않으며 주의를 집중하고, 현재에 머물며, 호기심을 갖고, 경험을 받아들일 준비를 한다면, 당신은 마음챙김을 '실행하고' 있는 것이다. 그걸로 충분하다.

∷ 마음챙김 실행을 위한 지시

마음챙김 실행을 위한 몇 가지 간단한 지시를 소개하겠다. 이런 일반적인 지시를 기본으로 해서 마음챙김 수련을 할 것이다. 예를 들어 '마음챙김 호흡'이라는 지시는 호흡에서 오는 느낌을 최우선의 초점으로 삼으라는 기본 지시로 삼는다. 필요할 때마다 이 지시로 다시 돌아올 수 있다.

시작하기 전에 다시 알려주고 싶은 것 : 긴장을 풀라! 마음챙김을 위해 무엇인가 '할' 필요가 없다. 당신은 이미 존재하되 하지 않는 것(being but not doing)을 위한 모든 것을 갖추고 있고 잘못될 것은 없다. 마음챙김을 행할 때마다 이 사실을 기억하고 다음 지시에 따라 마음챙김을 실행하자.

1. 하고 있는 것을 멈추고 머릿속 생각과 감정에서 주의를 거두어 당신의 몸과 이 순간에 주의를 집중하라. 스스로를 단순히 일어나고 있는 일을 알아차릴 수 있는 상태로 두는 것이다. 적어도 마음챙김 실행을 하는 동안은 주변을 있는 그대로 두고 고치거나 바꾸려 하지 않는 훈련이 필요하다.
2. 마음챙김을 행하려는 의도를 명확히 하라. 예를 들어 "나는 지금 마음챙김 실행을 하고 있어." 혹은 "나는 지금 온 마음을 모아 깨어 있는 것이 무엇인지 찾고 있어."와 같은 것이다.
3. 긴장을 풀고 주의를 몸에 집중시켜서 당신에게 다가오는 감각적 경험을 받아들인다. 간

단히 말하면, 소리에 집중하면서 그 소리가 어떤지 알아차리고, 몸으로 오는 감각을 느끼면서 그 느낌이 어떤지 알아차리거나 숨을 쉴 때 들숨 날숨에 따라 몸이 움직이는 것을 알아차리는 것처럼 특정 감각에 집중한다.

4. 당신의 주의가 지금 이 순간에서 다른 곳(기억이나 생각)으로 움직이는 것을 알아차리면, 그냥 그대로 두거나 주의가 없어지기를 기다린다. 그리고 다시 몸의 감각이나 숨 쉬기나 소리에 주의를 집중하여 부드럽게 현재로 주의를 가져온다. 생각이 오락가락 할 때가 많아 도 괜찮다. 이것은 실수나 잘못된 것이 아니다. 생각은 늘 그렇게 움직이는 것이고 특히 마음챙김을 하거나 주의를 유지하는 기술이 훈련이 되지 않은 사람에게는 더욱 그렇다.

5. 자각 상태에서 긴장을 풀고 관찰하라. 어떤 생각, 느낌, 소리, 감각에 대한 생각이나 반응에 길을 잃지 않고 집착하지 않고 그것들을 보내줄 수 있도록 허락하라. '존재하되 하지 않음'을 훈련하라. 마음을 모으는 것은 단 한 번의 호흡, 한 번의 단계를 통해서 훈련할 수도 있고, 혹은 원하는 만큼 긴 시간을 들여 훈련할 수도 있다.

∷ 기억할 것

- 마음챙김은 기본적인 인간의 능력이다. 이것은 어떤 인류에도 적용되는 범인류적 가능성이다. 이것은 언제나 지금 이 순간을 판단하지 않고 기꺼이 받아들이는 자각의 상태이다.

- 마음챙김 실행은 분노나 만성적인 스트레스의 상처와 같은 파괴적인 감정으로부터 매 순간 자유로워지고, 더 많은 선택지를 주는 삶의 다른 차원으로 들어설 수 있게 해준다. 이것이 마음챙김 실행의 중요한 이유이다. 마음챙김은 당신이 더 행복하고 건강하고 만족스러운 삶을 살게 해줄 것이다.

- 마음챙김 실행은 긴장을 풀고 이완하는 것만큼 쉬운 일이다. 주의를 현재의 감각적 경험에 집중하고, 직접적인 경험에 더 많이 집중하여 그것을 온

전히 받아들이는 일이다.

- 현대 신경과학과 심리학은 온 마음을 모아 깨어 있는 마음챙김으로 정신을 다스리는 것이 우리 뇌를 변화시킬 수 있다고 밝혔다. 그렇게 했을 때 정신 건강과 신체 건강과 관계 개선에 도움이 되는 쪽으로 뇌가 변화하였다. 마음챙김 실행을 하면서 점점 더 분노와 같은 위험한 감정과 그로 인해 발생하는 행동들을 알아차리고 관리하는 능력이 형성되고 더욱 확대될 것이다.

2

분노 알아가기

그곳의 언어를 모른 채로 새로운 세계에 들어갈 수 없다.
－루트비히 비트겐슈타인(Ludwig Wittgenstein)

우리는 현재에 살고 있다. 우리의 인생은 지금 이곳에서 펼쳐지고 있다. 우리가 과거라고 부르는 것은 현재를 사는 우리가 갖고 있는 기억이며 미래는 아직 일어난 일이 아니지만 현재 우리가 상상하거나 계획하고 있는 일이다.

분노의 생각과 감정은 그것을 발현하고 유지하기 위해 깊은 곳에서 오랫동안 몸과 정신의 에너지를 뺏어왔다. 만약 분노가 관리되지 못한 채 지속된다면 이 부정적 에너지가 흐르는 몸과 정신 속의 연결회로는 점점 더 강해질 것이다. 이렇게 당신 안에서 분노를 채우는 데 쓰이는 에너지를 습관 에너지라고 부르는데, 분노를 위해 에너지를 사용하는 것이 습관화되었기 때문이다. 만약 당신이 분노, 짜증, 판단, 비난, 격분, 증오의 습관 에너지로부터 다시 삶의 주도권을 가져오고 싶다면, 그 에너지가 일어난 현재 순간, 에너지의 본질을 정확히 알고 무엇이 그 에너지를 촉발하고 유지하는 것인지 아는 것이 중요하다. 마음챙김과 명상이 당신을 도울 수 있다. 마음챙김 실행은 분노나 다른 여러 가지 힘든 감정들을 통제할 수 있는 긍정적인 습관 에너지를 몸과 마음에 담는 행동이라고 할 수 있다.

분노와 다른 파괴적인 감정으로부터 삶을 되찾아오는 것은 굉장히 중요하고 반드시 이루어내야 하지만 쉽지 않은 일이다. 인간 정서에 관한 저명한 연구자인 폴 에크먼(Paul Ekman)은 "분노에 분노로 대응하지 않는 것은 굉장한 노력을 필요로 한다"(Goleman, 2003, 152)고 했다.

많은 사람들이 분노에 걸리는 주요한 문제는 그것이 너무 빨리 나타나는 바람에 나타난 줄도 모른다는 것이다. 당신이 알아차리기도 전에, 분노의 열과 격분은 당신 주위에서 불타고 있고, 그리고 당신은 아마도 벌써 언어적으로나 물리적으로 그 에너지를 태울 수 있는 파괴적인 행동을(즉각적이든 시간이 지나면서 나타나든) 취하고 있을 것이다. 그러나 분노에 찬 당신의 마음을 진정시키는 데 있어 이것보다 더 큰 문제는, 기본적으로 분노에 대해 무신경해지는 것이다.

일전에 이야기를 나누었던 분노에 관한 저명한 연구자 한 분은 만성적 분노가 물리적, 정서적 건강에 미치는 결과를 밝히는 데 주력하고 있었다. 그는 사람들이 분노가 자신에게서 빼앗아 가는 것들이 무엇인지 알게 된다면 달라지려는 동기를 갖게 될 것이라 말했다.

그의 논리는, 많은 경우에 사람들은 자신이 분노를 느끼고 있음을 자각하지 못하며 분노가 자신에게서 얼마나 많은 것을 빼앗아 가는지 모르고 있다는 것이다. 이 현상은 그 사람이 분노를 알아차리거나 통제하지 못하는 경우가 잦을수록 심해진다. 그는 이 연구 결과가 분노에 대한 무신경함이나 무지를 바꿔줄 계기가 되길 원했다.

지금 이 순간에 대한 자각이 부족할 경우에 이런 무지가 나올 수 있다. 자각의 부족은 여러 가지 이유로 발생할 수 있지만, 그것이 어떤 이유이든 통찰을 갖고 이해하고 극복할 수 있다.

분노에 대해 알아야 할 굉장히 중요한 부분 중 하나는 그것이 늘 '지금', 즉 현재 이 순간에 발생한다는 것이다. 당신이 분노를 경험할 때, 화난 생각과 몸의 감각은 언제나 현재 순간에 일어나고 펼쳐진다. 분노는 당신의 머리와 몸에서 강렬하게, 개인적으로 표현되기 때문에, 이 장에서는 분노의 경험과 그 다양한 형태에 대해 더 깊이 살펴보려고 한다.

:: 분노는 무엇인가

인간이 경험하는 강렬한 정신적·신체적 사건의 조합을 정서(emotion)라고 부른다. 정서가 정확히 무엇인지, 인간의 '기본적' 정서는 무엇인지 아직 의견이 분분하지만, '분노'는 어떤 기본적 인간 정서의 분류에도 빠지지 않고 등장하는 것이다. 그러니까, 분노는 인간이라면 누구나 겪는 것이다. 그러나 분노를 좀 더 자세히 살펴보면 어떨까? 우리는 어쩌면 분노에 대해 더 잘 알아봄으로써 분노의 힘과 영향으로부터 스스로를 자유롭게 만들 더 나은 방법을 찾을지도 모른다.

정서를 연구하는 학자들과 심리학자들은 분노와 같은 정서는 사실 정신-신체 통합 경험이라는 데 동의한다. 이 말은 분노가 생각과 느낌, 몸의 감각이 포괄적으로 관련된 정서라는 의미다.

정서 이면의 뇌의 메커니즘을 연구하는 조지프 르두(Joseph LeDoux)는 '정서적 현재(emotional present)'를 언급하면서 기억 구조의 한 부분을 일컫는 '작업 기억(working memory)'을 지적하였다. 이는 지금 여기를 지금 무엇이 일어나는 것으로 알게 된다는 의미다(1996, 282). 르두가 지적하듯, 당신이 지금 현재 느끼는 감정이나 정신 상태는 사실 작업 기억에 들어와 표상되는 정서적 정보이다. 매 순간 당신의 작업 기억에 입력되는 정서적 정보의 주요 구성들은 머릿속 생각과 몸에서 느끼는 감각들이다. 예를 들어 만약 당신이 방금 어떤 사람과 대화한 내용에 화가 난다면, 이 모델에 의하면, 화가 난 감정은 그 대화에 대해 당신이 가진 생각과 당신 몸속의 물리적 감각의 흐름의 결과라는 것이다. 생각의 흐름과 몸의 감각은 당신의 작업 기억을 채우는 정서적 정보이며 현재 당신의 정서를 만들어낸다(이 경우에는 분노를 경험한다). 분노조절 전문가들은 생각과 신체 감각이라는 2단계 접근법에 동의하며, 환자가 분노에 대해 갖는 생각과 신체적 경험에 더 집중할 수 있도록 그 과정에 개입한다.

흥미롭게도, 마음챙김 지도자들도 분노와 같은 정서가 생각과 신체적 감각을 포함한 기본적인 조립 블록으로 만들어진다는 데 이해를 같이한다. 조셉 골드스타인(Joseph Goldstein, 2002)이 언급하듯, 명상의 입장에서 볼 때 "정서는 몸의 기분과 사고 혹은 이미지, 그리고 마음의 여러 기분이 얽혀 있는 매우 복잡한 것이다"(141).

지난 수십 년간 이루어진 심리학 연구들을 살펴볼 때, 분노 분야 권위자인 레이 로젠먼(Ray Rosenman)은 "주로 사건에 대한 인식이 정서적 대응을 결정지으며, 또한 심리생리적 결과도 결정짓는다. 아울러 분노는 개인적 평가와 해석이 관련된 인지적 대응이다"(1985, 105)라고 하였다.

다시 말해 분노를 이해하고 통제하는 핵심은 언제 신체적 흥분이 존재하는지, 상황에 대한 당신의 인식이 어떠한지, 그 인식에 대해 만들어내는 생각이나 내적 설명이 어떠한지에 달려있는 것이다. 당신이 부여한 의미나 그에 따르는 생각이 어떠하냐에 따라 분노의 경험은 더 발전하거나 줄어들 수 있다.

마음챙김 지도자들은 이 지혜를 이용하여 직접적인 관찰 방식으로 분노와 같은 강렬하고 '기본적'인 정서에 대한 이해를 증진하고자 한다. 그러기 위해 매 순간에 주의를 집중하는 것의 중요성을 강조하고 있다. 예를 들어 조셉 골드스타인의 다음 말을 보자(2002) — "자각에 대한 실험이라 생각하고, 다음에 격렬한 정서, 반응, 또는 어떤 판단을 하게 되었을 때 그 사태, 사건의 내용에서 떨어져서 신체적 감각을 따라가 보세요. 심장 한가운데서 느껴지는 에너지의 응집으로 감각을 모으는 것입니다. 가슴의 중앙을 누르는 조임이나 압박의 감각을 경험할 수 있을 것입니다"(96).

정서에 대한 '생각 더하기 감각' 접근 방식의 주요한 시사점은 분노와 같은 정서의 경험을 만들어내고 유지하는 데 있어 생각의 중요성을 알 수 있게 해준다는 점이다. 만약 당신이 잠시 멈춰 서서 생각과 감정에 집중해서 일어나는 분노의 감정을 관찰하게 된다면, 골드스타인이 제시하듯, 분노에 대한 다른 것들을 알아차릴 것이다. 과학자이자 승려 마티유 리카르(Matthieu Ricard)에 의하면 당신은 분노가 '일어나는 정서(사건이나 자극으로부터 촉발 된다는 의미)'로 나타난다는 것을 볼 수 있을 것이다. 그러나 그 발생 이후 어떤 일이 생기느냐는 것은 '생각의 사슬'을 어떻게 하느냐에 달려있다(Goleman, 2003, 351-52).

분노를 생각과 감각의 합으로 이해하기 : 익숙한 예시

많은 사람들에게 흔히 일어나는 상황을 예로 들어보자. 자동차를 운전 중이거나 옆자리에 타고 있을 때, 혹은 걷고 있을 때 누군가가 갑자기 나타나서 끼어들기를 한다. 당신은 아마 즉각적으로, 거의 반사적으로, 화가 나거나 짜증이 확 밀려온다는 것을 알아차릴 것이다. 그러나 앞서 가는 그 사람에 대한 느낌은 좀 다른 문제다. 그 느낌은 지금부터 어떻게 될 것인가?

분노로 촉발된 내면의 이야기나 사고의 흐름을 타고 그 사람이 준 위험과 위협에 집중할 수 있다. '저 사람 거의 날 쳤잖아. 저 놈을 봐. 굉장히 무례하군. 도대체 사람들은 왜 조금 더 친절하지 못한 거야? 나나 다른 사람들을 다치게 할 뻔했잖아. 경찰이 그를 불러 세웠으면 좋겠어. 아마 정신과 약 먹는

걸 잊었나보지?'

이런 생각의 사슬(애초에 생겨난 분노의 감정에 더 많은 생각들을 더해나가는 것)은 사실 분노의 감정과 내적 상심을 더 키울 것이고, 아마 그 사람이 사라지고 난 한참 뒤까지 그럴 것이다. 분노에 불을 지피는 이런 생각의 사슬로 분노가 더욱 커지거나 실제로 그 사람을 다치게 하고 싶다는 생각이 들었을 것이다.

반대로, 당신 앞을 끼어들어 가고 있는 사람을 보며 차라리 머리를 흔들면서 다음과 같은 말을 한다고 생각해보자. '어이쿠! 저 사람 정말 급하구먼!' 그러고서는 그 일이 있기 전 하던 일로 다시 돌아가는 것이다. 만약 이렇게 한다면, 생각의 사슬은 발생하지 않고 내적 분노에 불을 지피는 일은 없을 것이다. 혹은, 굉장히 흥미로운 실험의 일환으로, 당신은 의도적으로 그 일에 분노가 아닌 연민으로 대응할 수 있다. 그것은 이렇게 간단하다. 먼저 분노의 감정을 알아차리고 내적 이야기의 방향을 바꾼다. '와우! 정말 큰일 날 뻔했군. 누군가를 도우러 어딘가로 급히 가는 모양이야. 아니면 정말 좋지 않은 소식을 듣고 굉장히 기분 나쁜 상태일 수도 있겠지.'

당신이 애초의 분노의 감정에서 더 큰 분노로 이어지는 '생각 기차'에서 벗어남으로써 내면의 평화를 찾을 수 있고, 그것을 다른 사람들에게 드러낼 수 있다는 것을 상상해보자. 잠시 멈추어 관찰한다면 당신의 분노를 키우고 실제 그들이 당신에게 한 행동 이상으로 상대방에 대한 적개심을 유지하는 것은 당신이 스스로 만들어낸 생각 기차에서 '탈선'한 기차라는 것을 알 수 있을 것이다. 여기 곱씹어볼 문장이 있다. 마티유 리카르는 "우리가 흔히 분노라고 말하는 것은 어떤 사람에 대한 적개심의 표출이다"(Goleman, 2003, 351)라고 했다.

분노를 유지시키는 생각과 감각을 알아차리고 현명히 대처하는 능력을 키움으로써, 당신은 그 강력한 감정들로부터 인생의 주도권을 되찾을 수 있을 것이다. 안정을 되찾고 순간순간 오락가락하는 경험들 속에서 흔들리지 않을 것이다.

:: 분노에 관한 미신

분노가 해로울 때 : 내면의 폭풍을 잠재우는 것(*When Anger Hurts : Quieting the Storm Within*, Matthew McKay, Peter D. Rogers, & Judith McKay, 2003)이라는 책에서 몇 가지 흥미로운 분노에 대한 '미신(분노의 태도와 행동을 바꾸려는 것을 막고 오히려 유지시키는 사상, 생각, 믿음)'을 밝히고 있다(8). 이 같은 사상을 면밀히 분석하지 않고 받아들인다면 분노가 당신의 삶을 휘어잡고 상처내는 힘을 유지시킬 것이다.

미신 1 : 분노는 생화학적으로 정해진 사건이다

몇 가지 생화학적 요소가 있어야 분노가 발생하는 것은 사실이다. 뇌의 '변연계(limbic system)(그중에서도 시상하부와 편도체)', 그리고 프로락틴, 테스토스테론, 노르에피네프린과 같은 호르몬은 분노에 주요한 역할을 한다. 그러나 오랫동안 이어져 온 흥미로운 연구들은 이러한 생화학적 요소들로 인한 생리학적 흥분은 분노와 같은 정서의 경험을 만들어내기에 불충분하다는 결론을 내렸다. 정확히 말하자면, 흥분(정지-투쟁-도주 반응)이 일어나는 것은 사실이지만, 최초에 생리적 각성을 일으킨 사건에 대한 인식과 생각이 분노를 일으키는 데 중요한 역할을 한다고 보는 것이 맞다. 정지-투쟁-도주 반응에 대해 더 알고 싶다면 이 장의 후반부에 나오는 '보호를 위한 분노', '분노의 생물학'을 참고하라.

미신 2 : 분노와 공격성은 인간의 본성이다

정확히 말하면 우리가 분노나 공격성이라고 일컫는 태도는 상황에 대해 피할 수 없는 반응이 아니며, 본성적 흥분과 학습된 반응이 결합된 것이다. 예를 들어 당신은 밤에 당신의 집 밖에서 시끄러운 소리가 나는 것을 알아차리고 즉각적으로 정지-투쟁-도주 반응이 나오려는 것을 느꼈다. 당신이 위험에 대비했다는 것이 '본성적' 부분이다. 어쩌면 당신의 머리가 최근에 이웃의 자동차가 도난당했다는 것을 기억해낼 것이다. 당신은 더 큰 위기감을 느낀다. 이로 인해 생기는 위기감, 몸과 정신의 더 큰 흥분은 '학습된 반응'이다. 적어도 부분적으로, 당신은 늦은 시간에 소리가 난다는 것이 '정상'이 아니라는 것을 과거의 경험으로부터 학습하였고, 거기에 대한 대응으로 긴장한 것이다. 그러나 당신이 경험을 통해 당신의 이웃이 늦은 밤에 귀가할 경우 늘 그런 소리가 났었다는 것을 안다면 최초의 위기 반응에서 더 큰 위기감으로 발전하지 않을 것이다. 다시 말해, 분노와 공격성은 복잡하게 이루어져 있다!

분노와 공격성은 인류 진화의 역사와 함께하지만, 사랑과 협력 또한 역시 '본성적'이며, 더 중요하다. 인간 유아는 성장해서 번식이 가능할 때까지 보호받고 도움을 받는 시기가 길기 때문에, 종의 번성을 위해서는 유대, 애착, 호감과 사랑을 만들어내고 유지할 수 있는 생물학적·신경적 능력이 필요했다.

이러한 본성적 반응과 학습된 행동의 복잡한 관계, 인간과 상황의 상호작용 때문에, 인간이 본성적으로 화를 내고 공격성을 보인다고 이야기하는 것은 지나치게 단순한 서술이다. 많은 권위자들에 따르면, 희귀한 병리적 상태를 제외하고는, 인간 유전자가 개개인을 분노하게끔 만들지는 않는다고 한다. 연구들은 집단 내 지위를 결정하는 것은 협력할 줄 아는 능력에서 나오는 것이지 분노와 공격성으로 결정되는 것이 아니라고 밝혔다.

1986년에, 스페인 세비야에 모인 20명의 저명한 행동학자들은 성명을 발표했다(세비야 선언). 이후에 많은 전문 기관이 이 선언을 지지하였는데, 거기에는 미국심리학회나 미국인류학회도 포함되어 있었다. 인간의 폭력과 공격성에 대한 과학자들의 결론은 이렇다. "생물학은 인류를 전쟁으로 내몰지 않으며 인류는 생물학적 회의론의 구속으로부터 자유로워질 수 있다. 폭력은 우리의 진화의 유산이 아니며, 유전적으로 결정된 것도 아니다."

미신 3 : 좌절은 공격성으로 이어진다

이 문장이 미신인 이유는 좌절이 자동적으로 혹은 필연적으로 공격성으로 이어지는 것은 아니기 때문이다. 내면의 좌절의 느낌에 대해 실은 많은 종류의 대응을 할 수 있다. 흥미롭게도, 문화 간 연구를 통해 보았을 때, 각 문화권마다 내면의 좌절에 대해 서로 다른 대응을 하도록 가르치고 있다는 것이다(Whitting, 1941 ; Bateson, 1941 ; Dentan, 1968).

분노조절 과정은 분노에 차고 공격적인 사람들이 좌절감에 대한 대응을 달리하도록 배워서, 좌절감이 공격성으로 이어지지 않게 할 수 있다는 것을 보여주고 있다. 예를 들어 레드포드와 버지니아 윌리엄스(Redford & Virginia Williams, 2006)는 기업의 직원들에게 분노 관련 행동을 변화시키는 데 생애기술(Lifeskills) 훈련이 효과가 있다는 자료를 공개하였다.

그리고 무엇보다 가장 핵심, 세계적인 지혜와 믿음의 지도자들이 강조하는 것으로, 당신이 누구든 간에 우리들 인간은 삶의 한 부분으로 많은 좌절과 고통을 겪는다는 것이다. 사실 인간에 대한, 그리고 우리 스스로에 대한 이해는 살면서 고통이나 좌절, 불편을 피할 수 없다는 것을 고찰하면서 깊어진다. 그리고 그 상황들을 어떻게 받아들이는가, 그러지 못하느냐에 모든 것이 달려 있다.

미신 4 : 분노를 터뜨리는 것이 건강하다

신경과학자 리처드 데이비슨(Richard Davidson)은 다음과 같이 말했다. "놀라운 사실 하나는 우리는 정신 활동을 통해서 의도적으로 자신의 뇌를 바꿀 수 있다는 점이다"(Davidson, 2012, 11). 서론 부분에서 말했듯이, 신경가소성(neuroplasticity)이라는 말은, 우리의 뇌는 어떻게 사용되느냐에 따라 변화하는 능력을 갖고 있다는 전문용어이다. 우리는 특정 생각 과정을 반복함으로써(예를 들어 강박적 반추처럼) 뇌의 특정 부분과 특정 연결회로를 더 강하게 만들 수 있다. 비슷하게, 그 생각 과정을 강화하지 않음으로써(예를 들어 마음챙김을 통해 생각을 알아차리고 그것들을 놓아주고 있는 그대로 두는 것) 그 부분과 연결회로를 약화시킬 수 있다.

다시 말해 뇌의 부분들과 연결회로는 당신이 그것을 어떻게 이용하고 지시하느냐에 따라 강화되거나 약화될 수 있다. [이것은 의도 정하기(intention setting)의 중요함을 나타내는 것이기도 하다.] 그러므로 강렬한 감정을 억누르는 것은 건강한 것이 아니고, 강렬한 감정을 알아차리고 표출의 기회를 주는 것이 도움이 될 때가 분명히 있지만, 분노와 격분을 연속적으로 밖으로 터뜨린다면 그것은 건강에 좋지 않다.

캐럴 태브리스(Carol Tavis, 1989)는 분노와 관련된 많은 연구들을 집대성하여 분노를 터뜨릴 가능성이 높은 사람들이 실제로 더 화를 낸다는 사실을 밝혔다. 이것은 아마도 지속적으로 화를 내고 적개심을 표출하는 '연습'을 통해 분노와 관련된 뇌의 영역과 연결회로가 강화된 것과 관련이 있을 것이다.

이제 당신에게 몇 가지 흥미로운 질문을 던지고자 한다. 당신이 연습하고 있는 것은 무엇인가? 분노인가, 관용인가? 매 순간 당신의 마음과 머릿속에서 어떤 경향을 보강하고 있는가? 적개심인가, 이해인가?

뇌의 신경가소성 때문에, 당신은 변할 수 있다. 희망이 있다. 상황에 대해 분노와 폭력으로 대응하는 법을 배웠다면 당신은 분노와 공격성이 아닌 다른 대응을 하도록 배울 수 있는 가능성, 인간으로서의 지성, 선량한 심장이 있다.

바로 이 지점에서 당신은 마음챙김과 명상 훈련이 큰 도움이 된다는 것을 알 것이다. 정서와 행동을 관리하고 이해할 수 있도록 해주는 과학적·심리학적 지식 및 방법론과 함께, 당신은 분노가 아닌 당신 자신이 인생의 주도권을 가져올 수 있다는 확신을 가져도 좋다.

:: 분노의 기능

그렇다면 분노가 당신을 위해서 하는 일은 무엇인가? 왜 그것이 이토록 인류에게 만연해 있고 재빠르게 나타나는 걸까? 간단한 대답은 분노가 보호와 생존의 기능이 있다는 것이다.

생존을 위한 분노

수백만 년 동안 인류는 포식자로부터의 위험, 기근, 질병에 맞서 진화해왔다. 우리의 생물적 진화는 당연히 뇌와 신경 구조의 작용에도 나타난다. 신경심리학자이자 명상 지도자인 릭 핸슨(Rick Hanson)이 언급하듯, 위협적이고 척박한 환경 속에서 진화의 방향은 다음과 같았다. "번식에 있어 같은 무리끼리는 협력적이고 다른 무리에게는 적대적인 것이 도움이 된다. 협력과 적대감은 상호작용적으로 진화했는데, 협력이 강했던 무리는 바깥 무리에게 더 적대적이었으며, 이 적대감을 유지하기 위해서는 무리 내부적으로 협력적이어야 했다"(Hanson, 2009, 30). 또한 연구들은 '적대감의 많은 부분은 미묘한 감정이나 불편감, 불안감을 포함한 위협에 대한 반응으로 나타난다'(130)는 관점을 주장한다.

다시 말해 우리의 신경 작용은 '우리'와 '그들'을 구분하도록 강하게 설계되어 있다. 특히 실제적이거나 잠재적인 위협이 있는 경우는 더 그랬다. 왜냐고? 그것은 그 순간 생존이 달린 문제이기 때문이다. 이제 분노의 보호 기능으로 넘어가자.

보호를 위한 분노

분노를 감지하였을 때, 당신의 몸과 정신은 아주 빠르게 즉각적으로 정지-투쟁-도주 반응으로 넘어가 위험으로부터 자신을 보호한다. 투쟁-도주 반응이란 당신이 감지한 위험에 대해서 맞대응하거나 도망을 쳐서 스스로를 지킬 준비가 되어 있다는 의미이다. 정지란 위험을 피하기 위해서 때로는 마비되거나 얼어버린 것처럼 느낀다는 것이다.

우리 조상들은 잠재적 위협에 대응하기 위해 빠르게 반응하는 본능이 있었다. 잠재적 위험을 만났을 때, 그들은 또한 인생의 경험과 주변인들과의 소통을 통해 배운 방식도 동원하였다. 어떻게 '우리'와 '그들'을 구분할 것인지 하는 문제와 '우리'냐 '그들'이냐에 따라 어떻지 반응해야 하는지, 위험 상황에 대한 본질은 무엇인지 등이 여기에 포함된다. 이 예시들에서, 우리는 본능적인 정지-투쟁-도주 반응과 학습된 경험 사이의 복잡한 상호작용을 볼 수 있다. 이것은 타인과 상황과의 상호작용을 통해 복잡하면서도 다양한 행동의 표출로 이어진다.

정지, 투쟁, 혹은 도주와 사고의 힘을 보여주는 예

일상적인 사건을 통해서 당신의 사고 훈련이 정지-투쟁-도주 반응을 멈추거나 막는 데 얼마나 크게 작용하는지 알 수 있다.

회사에서 미팅을 하는 도중에 화재경보가 울린다고 상상해보자. 물론 당신의 첫 반응은-생각이 필요 없을 정도로 빠르게-그 소리를 들은 몸은 즉각적으로 높은 수준의 생리적 흥분과 정신적 응급 상태에 다다른다. 이 모든 것은 인식된 즉각적인 위험에 대해서 당신이 투쟁하거나 도망가는 것을 돕기 위해 나타난 반응이다.

이제 누군가가 회의실 문을 열고 이렇게 소리를 지른다고 상상해보자. "도망가세요! 건물이 불에 타고 있어요!" 아마도 당신은 공포스러운 생각이 휘몰아치는 것을 경험할 것이고 당신의 몸은 계속해서 정지-투쟁-도주 반응에 빠져들 것이다. 너무나 겁에 질려 움직일 수 없게 되거나(정지), 이미 가장 가까운 비상구로 향하며 방해되는 모든 것들을 치워버릴 준비가 되어 있을 수 있다. 이것은 투쟁과 도주의 모습이다.

　그러나, 어떤 사람이 문을 열고 들어와 "죄송합니다. 불이 난 게 아니네요. 누군가 실수로 화재경보를 울렸답니다."라고 이야기한다면 어떨까? 이 상황에서 당신은 안도의 숨을 내쉬며 몸은 빠르게 안정을 찾고, 채 몇 분이 지나지 않아 알람이 울리기 전 평상적인 신체 상태로 돌아갈 것이다.

　이 예에서 생각과 인식의 중요한 역할이 여실히 드러난다. 생각이 꼬리에 꼬리를 물고 연결되어 화난 감정을 유지시키는 것처럼, 생각도 연결되고 확산되어 정지-투쟁-도주 반응을 유지하는 생각으로 확장될 수 있다. 물론 이 흥분은 분노와 적개심의 토대가 된다.

원치 않은 생각과 감정을 보호하는 분노

분노는 또한 느끼고 싶지 않은 감정들로부터 당신을 보호하는 데 작용한다. 당신이 불쾌하거나 마음이 편치 않은 생각이나 느낌을 받았을 때(고통이나 두려움, 약해진 느낌 등) 분노는 당신이 그 생각을 알지 못하게, 불유쾌한 느낌을 경험하지 못하게 하려고 생겨난다. 심리학적인 용어로는 이런 종류의 분노를 방어적 분노라고 부르는데, 당신 내면의 힘들고 불편한 감정과 생각을 경험하지 못하게 막아주기 때문이다.

　이런 방어적 분노는 너무나 빠르게 올라와서 당신은 불편한 생각이나 감정이 그 밑에 있다는 것조차 알아차리지 못한다. 말하자면, 방어적 분노가 너무나 일을 잘해 주어서 당신은 분노 외에 다른 감정을 느낄 수 없는 것이다. 또한 당신이 불편한 감정이나 생각이 있다는 것을 알아차리지 못하듯이, 자신이 방어적 분노를 경험하고 있다는 것조차 깨닫지 못할 것이다.

　노련한 심리치료사가 자신의 경험에 비추어 해준 말이 있는데, 분노를 느끼는 사람들은 그것을 분노라고 부르지 않는다는 것이다. 다른 사람들에게는 너무도 분명히 분노로 보이는 그것을, 당사자들은 자신의 감정을 똑바로 칭하는 대신에 '불안해요' 혹은 '우울해서요' 또는 '흥분했어요'라고 표현한다는 것이다.

이 심리치료사가 문제를 갖고 치료에 오는 사람들을 도와주는 일의 많은 부분은, 자신이 느끼는 감정에 대해 더 잘 자각하도록 가르치는 일이었다. (그녀는 마음챙김 수련의 대단한 팬이기도 하다!) 자각 능력이 성장하는 데는 분노의 감정을 똑바로 받아들이고 분노 밑에 있는 다른 감정들과 생각들을 더 깊이 볼수 있게 하는 것이 주요했다. 분노를 분노로 받아들이지 않고 부인하고 엉뚱하게 이름을 붙이는, 지금까지 스스로를 보호한다고 했던 행위를 멈추는 일이다.

당연히, 현명한 누군가라면, 유능한 심리치료사라면, 불편한 생각과 감정을 깨닫지 않는다고 해서 당신이 그 감정이나 생각을 떨쳐버렸거나 통제하는 것이 아니라고 말해줄 것이다. 거꾸로, 이 생각과 감정들을 부인하고 억누르게 되면 더 강력해져서 당신에게 복수를 하게 된다. 이 불상사는 대개 가장 원치 않을 때 일어난다. 다음에 소개되는 제이크의 예가 그러하다.

● **제이크의 이야기** ●

제이크는 40대의 남자로 가족과 부인이 있다. 그는 치매를 앓고 있는 어머니의 주보호자이기도 하다. 어머니는 제이크 집과 멀지 않은 요양원에서 생활하고 계시다. 마음챙김 수업에서 제이크는 요양원에 계신 어머니를 방문했을 때 이야기를 했다. 어머니와 이야기를 나누고 있을 때 간호사가 어머니의 혈압과 체온을 재야 한다고 방해했을 때의 사건이었다. "전 화가 머리끝까지 나서 간호사에게 우리를 가만히 놔두라고 소리쳤어요. 지나고 나니 기분이 너무 나빴고 간호사에게 사과를 했어요. 전 그때까지 제가 왜 그랬는지 알지 못했는데, 아내에게 말을 했을 때 '아마 당신이 무언가 두려웠었나 봐요.'라는 말을 들었어요." 제이크는 그 순간 자신이 무언가를 두려워한다는 것을 깨달았다고 했다. "전 어머니를 잃게 될까 봐 무서웠어요. 어머니를 실망시킨 것 같아 두려웠고 어머니를 요양원에 둔 나쁜 아들이라고 스스로를 자책했어요."

만약 반복적이고 강하게 올라오는 분노가 당신 인생의 큰 문제라면, 그것은 이면의 상처나 공포, 혹은 어떤 신념에 의해 시작되고 지속되는 것일 가능성이 높다. 마음챙김 수련은 당신의 분노를 극복하고, 깊은 상처를 치료하고, 그것들의 영향으로부터 삶의 주도권을 가져오는 데 도움이 될 것이다.

장애물에 대한 반응 : 분노와 악감정, 그리고 혐오감

정서 연구자 폴 에크먼의 연구에는 분노의 기능에 대한 흥미로운 모색이 나온다. 그는 분노의 기능은 우리가 경험하는 어떤 간섭을 제거하는 데 있다고 하였다. 그는 또한 "분노 반응에 새겨져 있는 것은 우리를 좌절시키는 장애물을 제거하고자 하는 충동이다"(Goleman, 2003, 152)라고 하였다. 이 분노의 '장애물 제거' 기능에 대한 흥미로우면서도 도움이 되는 관점은 승려의 가르침에 담겨 있는데, 그들은 명상수련을 할 때 장애물이나 저해 요인으로 다섯 가지를 꼽고 있다. 이 장애물이 무엇인지 알아서 피해를 줄이고 배움을 얻도록 하자.

불교 명상법에서는 이런 장애물을 매 순간 우리 인생의 관계를 왜곡하고 몰아가는 에너지 혹은 필터 같은 것으로 보고 있다. 그것이 어떤 종류든 방해 에너지의 영향은 우리 내부의 경험, 생각, 느낌, 신체 감각으로 빠르게 확산된다. 그리고 우리의 인식과 대상과의 상호작용을 왜곡한다.

이 다섯 가지 방해물의 전통적 명명은 욕망(바꾸고 싶은 것이나 다른 것이었으면 하는), 악감정과 혐오감(현재 이곳에 있는 것에 대한, 또는 있는 것들의 방식에 대한), 나태와 무기력함(신체의 피로, 졸림, 무력감과 멍한 정신), 서두름(몸과 정신의 안절부절못함), 그리고 의심(공포와 불안으로 상황에 대한 왜곡된 생각)이다.

생각해보면 승려들만 이런 방해물에 봉착하는 것은 아닐 것이다. 당신은 아마도 벌써 욕망, 악감정과 혐오감, 나태와 무력감, 의심의 경험을 해봤을 것이고, 이 에너지들이 일상생활이나 명상 경험을 걸러내고 왜곡하면서 얼마나 강력한 영향을 미치는지 알 것이다. 이러한 방해물에 대해 익히 알고, 삶의 매 순간을 왜곡하고 휩쓸어버리는 이 에너지로부터 마음챙김이 어떻게 우리를 자유롭게 해주는지 아는 것은 큰 도움이 될 것이다. 이 다섯 가지 방해물은 명상 경험에 있어 우리 정신이 어떻게 작용하는지 이해하는 데 강력한 직관을 제공하기에, 명상 훈련에 대해 배우는 7장에서 더 자세히 다룰 것이다. 지금은 이 중에서도 분노와 특히 관련이 있는 악감정과 혐오감에 대해 알아보자.

혐오감은 현재의 당신의 의식 속에 있는 사물이나 사람을 외면하는 행동에서 나타난다. 다른 사물이나 사람과 접촉하고 싶지 않은 감정이다. 당신은 주변의 사물이나 사람에 대해 혐오감을 느낄 수 있고, 고통스러운 감각이나 불편한 생각과 같은 당신 내부의 상태에 대해서도 혐오감을 느낄 수 있다. 악감정은 어떤 사물이나 사람에 대한 반감이다. 그것은 관대함과 연민을 의미하는 호의의 반대이다.

꼭 악감정이나 혐오감이라는 명칭을 쓸 필요는 없다. 역겨움, 좋아하지 않음, 분개, 경멸, 불경, 증오, 거부, 무시, 묵살, 적대감이라고 부를 수도 있다. 이것들의 공통점은 거부라는 기본적인 감정과 현재 이 순간에 그 대상이나 그 사람으로부터 떨어져 있고 싶은 욕구(그 대상이나 사람을 제거하고 싶다는 생각을 포함하여)를 갖고 있다는 것이다. 마음챙김 수련이 악감정과 혐오감의 존재와 그 왜곡된 힘을 알아차리는 데 도움을 주고, 훈련을 통해 자신은 물론 타인에게도 해가 되는 습관적인 분노 반응, 자동적 거부와 적대감으로부터 자유로워질 수 있을 것이다. 이것이 당신의 실제 생활에는 어떻게 적용되는지 알아보자.

두통, 혐오감, 그리고 분노 : 예시

두통을 생각해보자. 당신은 머리에 고통을 느끼고선 아마 이렇게 말할 것이다. "오 이런! 두통이 생겼어. 난 이게 정말 싫어." 당신은 아마 두통과 당신 자신에 대해 분노가 치밀 것이고, 상태는 더욱 악화될 것이다. 하지만 여기서 좀 더 자세히, '마음을 모아 깨어 있는' 시선으로 무슨 일이 일어났는지 바라보자.

우리가 흔히 '두통'이라고 부르는 것은 사실 머리 부분에 불편한 물리적 감각이 연속적으로 오는 것을 말한다. 이 경험을 마음챙김으로 관찰하고, 판단하지 않으며 깊은 관심을 가지고 바라본다면, 그 감각들이 변하기도 하고, 현재 순간에 흘러들어 가기도 하고 나가기도 한다는 것을 알아차릴 것이다. 아마도 당신은 감각이 내면에 있는 과거의 비슷한 감각과 관련이 있다는 것을, 혹은 이 감각과 연관된 미래의 상상으로부터 오는 걱정과 그와 관련된 기억을 깨우고 있다는 것도 알게 될 것이다.

이 생각과 기억들이 불유쾌한 것들이기에, 두통과 관련된 물리적 감각과 생각은 그 자체의 물리적 고통 이외에도 혐오감과 비호감을 불러일으킨다. 그리하여 두통은 물리적 감각에 해당하는 부분과 불유쾌한 감정(아마도 걱정스러운 생각), 그리고 물리적 고통과 정신적 불편함에 대한 혐오감의 총체가 되는 것이다.

이를 알아차리지 못한다면, 악감정과 혐오감의 정도에 따라 그에 걸맞은 저항을 일으키게 된다. 당신은 두통을 거부하고 지금 느끼는 것들에 대해 내면에서 싸움이 일어나면서 두려워지고 궁극적으로 분노하게 된다. 두통에 대해 자연스럽게 갖는 반응이 두통과의 '전쟁'이 되는 것이다.

이 '싫다'라는 느낌의 폭풍은 당신이 이 경험을 직접적으로 받아들이고 관여하는 것을 방해하고 능숙하게 대응하는 것을 막는다. 여기서 당신의 능숙하게 대응해야 할 실제 경험은 불유쾌한 물리적 감각과, 현재 당신을 걱정하게 만드는 "얼마나 오래갈까? 뭐가 잘못된 건가? 편두통이 생기면 어떡하지?" 같은 생각들이다.

물론, 두통을 즐기는 사람은 없지만 악감정과 혐오감에 대해 알아두면 좋은 것은, 이것들이 얼마나 흔하고 인간적인 현상이며 불유쾌한 상황(외적이든 내적이든)에서 얼마나 빨리 나타나는 반응인지 하는 점이다. 그리고 이것이 부정적인 감정과 현재 순간에 대한 부정으로 얼마나 쉽게 이어지는가 하는 면도 중요하다.

혐오감이 강할 때 충동적 반응은 그 상황에 대해 저항하고 투쟁하는 것이다. 두통에 대항하는 것은 저항감을 불러일으키고 상황에 대한 고통을 배가하며 분노를 쌓는다. 가능하다면, 혐오감을 알아차리고, 싸움을 멈추고(사격 중지!), 상황을 있는 그대로 두는 기본적인 마음챙김 태도를 이용해보자. 그렇게 한다면 혐오감과 분노를 끝내는 일은 굉장히 가까이 있다. 마음챙김을 통해 혐오의 에너지와 그것과 관련된 경험을 구분하는 힘을 기를 수 있다.

분노는 우리를 방해하거나 좌절시키는 것에 대한 반응이라는 폴 에크먼의 연구를 기억하는가? 물론, 방해받고 있거나 좌절하고 있다는 인식은 매우 불편할 수 있고, 이 불편한 감정에 대해 혐오하는 마음과 적의를 갖는 것은 우리가 '분노'라고 부르는 감정의 중심에 있다. 그러나 얼마나 빠르게 분노가 '밖에' 있는 사람이나 대상으로 옮겨 가는지 보게 되었다. 분노가 그 순간 우리 내면의 화가 나고 불편한 경험이라는 것을 놓치면서, 분노가 옮겨 간 외부의 사물이나 사람이 실제로는 우리와 별 상관이 없다는 것도 놓쳤을 것이다.

악감정 및 혐오와 관련된 분노의 아류들

앞서 말했듯이, 바로 이 순간에 경험하게 되는 악감정과 혐오와 연관된 기본적 감정(비호감이나 거부 등)을 표현하는 단어는 분노 외에도 많다. 사람들이 말하는 '김이 난다', '뿌루퉁하다', '음울하다', 혹은 '권태롭다'(적대적 태도를 지닌 채 관심을 철수함으로써 현재 순간과 연결을 끊는 강력한 방법)까지도 여기에 해당된다.

악감정과 관련된 분노의 아류들에는 무엇이 있을까? 승려이자 명상 지도자였던 조셉 골드스타인이 지적하듯이 그것들은 낯설지 않은데, 증오, 조바심, 슬품 등 모든 형태의 혐오감 같은 것들이다 — "우리는 악감정 상태에 있거나, 그 속에서 길을 잃으면 심장이 수축되고 경직되는 기분을 느낀다. 이 혐오감의 상태는 우리가 원하는 것을 얻지 못했을 때나 우리가 원치 않는 것을 갖게 될 때 나타난다." 골드스타인은 조금 놀라운 말을 이어간다. "비탄과 비애에 대해서는 의문이 생긴다. 비탄과 비애는 무언가를 상실했을 때 생기는 감정이다. 상실의 경험과 나와의 관련성은 무엇인가? 그것은 사실 변화의 다른 이름이 아닌가? 그것과 관련한 혐오감이 있는가? 우리는 비탄과 비애 없이 상실을 경험할 수 있는가? 상실감에 대한 수용과 마음챙김이 이것을 가능하게 하고, 수용하지 못하는 마음이 비탄과 비애를 몰고 올 것이다"(Goldstein, 2002, 68-69).

분노의 힘으로부터 삶을 되찾으려면 기본적으로 다음의 두 가지를 알아야 한다 — (1) 지금 이 순간 당신의 마음과 몸이 느끼고 있는 것을 정확하게 경험한다. (2) 현재 순간에 경험하고 있는 것이 무엇이든 그것을 거부하려는 혐오감과 적대감의 힘이 존재하는지 여부를 안다. 이 책에 소개된 다양한 마음챙김과 연민에 기반을 둔 명상 수련을 하면서 이것들을 알아챌 수 있는지 여부를 스스로 가늠할 수 있을 것이다.

:: 분노의 구조

나는 내 자신의 분노에 관한 귀중한 깨달음을 수년 전에 참여했던 최초의 마음챙김 명상 캠프에서 배웠다. 그 깨달음은 나의 개인 명상 수행과 인생에 큰 도움이 되었고, 함께 했던 사람들도 역시 큰 도움을 받았다. 곧 알게 되겠지만, '분노의 구조'라고 부르는 깨달음 역시 지금까지의 축적된 연구 결과나 오래된 명상 지혜와 일치하는데, 이들은 지각과 사고의 중요성을 강조하고, 혐오감과 악감정이 힘겹고 고통스러운 감정과 상호작용을 통해 현실을 왜곡한다는 것을 강조하고 있다.

그 캠프에서 나는 어느 기간 동안 다양한 사람과 사물(실재하는 것도 있었고, 상상 속의 대상도 있었다)에 대해 극심한 분노 감정과 적대적 환상을 경험하였다. 이 상황에 대해 명상 지도자에게 도움을 요청하였을 때, 그는 친절하고 차분한 목소리로, "괜찮습니다. 그것은 단지 당신의 정신이 일을 하고 있다는 증거입니다. 더 주의 깊게 살펴보고 무엇을 발견할 수 있는지 보세요. 충분히 주의 깊게 관찰한다면 대개 그 분노 밑에는 두려움이 있고 그 두려움 밑에는 고정된 믿음이 있다는 것을 알게 될 것입니다."

지도자의 가르침을 따르자, 나는 깊은 곳에 새로운 인간관계에 대한 두려움과 불안함이 있는 것을 알아차렸다. 더 깊이 살펴보자, 나는 그 두려움 밑에 몇 가지 결정적인 자기 판단이 있다는 것을 알았는데, 그건 바로 내가 스스로에게 나는 충분히 좋은 사람이 아니라고 반복해서 말하는 것이었다. 이런 기저의 두려움과 스스로에 대한 부정적인 믿음을 보면서 모든 경험을 펼쳐 놓을 수 있었다. 그 캠프 내내 나는 나 자신을 더 부드럽게, 동정심을 갖고 대할 수 있었고, 그렇게 하자 분노에 찬 감정이 사라지게 되었다.

이 분노의 구조가 늘 해당되는 것은 아닐지라도 자신의 분노에 대해 이 구조를 염두에 두고 접근한다면(특히 마음챙김으로 분노를 대하고자 할 때), 이 모형에 따라 더 주의 깊게 관찰했을 때 얻게 되는 이해의 깊이에 놀랄 것이다. 여기에 몇 가지 예시가 있다.

분노(Anger)	
분노는 일어나고 있는 일에 대한 당신의 지각에서 일어난다. 당신의 몸에는 감각이 작용하고 있고 머릿속에는 생각이 있다.	예를 들어 계산대에서 긴 줄을 서고 있는데 당신은 짜증이 나고 화가 나기 시작한다.

두려움(Fear)	
스트레스에 대한 반응으로 분노의 저변에 있는 두려움은 당신의 몸 안에 있다.	심장이 뛰고, 근육이 긴장하고, 턱을 떨기 시작한다. 무언가 잘못되었다는 의미이다.

고정된 믿음/생각(Fixed Belief/Idea)	
마음챙김을 통해 들어본다면 당신의 생각이 신념을 갖고 하는 말을 들을 수 있다.	"저 점원은 무능력하고 나는 이러고 있을 시간이 없어. 다신 이곳에 오지 않을 거야!"

이 예시에서 당신이 마음챙김을 유지한 채로 관찰한다면, 분노가 계속해서 '이 긴 줄을 봐. 점장은 도대체 사람을 제대로 쓸 줄 모르는군.'과 같은 생각을 하도록 허용했을 때, 막상 위험이 줄어들고(어쨌든 계산을 기다리는 줄은 줄어들 테니까) 물리적으로 안전을 찾더라도, 당신은 계속 분노에 차 있다는 것을 알게 될 것이다. 당신의 생각과 신체는 그 감정적 반응에 아마도 더 강렬하게 사로잡힐 것이다. 다른 예를 보자.

분노(Anger)	
대화 중에 어떤 사람이 나에게 의문을 제기해서 화가 났다.	예를 들어 "왜 그 사람이 당신을 이용하도록 내버려둔 거예요?" 하고 물었다.

두려움(Fear)	
분노 밑에, 당신의 신체가 스트레스 반응에 따라 조여들고 근심이 차오른다.	복부의 단전 밑이 긴장하고 이를 악물며 '나에게 무슨 문제가 있나 봐.' 하고 생각한다.

고정된 믿음/생각(Fixed Belief/Idea)	
마음챙김을 통해 당신의 생각을 본다면 부정적이고 결정적인 자기 판단을 듣게 된다.	"나는 나 스스로를 지킬 만한 위인이 못 돼."

이제부터 이러한 분노의 구조에 대해 자주 보게 될 것이다. 마음챙김을 기억하며 '스스로를 들여다보는 것'만이 분노와 악감정과 혐오감의 지배와 방해속에서 진실을 볼 수 있는 방법이다.

:: 분노의 생물학

분노가 찾아올 때 우리의 몸과 마음에 생기는 일은 정확히 무엇일까? 분노의 생물학을 이해한다면 분노가 찾아왔을 때 정말 우리가 무엇을 느끼는 것인지 좀 더 제대로 이해할 수 있다.

인간은 생존을 위해 위협에 대응하고 위협으로부터 회피하기 위해 보호적 '경보 시스템'이 내재되어 있다. 1929년에, 하버드 의대의 미국인 생리학자인 월터 캐넌(Walter Cannon)은 처음으로 다양한 동물들이 각종 위협에 처했을 때 각 신체 기관이 보이는 생리학적 반응을 기록하였다. 그는 어떤 종류의 스트레스가 가해지더라도 비슷한 비정상적 변화가 나타나는 것을 발견했다. 1936년에 스트레스 이론의 아버지라고 평가받는 한스 셀리에(Hans Selye)는 스트레스로 인해 나타나는 이 생리적 변화의 패턴을 스트레스 증후군이라고 명명하였다. 이것의 다른 이름은 정지-투쟁-도주 반응이다.

간단히 말하자면, 즉각적인 위험에 처했을 때, 우리의 신경계는 감각으로부터 위험을 감지하고 몸과 머릿속에 있는 경보 시스템이 발동한다. 이것이 몸속 호르몬과 그에 따른 복잡한 반응을 불러일으킨다. 이 모든 행동의 이유는 멈추거나 투쟁하거나 도망치도록 하여 생존의 가능성을 높이고자 하는 것이다. 근육이 긴장하고 심장박동이 빨라지며 극도의 긴장이나 기타 모든 정신적 각성은 이 기본적인 반응의 산물이다. 이러한 모든 행동의 기능은 즉각적인 위험 상황 속에서 더 잘 듣고, 더 멀리 보며, 빨리 혹은 멀리 움직이고, 고통을 감내하며 필요에 따라 맞대응을 하려는 것이다.

즉각적인 위험이나 위협에 대한 이 놀라운 생리적 반응이 생존을 위한 기능으로서의 가치는 분명하다. 하지만 셀리에는 이 경보가 만성적으로 나타날 경우 건강에 심각한 결과를 초래할 수 있다는 것도 발견하였다. 예를 들어 정지-투쟁-도주 반응은 혈압, 혈당, 심박수의 즉시적 증가를 발생시킨다. 이 변화들이 자주 발생하거나, 긴 기간 동안 반복될 경우 건강에 해로운 영향을 미친다.

자율신경계 중 교감신경계가 위협에 대한 신체의 불수의적 반응을 담당한다. 정지-투쟁-도주 반응을 담당하는 것도 교감신경계인데, 정지-투쟁-도주 반응은 '스트레스 반응'이라고 불리기도 한다. 최근의 연구들은 모든 격정적 감정들이 교감신경계의 기본적인 스트레스 반응에 따른 신체 각성 작용을 일으키지만, 각 감정들은 그것들만의 호르몬 배합과 종류를 가지고 있다. 따라서 서로 다른 격정적 감정들은 서로 다른 신체 반응을 만들어낸다. 예를 들어 흥분한 사람은 두려움에 떨거나 괴로워하고 있는 사람보다 심박수나 호흡수 변화가 적을 것이다. 그러나 이 두 사람 모두 스트레스 반응을 겪고 있는 것은 똑같다. 이 일반적인 토대 외에 분노에 국한한 생물학적 사실들은 흥미로운 것이 많고, 이제 그것들을 알아보자.

:: 분노의 대가

우리가 분노에 찬 마음을 변화시키려고 할 때 방해가 되는 요인 하나는 분노를 드러내는 것이 도움이 된다고 믿어서다. 그러나 자세히 살펴보면 분노의 진정한 비용은 그것의 단기적인 이득을 능가한다.

당신이 이 책을 읽고 있다면, 당신은 분노가 인생에 어떤 대가를 치르게 하는지 이미 알고 있는 사람일 가능성이 높다. 마음챙김을 통해서 내면의 생각과 느낌은 물론 삶과 인간관계를 바라보게 되면, 분노의 대가가 애초에 상상한 것보다 훨씬 크다는 것을 알게 될 것이다. 이제 분노가 당신의 인생에서 대가를 치르게 되는 가장 보편적이고 파괴적인 방법들에 대해 알아보자.

분노의 신체적 대가

분노와 적대감은 잘 알려진 대로 만성적 스트레스가 주는 위해 요소 이외에도 강력하고 특별한 영향을 미친다. 중요한 초점은 사람들이 스트레스에 대해 분노와 적대감으로 대응했을 때 훨씬 더 많은 스트레스 호르몬, 아드레날린, 코르티솔을 혈류에 내보낸다는 것이다(Williams, 1999). 이 호르몬들은 많은 영향을 미치는데, 심박수와 혈압, 혈당을 증가시킨다. 그 결과로 관상동맥이 다치거나 혈관이 부유물이나 콜레스테롤로 막혀서 분노에 찬 사람은 심장마비의 확률이 높다. 공포감이나 행복감, 또는 불안한 감정과는 달리 분노는 심장과 혈관에 가장 큰 반응을 일으키고 혈압 상승을 가장 많이 일으키는 원인이다 (Schwartz, Weinberger, & Singer, 1981).

분노를 표출했을 때 혈압이 상승하지만, 분노를 억눌렀을 때도 혈압은 상승한다. 많은 연구들이 분노와 적개심에 찬 사람이면서 그것을 '속으로 누르려는' 사람들이 고혈압이 될 확률이 높다는 것을 밝혔다(Gentry, 1982). 분노를 억누르는 것만이 분노를 다루는 위험한 방법은 아니다. 연구들은 혈압이 낮은 사람들이 스트레스 상황에 맞서지 않는 방식으로 대응하는 것에 비해서, 혈압이 높은 사람들은 그런 상황에서 더 공격적이고 더 적개심을 표현한다고 했다 (Mann, 1997).

스트레스 반응은 소화된 음식을 시스템을 따라 운반하는 기능을 방해하고 신체의 위산 분비를 변경시키면서 소화계에 영향을 미친다. 분노로 인해 분비되는 스트레스 호르몬들의 혼합이 소화계에 상당히 부정적 영향을 미치는 것으로 밝혀졌으며 이것은 우울증이나 두려움의 효과와는 또 다르다. 예를 들어 분노는 위장 내 위산 분비를 촉진하고 위염과 위궤양을 야기한다(Wolff & Wolf, 1967). 분노 성향을 가진 사람들은 그것을 속으로 억눌렀을 때 결장이 혈액으로 차고 더 자주 수축과 이완을 반복하게 되는데, 이것은 궤양성 대장염의 위험을 높인다(Lewis & Lewis, 1972).

분노의 감정적 대가

당신이 알아차리지 못하는 순간에도, 분노를 표출하는 것은 이런저런 불편한 감정이나 느낌을 자극하고 유도한다. 분노의 감정적 대가에 대해 오랜 기간 많은 연구들이 이루어져왔다. 만성적으로 분노를 느끼는 사람은 다양한 방식으로 고통을 겪는데, 무력감, 소외감, 자신의 일상과 관계에 대한 만족감을 덜 느낀다.

만성적으로 적개심을 갖는 사람들은 소외감으로 고통을 받는데, 가족이나 가까운 사람들로부터 지지와 신뢰를 받는다는 느낌을 갖지 못하고(Greenglass, 1996), 그들은 자존감이 낮고 외로워한다(Jones, Freeman, & Gasewick, 1981). 그리고 그들은 자기 패배적이고 자기 파괴적인 행동을 통해 정신적 고통을 배가하는 성향을 가지고 있었다(Deffenbacher et al., 2000).

또한 만성적인 분노와 적개심을 가진 사람들은 소외감과 외로움의 대가로 병에 걸릴 위험이 높았다(Hansson, Jones, & Carpenter, 1984). 그들은 또래에 비해 젊은 나이에 죽을 가능성도 높았다(Berkman & Syme, 1979; Barefoot, Dahlstrom, & Williams, 1983).

인생의 여러 경험을 하면서 당신은 이런 생각을 해봤을 것이다. '나는 고통

받고 힘들 이유가 없어. 만약 그렇다면 그것은 그들의 탓이고 그들이 고쳐야 해!' 또는 '내 인생은 걷잡을 수 없게 됐어. 난 어떤 것도 할 수 없어. 누군가는 책임을 져야 할 거야!' 이렇게 생각하면 나는 인생에 아무런 선택권이 없는 것처럼 느껴진다. 이런 태도라면 당신의 정신과 몸에 쌓인 스트레스는 위험스러울 정도로 늘어날 것이고 당신의 인간관계와 당신의 행동은 더 자주 분노의 영향을 받을 것이다.

분노의 사회적 대가

현재 이 순간에 드러난 분노와 다른 악감정과 혐오감과 관련된 감정들은 즉각적으로 사회적 환경에 영향을 미친다. 사랑하는 사람들, 동료, 낯선 사람, 아이들, 그리고 애완동물이나 기타 다른 동물들이 모두 사회적 환경에 해당될 것이다. 당신이 분노할 때 사람들이 당신에게 어떻게 반응하는가? 그들도 처음에는 유감스럽게 생각하거나 당황할 것이다. 그러나 당신의 잦은 분노에 당하게 된다면, 시간이 지날수록 점차 당신에게서 멀어지고 관심을 거두고 공감하지 않게 될 것이다. 그리고 당신이 만성적으로 분노에 차 있고 적대적이라면 당신을 가까이 두고 싶어 하지 않을 것이다. 이런 대인관계적 요인 때문에 적대적인 사람들은 사회적 관계나 상호작용에서 만족감이 낮고, 관계의 질도 떨어지게 된다(Tavris, 1989).

만성적 분노와 나쁜 의지는 대인관계에 있어 사람을 옹졸하고 더 고집스럽게 만든다(Biaggio, 1980). 적대감 점수가 높은 여자들은 결혼 생활의 만족감이 현저하게 낮다(Weaver & Shaw가 Wood, 1986에 보고함). 적대감이 높은 남성들은 결혼 생활에서 폭력적일 확률이 높다(Barbour et al., 1998).

슬프게도, 분노의 사회적 비용이나 기타 다른 대가들은 어른들에게만 해당되는 것이 아니다. 아이들은 특히 더 취약하다. 사실, 많은 분노에 찬 어른들은 한때 분노에 찬 어른들에 의해 육체적으로 또는 정신적으로 아동학대를 당했던 피해자였다.

한 연구에 의하면 가혹하고 분노에 찬 어머니 밑에서 길러진 아이들은 그렇지 않은 어머니를 둔 아이들보다 분노가 더 많고 덜 순종적이다(Crockenberg, 1987). 다른 연구는 아이들에게 소리를 지르거나 언어폭력을 하는 부모들은 신체적 폭력을 가할 확률이 높다는 것을 발견했다(Hemenway, Solnick, & Carter, 1994; Korbanka & McKay, 1995). 신체적 체벌은 아이들이 더 공격적으로 반응하게 만들었다(Straus, 1994). 신체적 체벌은 아이의 도벽, 무단결석, 거짓말, 우울감, 낮은 자존감과 상관관계가 있었다(Herman, 1985). 맥케이, 로저스와 맥케이(Mckay, Rogers, & Mckay, 2003)의 연구에 따르면 "아이들이 상냥함을 배우기 위해서는 상냥하게 대해져야 한다. 분노와 공격성을 대체할 반응을 기르기 위해서는 분노와 공격성 외의 다른 반응을 보아야만 한다. 사려 깊은 아이로 자라려면 그들의 감정과 요구가 사려 깊게 대해져야 한다"(232).

:: 마음챙김 실행 : 분노가 존재하지 않을 때를 알아차리기

당신이 분노와 같은 단일 감정보다 훨씬 크고 더 복잡한 존재라는 것을 아는 것이 중요하다. 간단한 마음챙김 실행을 하면서, 당신의 삶에 분노가 없는 때를 스스로 알아차리겠다는 의도를 가져보자. 분노가 없을 때, 잠시 멈추어서 마음챙김 호흡을 하고, 분노가 없는 지금 여기에 존재하는 것이 무엇인지 알아차리자. 몸은 어떤 기분이고 머릿속엔 무슨 생각이 있는지 알아차리자. 그 느낌은 어떠한가? 분노를 갖지 않은 것이 쾌적하고 즐거운가? 당신이 알아차린 그 안락함이 좋다면 그 긍정적인 느낌을 분노에 찬 정신을 잠재울 동기부여로 삼고 더 자주 분노보다 내적 평화를 갖도록 하자.

:: 기억할 것

- 분노가 당신을 조종하는 것이 아니라 당신이 분노를 조절하고자 한다면 분노가 나타나는 때를 알아차리는 법을 배우자. 실제로는 분노가 악감정, 비호감, 혐오감, 혹은 지루함 같이 여러 가지 형태로 다가올 수 있다는 것을 아는 것이 도움이 된다.

- 분노에 찼을 때 내적 삶에 호기심과 마음챙김으로 집중한다면 분노 표출의 기저에 있는 감정의 층들을 보게 될 것이다. 분노 감정 밑의 두려움을 알아차리고 마음챙김으로 다가가게 될 것이고, 자신과 자신의 가치나 중요함에 대한 (부정적인) 단단한 신념, 의견, 생각을 알게 될 것이다.

- 분노의 영향하에 당신이 하는 행동들은 스스로의 건강과 행복감, 그리고 당신 주변의 행복과 건강에 엄청난 영향을 미친다. 주변 사람들과의 관계가 분노에 찬 마음을 다스리는 핵심이다. 당신 자신만의 평화, 행복, 건강을 위한 것이 아니다. 분노에 찬 마음을 다스리면 다른 사람들에게도 평화와 행복을 전달할 수 있고 나아가 세상에도 전달할 수 있다. 이것이 스스로와 다른 사람들에게 주는 선물이다.

3

마음챙김을 통해
능숙하게 분노에 접근하기

주의를 기울이게 교육하는 것이 최고의 교육이다.
- 윌리엄 제임스(William James)

우리가 마음챙김으로 세상을 바라볼 때, 세상과 세상의 모든 것들은 아주 달라질 것이다. 마음챙김은 충분히 자각하는 일이다. 지금 여기 있는 것들과 일어나는 일들에 더 주의를 기울이면 당신 삶의 또 다른 차원 하나가 열리는 것과 같다. 자각을 펼치는 과정이 시작되면 훨씬 더 긍정적이면서 완전히 다른 자신과의 관계, 타인과의 관계, 그리고 다른 삶을 보게 될 것이다.

마음챙김에 기반을 둔 삶의 차원에 들어감으로써 당신은 인생에 더 많은 선택을 갖게 된다. 이것은 또한 자신에 대한 진정한 지혜를 주고, 가장 깊고 건강하며 외부의 누구도 건드릴 수 없는 나만의 가치들과 공명한다. 그러나 때때로 마음챙김 실행은 어려운 일이다. 마음챙김 실행과 이 책에 제시된 다른 명상법을 통한 탐구를 돕기 위해 이 장에서는 분노와 다른 악감정 및 혐오와 관련된 감정을 마음챙김으로 능숙하게 다루는 법을 알아보겠다.

:: 마음챙김을 통해 모든 것을 볼 수 있다 – 당신의 분노까지도

마음챙김의 관점에서, 모든 것은 현재 순간에 일어난다. 그리고 이 '모든 것'은 당신의 감각적 경험, 신체적 느낌, 당신의 내적 삶을 구성하는 사고까지도 포함한다. 분노는 개인의 정체성과 깊게 연관되는 경험이기 때문에 생각, 느낌, 감각들에 크게 영향을 받는다. 따라서 '내적 삶'에 마음챙김을 적용하는 것으로 분노로부터 빼앗긴 삶을 되찾기 시작하는 것은 훌륭한 접근 방법이다.

우리가 내적 삶이라고 말하는 것은 내적 경험의 흐름이다. 즉 당신의 지각과 감각으로 끊임없이 흘러 들어오는 정보와 머릿속에서 발생하는 생각들이다. 이 감각과 정신 작용의 직물은 무늬를 짜 넣어 만드는 양탄자처럼 매 순간 일어나며, 변화한다. 이것은 말 그대로 당신이 느끼는 것과 믿을 수 있는 것과 생각하는 것(믿을 수 있다고 생각하진 않지만 주목하지 않을 수 없는 강렬한 생각, 기억이나 걱정 같은 것)으로 만들어진다. 이 각양각색의 다양한 모든 믿을 만한 생각들과 그렇지 않은 생각들 모두가 매 순간 삶을 사는 우리 고유의 특별함이다. 그리고 이 모든 것은 마음챙김을 통해 깊게 살펴볼 수 있다.

마음챙김의 관점에서 당신의 내적 삶은 매 순간의 생각을 개인적으로 경험하는 것과 분노와 같은 정서(여기서 '정서'라는 것은 당신의 생각과 몸의 감각의 혼합체를 아우르는 일반적 용어이다), 그리고 당신의 감각으로 들어오는 정보의 흐름들을 포함한다. 마음챙김의 관점에서 이 모든 경험들(대개 굉장히 개인적이며 친숙한)은 항상 변화하는 것이며 당신의 고정된 정체성이 아니다. 다시 말해 당신은 '분노'를 느낄 수 있지만, 분노가 '당신'은 아니다. 분노에 관해 이것이 사실인 이유는, 당신이 주의 깊게 살펴봤을 때, 분노는 현재 순간에 오고 가는 것이며 들어왔다가 나가는 것이다. 항상 여기에 있는 것이 아니라면 그것이 어떻게 '당신'일 수 있겠는가?

멈추고 관찰한다면, 당신은 실제로 그리고 정확하게 분노의 본질을 직접 볼 수 있다는 것도 알아차릴 것이다. 그것은 일시적인 상태이며 결정적인 정체성이 아니다. 이 시각에서 분노를 이해할 수 있다. 그것은 조절할 수 있는 것이다. 당신은 그것으로부터 배울 것이 있으며 당신 삶에서 분노의 어떤 순간과 철저하게 새롭고 강력한 관계를 구축함으로써 분노로부터 치유되고 변화될 수 있다.

분노를 마음챙김으로 다가가는 것은 이런 것이다. 당신이 분노의 피해자라는 믿음에 항복하지 않고, 당신 인생에 있어 분노의 존재와 영향을 무시하지 않고, 온 마음으로 깨어 있는 상태에서 관계를 맺고자 전념하는 것에서 시작한다. 분노에 마음챙김으로 다가가는 것은 당신 삶에서 관계들이 펼쳐지고 매 순간이 다가올 때마다 당신의 주의와 호기심을 분노의 강렬한 경험과 그와 관련된 감정에 기울여서, 그것들이 당신의 정신과 몸에서 어떻게 생겨나는지 보는 것을 연습하는 일이다. 어떤 요소들이 그것을 도우며 유지시키는지 알게 되는 것이다.

분노를 능숙하게 대하게 된다는 것은 분노가 나타났을 때 그것을 마음챙김으로 대하면서 필요한 기술들을 익힌다는 뜻이다. 이 기술들은 분노에 대해 자각을 높이고 분노를 이해하고자 하는 강력한 의도, 불쾌한 감정 속에서도 매 순간 멈추고 주의를 기울이고 유지하는 기술, 당신의 자각 속에서 벌어지는 어떠한 일에 대해서도 호기심을 지닌 채 반가운 마음을 열어놓는 것을 포함한다.

물론, 수시로 출렁대는 분노라는 감정이 아니더라도, 인생은 늘 순간적이며 변화하는 것들로 가득 차 있다. 당신 외부의 상황들, 사람들, 상태들은 모두 다른 속도로 변화한다. 지속적으로 의식을 드나드는 것을 반복하며, 숨 쉬는 매 순간마다 당신만의 고유하고 특별한(때로는 아름답고 때로는 고통스러운, 늘 놀랍고 소중한) 삶을 만들어낸다. 앞으로 남은 장에서 보겠지만, 마음챙김 실행은 당신 인생의 현재 순간에 들어온 어떤 상태, 경험, 사람, 상황에 대해서도 더 깊게 연결될 수 있도록 도와준다. 이 풍성해진 연결성에서부터 당신은 삶의 안팎에서 더 풍부하고 만족스러운 삶을 살 수 있는 진실되고 현명한 가능성을 누리게 될 것이다.

:: 마음챙김으로 분노에 다가가기

다음 상황을 상상해보자.

당신은 수천 명이 들어찬 경기 관람석에 있다. 경기장에는 서로 다른 두 팀이 서로 다른 색의 유니폼을 입고 있다. 그들은 서로를 마주보고 줄을 맞춰 서 있다. 그들의 가운데에 공이 있다. 그 공의 위치를 기준으로 양측을 나누는 선이 그어져 있다.

한쪽 팀의 선수가 앞으로 뛰어나와서 공을 다른 쪽 끝으로 차버리고, 반대편 선수는 그 공을 받아서 뛰기 시작한다. 그는 강하고 빠르게 달리며 다가오는 상대편 선수들을 교묘히 피해가며 반대 쪽 끝으로 뛴다.

이 상황이 벌어질 때 당신 옆에 앉은 사람들이 욕을 하고 화가 나서 소리 지르는 것이 들린다. 반대편 관람석에 앉아 있는 사람들은 흥분해서 열광하고 응원하는 것이 보인다.

공을 들고 있는 선수가 끝에 다다르자 관람석은 더 시끄러워지고 주변의 사람들의 분노는 더해졌으며 일부는 짐을 싸고 나가버렸다. 반대편 관람석은 굉장히 행복해 보인다.

수천 명의 사람들은 방금 똑같은 것을 보았다. 어떤 선수가 공을 차고, 반대편 선수가 그 공을 받아서, 반대 쪽 끝까지 달려간 것이다. 그러나 관람석의 반은 그 상황을 행복하게 보았고, 나머지 반은 화가 나고 실망하였다. 이게 무슨 일인가?

분노의 구조를 설명한 모델을 기억해보라. 분노의 밑에 있는 것은 두려움이고, 두려움 밑에 있는 것은 고정된 믿음이나 생각이다. 이 경우에, 행복한 사람들은 눈앞에서 벌어진 일이 자신들에게 좋은 일이라고 여기는 고정된 신념이 재확인되었기 때문이다(자신들이 지지하는 팀이 승리하였으니까). 그러나 화가 난 사람들은 정확히 똑같은 사건이 안 좋은 일이었다. 자신들의 팀이 패배하였으며 이것은 이번 시즌 성적이 좋지 않을 수도 있다는 두려움을 불러일으켰다.

어떤 사람들은 이후 며칠 동안 기분이 좋을 것이다. 또 다른 사람들은 며칠간 기분이 안 좋을 것이다. 그리고 어떤 이들은 승리했든 패배했든 더 빨리 그 기분에서 벗어날 것이다. 왜 이런 차이가 있는 것일까?

강렬한 감정적 경험을 인식하고 받아들이고 표출하고, 다음에는 그 기분에서 벗어나는 것은 사실은 발전시킬 수 있는 기술이다. 그러면 혹 당신은 우리 팀이 이겼다면 뭐 때문에 행복한 기분으로부터 벗어나냐고 물을 수도 있다. 혹은 내가 지지하는 팀이 패배하였을 때도 빨리 그 기분에서 벗어나고 싶지만 잘 안 된다고 말할 것이다.

그런데, 당신은 좋은 기분을 붙들어본 적이 있는가? 물론 없을 것이다. 좋은 기분을 붙들지 못했다는 사실에 오히려 화가 날 수도 있다. 고통스러운 기분 역시 오래도록 남긴 하지만 그래도 모든 기분은 자기만의 속도로 왔다가 사라진다. 물론 당신이 그 기분에 개입해서 그 나쁜 기분이 더 오래 지속되게 만들 수도 있고, 마음챙김을 통해 그것들을 더 쉽게 놔줄 수 있는 법을 배울 수도 있다.

사실, 사건이 변하면(예를 들어 방금 얘기한 경기가 종료되면), 그리고 그것에 대해 행복하거나 고통스러운 기억을 갖게 되면, 결국 남는 것은 그 기억뿐이다. 우리 인간들은 편안하고 '좋은 일'보다 위험이나 경계 상황과 관련된 알림이나 표시를 선택적으로 더 잘 기억한다. 이런 부정적 경험에 대한 선택적 기억을 부정적 편향이라고 하며 이에 대해 다른 장에서 더 자세히 알아볼 것이다.

마음챙김 주의를 활용하면, 어떤 감정적 경험이든('좋은 것'이든 '나쁜 것'이든) 그것을 일으키는 상황이나 상태는 그 자체로 변하는 것이며 일시적이라는 것을 명확히 알게 된다. 마음챙김 실행은 경험이 일어났을 때 그것을 확실한 현실로 받아들이는 데 도움이 되며 그 경험이 다시금 내 인생에 돌아와 나를 어떻게 바꾸는지 알아차리는 데도 도움이 된다. 아울러 그 경험이 실제로 돌아왔을 때 어떻게 더 현명하게 대처할지도 알 수 있을 것이다.

:: 마음챙김 접근 방법

분노를 마음챙김으로 접근하는 방법은 여러 가지가 있을 수 있다. 마음챙김은 하나지만 여러 가지 방법론이 있을 수 있고, 명상이나 사색에 있어 각기 다른 초점을 지니고 있다.

마음챙김으로 분노에 접근하는 세 가지 훌륭한 방법은 멈추고 주의를 강화하기, 친절과 연민의 에너지를 가동시키기, 자신만의 마음챙김 실행으로부터 지혜와 이해를 가져오기다. 이 접근법들은 명상 지도자들이나 다른 마음챙김에 기초해 사람들을 돕는 이들이 널리 사용하는 방법이다. 효과가 좋고 배우기 쉽기 때문이다. 모든 마음챙김에 기반을 둔 접근들은 분노와 다른 강렬한 정서 경험과 자신에 대한 이해를 마음챙김으로 변환시키는 시작점이자 경로이다.

멈추고 보는 것에서 시작하자

앞서 살펴보았듯이, 우리 인간들은 자기 방어와 보호를 위해 잘 설계되어 있다. 그래서 분노와 같은 강한 정서에서 오는 생각과 느낌들은 굉장히 빠르게 우리를 휩싼다. 그렇기 때문에 분노 감정의 끈적끈적한 거미줄로부터 헤어 나오기 위해서는 무슨 일이 벌어지고 있는지 멈추고 더 자세히 보는 것이 중요하다.

● 수의 이야기 ●

성공한 사업가인 수는 마음챙김 명상 수업에 참석했다. 그녀는 중요한 미팅에 교통 체증 때문에 늦게 된 이야기를 했다. "어느 순간 제가 운전대를 얼마나 강하게 쥐고 있는지 알게 되었어요. 그리고 제 몸의 다른 부분들 – 목, 어깨, 특히 턱 – 역시 긴장하고 있다는 것을 알았어요. 또 저는 머릿속에서 진짜로 다른 자동차에게 소리를 지르고 있었어요!"

"그래서 어떻게 했나요?" 어떤 사람이 물었다.

"쥐고 있는 손에 힘을 풀고 마음챙김 호흡으로 숨을 몇 번 들이쉬고 내쉰 뒤 제 몸이 굉장히 이완되었다는 것을 알았어요. 그리고 머릿속에 화가 난 생각을 놓아주고 이 교통 체증에서 내가 할 수 있는 것은 기다리는 것뿐이라고 되뇌었어요. 저는 긴장을 풀고 스트레스와 분노에서 자유로워질 수 있었어요."

마음챙김으로 분노에 접근하는 이 첫 번째 방식은 당신이 생각과 감정에 휩쓸려 버렸다는 것을 알아차린 후 당신의 머리와 몸에서 지금 이 순간 일어나는 것을 멈추고 관찰하는 일이다. 이렇게 멈추고 바라보는 것이 분노에 접근하는 첫 번째 방식이다.

앞으로 더 배우겠지만, 내부의 감각과 생각의 흐름에 과도하게 몰입하는 것에서 자유로워지기 위해 마음챙김을 이용하는 명상법에는 여러 가지가 있다. 이 방법들은 무엇이 벌어지고 있는 것인지 초점을 정확히 하는 데 도움이 된다. 5장에는 멈추고 몸과 마음에서 일어나고 있는 일을 마음챙김으로 관찰하기 위한 몇 가지 마음챙김 실행법이 나와 있다.

연민과 친절을 추가하자

'굳은 심장'을 가진 기분을 경험한 적이 있는가? 다른 사람이나 상황, 혹은 심지어 자신의 일부분이나 어떤 차원의 물리적 감각, 느낌, 생각의 고리를 완전히 차단해본 적이 있는가?

분노의 독이 되는 영향 하나는 타인으로부터 소외되고 혼자 남게 되며 관계가 끊어지는 느낌을 준다는 것이다. 판단하지 않고 기꺼이 받아들이는 태도를 유지하는 마음챙김 기술을 지원하고 강화하기 위해서 친절과 연민을 키우는 마음챙김 실행을 선택할 수 있다.

● **매트의 이야기** ●

매트는 세 아이를 둔 젊은 아버지로, 대형 병원의 예산 및 재무 분석 담당으로 일하고 있다. 그는 친구에게서 마음챙김 명상 수업이 스트레스가 심한 직장에서 오는 불만과 짜증을 관리하는 데 도움이 된다는 이야기를 듣고 수업에 참가하게 되었다. 다음은 매트가 한 이야기이다.

"직장에서 굉장히 스트레스가 심한 시기가 왔어요. 주당 50~60시간을 일하고 있었고, 제가 집에 도착할 때는 녹초가 되어서 대개는 짜증이 나 있었죠. 며칠 전에도 그 상태로 귀가했고 아이들은 놀아주길 원했어요. 처음에 저는 화가 나서 아이들에게 안 된다고 했어요. 그랬더니 아이들이 상처를 받는 것 같았고, 기분이 좋지 않아 다시 놀자고 했죠."

"그다음에 어떤 일이 있었죠?" 누군가 물었다.

"전 이 수업에서 자기 연민에 대해 이야기하는 것을 기억했고, 아이들이 장난감을 가져오는 것을 기다릴 때 제 몸에 집중해서 제가 얼마나 피곤하고 뻣뻣한 느낌이었는지 알아차렸어요. 스스로를 탓하고 아이들에게 화를 내기보다 저는 마음챙김 호흡을 했고 저에게 이렇게 이야기했어요. '내가 나를 편하게 대하면 평화를 찾을 수 있다.' 그때쯤 되어서 아이들과 전 놀기 시작했고 저는 제 자신이 더 이완된 상태에서 아이들과 함께할 수 있다는 것을 깨달았어요. 스스로에 대해 더 친절하고 기분이 좋아졌어요. 만약 제가 마음챙김과 자기 연민의 힘에 대해서 잘 몰랐다면, 혹은 어떻게 그것을 실행하는지 몰랐다면 그날 밤 우리 집에 어떤 일이 있었을지 상상하고 싶지도 않아요!"

매트가 이야기하듯, 분노와 악감정에 대해 마음챙김으로 접근할 때, 내재된 선량함과 친절함, 동정심, 감사함, 너그러움과 같은 긍정적 감정에서 방법을 찾는 것은 큰 도움이 된다. 6장에서는 당신에게 이미 내재되어 있는 친절함과 연민, 그리고 선량한 마음을 찾고 강화할 다양한 명상법을 알아보겠다.

현명한 시각을 갖기

당신이 분노에 대해 취할 수 있는 세 번째 강력한 마음챙김 접근법은 분노가 실제로 무엇인지에 대해 현명한 시각을 갖는 것이다. 분노가 무엇이고 어떻게 작용하는지 명확하게 봄으로써, 분노 감정이 몰려와 매우 불편해졌을 때 그 현명함이 어떻게 대응해야 하는지 말해줄 것이다. 다음의 예를 보자.

● 무지개 이야기 ●

화단에 물을 주고 난 뒤 잔디 위에 무지개가 생긴 것을 본 적이 있는가? 햇빛과 물과 공기가 딱 적당히 결합되어 잔디 위에 피어오를 때 나타나는 게 무지개이다. 혹은 비바람이 몰아친 이후에 하늘에 생긴 더 큰 무지개를 봤거나, 햇빛 좋은 날 폭포수 주변에서 무지개를 본 적이 있을 것이다.

그 어떤 것이든 무지개는 영원하지 않다. 무지개는 공기, 물, 햇빛의 순간적인 상태의 혼합으로 만들어진 것이어서 그렇다. 무지개는 그것을 만들어내는 요소들의 상태에 따라 나타나서, 변화하며, 사라진다.

만약 무지개가 변화하는 상태들의 결과로 만들어진 것이라면, 분노도 비슷할 수 있지 않을까? 우리가 분노를 그런 방식으로 관찰한다면 어떠할까?

사실, 분노도 무지개와 비슷하며, 무지개를 대하듯 접근할 수 있다.

분노의 경험을 마음챙김으로 관찰하면, '분노'는 사실상 현재 순간에 나타난 요소들의 복합적 구성이라는 것을 알아차릴 수 있다. 당신이 마음챙김으로 관찰할 수 있는 요소들에는 변화하는 신체적 감각, 머릿속 생각들, 그리고(늘 있는 것은 아니지만) 당신 주변에서 벌어지는 상황이나 어떤 사람들의 행동 등이 있다.

만약 이것들이 분노의 '무지개'를 구성하는 기본 요소들이면, 이것들이 분노를 구성하는 상태가 되도록 돕는 것은 무엇인가? 무엇이 상태를 강화하고 유지하는가? 더 핵심적으로는, '당신의' 분노를 구성하는 상태들을 키우는 것은 무엇인가?

'분노 밑에는 두려움이 있고, 두려움 밑에는 고정된 신념이 있다'는 분노의 구조 모델을 기억하는가? 강한 믿음이야말로 분노를 키우는 핵심 조건이다. 신념이 기반에 깔린 이 모델을 이용해서 감각적 입력, 머릿속 생각, 신체 감각에 따라 분노가 나타난 상황을 해석해보면 어떨까? '화난 (몸과) 마음을 다스리고' 고정된 신념을 더 쉽게 찾아내기 위해 무엇을 달리 할 수 있을까?

현명한 시각을 이용하여 분노에 접근하면, 분노는 사실과 다른 판단적 사고 위에 지어졌다는 것을 알 수 있다. 판단적 사고가 머릿속에 떠오르고 그것이 사실이 아니라는 것을 알면, 당신은 그것들에게 잡히지 않을 것이며 그것에 매달려 행동하지도 믿지도 않을 것이다.

예를 들어 당신은 마음챙김 상태에서 얻은 통찰력(깊은 곳에 실패에 대한 두려움이 있다는)을 이용해서 분노 경험에 지속적으로 주의를 기울일 수 있다. 이를 통해 실패에 대한 두려움을 떠올리게 하는 어떤 일이 일어났을 때 그것을 알아차릴 수 있다. 그다음은 내면의 분노 구조를 들여다볼 수 있을 것이다. 당신이 분노를 경험하고, 그 분노 밑에는 두려움이 있고, 그 두려움 밑에는 '나는 실패작이고, 나는 좋지 않다'는 믿음이 있다.

따라서 분노를 마음챙김으로 접근하고 분노로부터 주도권을 찾는 세 번째 방식은 분노에 대한 현명한 시각을 기억하고 그것에 의지하는 것이다. 그 현명한 시각이 알려주는 소리, 당신이 어떻게 분노에 찬 생각과 감정의 불유쾌함과 연결되는지에 귀 기울이자. 7장에서는 분노를 키우고 유지하는 상태들과 그것의 근원을 찾아볼 수 있는 다양한 마음챙김 명상법이 나와 있다.

이상의 세 가지 방법 중 어느 것을 택해도 좋다. 멈추고 관찰함으로써 분노에 흡수되지 않고 분노를 과대포장하는 것을 막을 수 있다. 스스로와 타인에게 보내는 연민과 친절을 통해, 또는 현명한 시각을 통해 자신의 지각과 직관으로 분노의 구조와 구성 요소를 알아볼 수 있다. 그렇게 하면서 분노에 접근하고 잃어버린 주도권을 되찾을 수 있다. 어떤 방식을 선택하든, 그러한 명상법과 실행법이 또 다른 접근과 훈련을 돕고 촉진한다는 것을 알게 될 것이다.

:: 능숙하게 분노에 접근하기

1장에서 우리는 마음챙김 실행을 하는 데 도움이 될 핵심 기술들을 배웠다. 마음챙김 상태가 되고자 하는 의도, 당신이 고른 물체에 대해 주의를 집중하고 유지하는 것, 현재 순간과 그 경험에 대해 판단하지 않고 열린 태도를 갖는 것이었다. 이 기술들 중 하나라도 기억하고 그것을 강화하는 연습을 한다면 분노와 악감정, 혐오감에 휩쓸렸다고 느끼는 순간에 큰 도움이 될 것이다. 이 기술들에 대해 더 자세히 살펴보고 이것들이 분노를 능숙하게, 마음챙김으로 접근하는 데 어떻게 도움이 되는지 알아보자.

의도

의도(intention)는 당신의 뇌와 몸의 움직임의 방향을 정하는 길이다. 당신이 하고자 하는 일 중에서 그것에 선행하는 의도가 없는 것은 없다. 당신이 의도를 정하면, 일이 생긴다. 예를 들어 움직이기 이전에 움직이겠다는 의도가 없을 수 없으며, 베어 물 의도 없이 음식을 베어 물 수 없다. 당신의 마음이 그 순간에 뇌와 몸을 움직인다.

그러나 당신은 행동과 사고에 선행하는 의도가 무엇인지 언제나 알고 있는가? 그 의도는 어디에서 오는가? 누가 그 의도를 지시했는가? 만약 우리가 이것들에 대해 더 잘 알고 멈출 수 있다면, 순간순간 당신의 내적 삶을 조종하는 이 핵심 요소를 알아차리지 못한 채 '자동비행' 상태로 두는 일은 없을 것이다.

마음챙김에 대해 알게 되면서, 그것이 분노와 같은 감정을 구성하는 요소들을 알아차리는 데 어떻게 도움이 되는지 인식하게 되었다. 아무 생각 없이 반응하는 습관에 휩쓸리지 않게 되는 것은 스트레스나 분노, 실망을 느꼈을 때 마음챙김 실행을 하려는 의도를 키우는 중요한 동기가 될 수 있다. 다음의 예를 보자.

● 제인의 이야기 ●

제인은 중년 여성이고 마음챙김에 기반을 둔 스트레스 감소 수업에 왔다. 마음챙김 수련이 체중을 감소시키고 유지하는 데 도움이 되는지 알고 싶어 했다. 어느 날 수업에서 그녀는 자신의 이야기를 하였다.

"밤에 집에서 TV를 보고 있었어요. 아이들은 바닥에서 놀고 있었고 전 무릎 위에 올려둔 군것질거리를 먹느라 바빴죠. 그러다가 살을 빼기 위해 마음챙김 수업에 나가고 있다는 걸 기억했고, 무엇이 지금 일어나고 있는가 마음챙김으로 주의를 모으기 시작했어요."

"무엇을 알아차렸나요?" 누군가 물었다.

"제가 가장 먼저 알아차린 것은, 그 군것질이 맛이 별로라는 것이었어요!"

교실에 있는 모두가 웃었다.

"그리고 제가 배고프지 않고, 그저 기분이 나쁘다는 것을 깨달았어요."

"그다음 어떤 일이 일어났죠?" 누군가 물었다.

"군것질거리를 치우고, TV를 끄고, 아이들과 놀기 시작했어요. 굉장히 좋은 저녁 시간을 보냈답니다. 마음챙김을 실행할 수 있을 만큼 이것에 대해 알고 있다는 것을 다행이라고 생각했어요."

현대 신경과학에 따르면, 당신이 정신을 어떻게 사용하느냐에 따라 실제로 당신의 뇌가 변화하고 바뀐다. 이것이 뇌의 신경가소성 원칙이다. 우리의 뇌는 특정 방향으로 이용될 때 그 회로의 연결이 강해지고, 특정 방향으로 사용하지 않을 때 그 연결은 약화되고 끊어진다는 것이다.

아주 현실적인 예는, 당신에게 해를 가한 사람에 대해 분노에 찬 이야기를 속으로 반복하면, 그 이야기는 커지고 커져서 그 사람을 보는 순간 그 이야기가 떠올라 분노에 차고 스트레스를 유발하는 반응을 일으킨다. 반대로, 그 이야기가 머릿속에 떠올랐을 때 마음챙김으로 그것을 알아차리고 그것에 휩쓸리지 않고 골내지 않는다면, 시간이 지나면서 이야기는 격렬함을 잃어갈 것이다. 그리고 그 사람을 마주해도 그렇게 스트레스를 받지 않을 것이다!

이것은 곧 의도가 당신의 뇌(그리고 나머지 신체 부분)에 지시하여 "움직여!"라고 시킨다는 것으로 귀결된다. 그러므로 만약 의도가 뇌와 신체로 하여금 특정 정보의 흐름에 집중하고 특정 정보의 흐름에는 무관심하도록 시킨다면, 이 원칙을 지키는 것은 적은 분노, 더 많은 행복과 너그러움이 있는 행복한 인생을 살기 원할 때 아주 중요한 것이다.

신경심리학자이자 명상 지도자인 릭 핸슨(Rick Hanson) 박사는 뇌의 놀라운 복잡성을 구성하는 세 가지 근본적인 작용이 있다고 말했다. 그것은 바로 조절, 학습, 그리고 선택이다.

> 뇌는 흥분과 억제 활동의 혼합(파란색, 빨간색 신호등처럼)을 통해 뇌 자체와 다른 신체 구조를 조절한다. 뇌는 새로운 연결회로를 만들고 이미 존재하는 회로를 강하게 혹은 약하게 하면서 학습한다. 그리고 그중 더 가치가 있는 가르침을 선택한다. 예를 들어 지렁이도 전기 충격을 피할 수 있는 길을 선별하도록 훈련시킬 수 있다.
>
> 이 세 가지 작용-조절, 학습, 선택-은 신경 시스템의 모든 단계에 영향을 미친다. 시냅스 종말의 복잡한 분자의 움직임에서부터 통제와 역량, 변별이라는 전체 뇌의 통합까지 전부 작동한다. 이 세 가지 작용은 모든 중요한 정신 활동에 관여한다(Hanson, 2009, 14).

의도는 뇌가 현재 순간에 쏟아져 들어오는 매 순간 달라지는 정보의 놀라운 흐름(당신이 살면서 겪는)에 세 가지 기본 작용을 '어떻게 적용시킬까' 하는 방식이라고 할 수 있다. 당신이 의도를 설정하면 당신의 뇌는 자신의 세 가지 기본 작용(조절, 학습, 선택)을 이용하여 그 의도를 지지하며, 당신은 행동을 하게 되는 것이다!

그러므로 이 관점에서 의도의 힘을 봤을 때, 자신의 의도가 무엇이고 어떻게 효과적인 의도를 설정하는지가 굉장히 중요하고도 흥미로운 질문이 된다. 어떤 의도가 당신의 인생을 주도하는가? 당신은 오래된 정신의 습관에 따라 뇌와 신체에 (무의식적으로 또는 반의식적으로) 어떤 의사를 전달하고 있는가? 당신이 상처받았거나 위협받았다고 생각하는 기억과 그 기억과 관련된 내적 생각, 해석을 계속해서 재방송하도록 시키고 있지는 않은가? 아니면 당신은 분노와 분함을 알아차리고 뇌로 하여금 다른(아마도 긍정적인) 생각들을 하도록 시키고 자신과 다른 사람들이 너그러움, 더 나아가 용서를 발휘한 고무적인 이야기와 예들을 떠올리도록 시키는가?

의도는 현재 순간에 일어나는(마음, 몸, 세상에서 일어나는 사건 등) 일에 대한 반응으로서 뇌가 특정 방향으로 움직이도록 내리는 '명령'으로 이해할 수 있다. 그 명령에 따라 일어난 일들이 앞으로 일어날 일들을 변화시키는 것이 핵심이다. 제인의 이야기를 보라. 마음챙김을 시도하면서 제인은 나쁜 기분 상태에서 TV를 보고 군것질을 하며 스스로를 소외시키는 정서적 상태에서 벗어나 더 행복한 선택을 했다. 군것질거리를 치우고 아이들과 놀아준 것이다.

주의

주의(attention)에 관한 현대 과학의 연구는 인간이 주의의 초점을 바꿀 수 있는 능력과 욕구를 지니고 있다는 점을 밝히고 있다. 우리는 서로 다른 물체들로 초점을 옮길 수 있을 뿐 아니라(빨간색 공에서 초록색 공으로, 초록색 공에서 노란색 공으로 옮길 수 있다), 좁은 초점에서 넓은 초점으로, 하나의 물체에서 여러 물체로 초점을 옮길 수도 있다. 예를 들어 나무 하나에 집중했다가 전체 숲으로 초점을 옮길 수 있다. 인간의 뇌는 이런 전환이 가능하도록 설계되어 있다.

주의의 스펙트럼의 한쪽 끝은, 뇌가 특정 정보의 흐름을 강화할 수 있다는 점이다. 예를 들어 저녁 식사 자리에서 당신은 상대의 대화에 주의를 집중할 수 있다. 다른 한편으로는, 방 안의 다른 소음들에 집중을 하지 않는 것처럼 특정 정보의 흐름을 다른 것으로부터 억제할 수 있다. 이 능력은 특정 대상에 대해(이 경우 대화 상대방의 말소리) 매우 집중하거나, 또는 선택적 주의를 가능하게 한다.

스펙트럼의 다른 끝에 있는 주의는, 뇌가 포괄적이며, 열려 있는, 비판단적인 의식을 갖게끔 해준다. 예를 들어 당신은 친구와 함께 식당에서 저녁 식사를 하고 있는데, 대화가 잠시 멈춘 순간에 친구가 긴장하고 있는 것을 알아차린다. 당신의 옆에는 다른 손님들이 자리를 뜨고 있으며, 동시에 주방에서는 살짝 타는 듯한 냄새가 나고 있다. 당신의 뇌는 이 모든 것을 열린 의식으로 한순간에 알아차릴 수 있다.

주의의 이런 형태들, 선택적이거나 열려 있고 비판단적 의식은 우리의 정서 생활에 핵심적인 것이다. 뇌의 기능과 정서 영역에 저명한 학자인 리처드 데이비슨(Richard J. Davidson, 2012)은 주의의 형태를 이렇게 기술하고 있다.

> 선택적 주의는 선택적으로 주변 상황의 특정 요소에 집중하고 다른 것은 무시하는 의식적 결정을 말한다. 이 능력은 '정서 스타일'의 또 다른 차원을 구성하는 핵심 요소인데, 선택적으로 주의를 기울이는 것에 실패하면 자기-자각(Self-Aware)을 하거나 빠져드는 것(Tuned-in)이 불가능하기 때문이다. 열려 있는 비판단적인 의식은 외부 환경과 우리 머릿속에 떠오르는 생각과 느낌을 받아들여 우리의 주의를 넓히고 우리에게 영향을 주는 미묘한 신호들을 민감하게 알아차리는 능력을 반영한다. 이때 한 신호에 빠져들어서 다른 신호를 받아들이는 것을 저해하지 않는다(86).

우리가 마음챙김을 실행할 때 배우는 기술 중 하나는 주의를 더 잘 조절하는 방법이다. '잘 조절한다'는 말은 여러 의미를 지니고 있다.

- 주의를 원하는 만큼 좁게 하거나 넓힐 수 있다.
- 원하는 곳에 주의를 집중하고 유지할 수 있다.
- 의도적으로 주의의 초점을 바꿀 수 있다(즉 주의가 '유연'하다).

이 세 가지 차원으로 주의를 훈련하는 데 여러 가지 명상법이 도움이 된다. 명상 실행을 통해 주의의 기술이 늘어나면서 더 많은 것들을 깨닫게 될 것이다. 이를테면 주변에 있는 꽃 한 송이도 과거와는 비교할 수 없게 아주 섬세하게 바라보며 더욱 잘 감상하게 된다. 누군가를 만나도 제대로 만나며 따뜻한 말 한마디를 주고 받게 되고, 또 좋아하는 음식을 한 입 베어 물기 전에 기분 좋은 냄새를 맡을 수 있을 것이다.

크리스티나 펠드먼(Chistina Feldman)은 유명한 불교 명상 지도자이자 작가이다. 여기에 그녀 자신의 주의력 개발 이야기가 있다.

● 크리스티나의 이야기 ●

"몇 년 전에 전 애리조나에 있는 사막에 명상 지도를 하러 갔었어요. 수많은 사람들이 그 사막의 아름다움에 대해 이야기했었고, 나는 그것을 직접 보게 될 것에 흥분했어요… 하지만, 해가 떠올랐을 때 주위를 둘러봤는데, 살짝 실망스러운 생각이 들었어요. '그냥 갈색이네.'"

크리스티나는 그 후 며칠간 명상수업을 진행하였고, 걷고 관찰하면서 변화하는 사막의 상태를 더 자세히 보게 되었다. 확장된, 주의 깊은 주의를 주었을 때 어떤 일이 일어났는지를 아래와 같이 묘사하고 있다.

"더 보고, 더 듣고, 더 느끼면서 더 많은 것을 보게 된다는 것을 깨달았어요. 사막은 생명으로 가득 차서 바글거리고 있었고, 땅 위에는 아지랑이가 피어오르고 있었어요. 시간이 지나고 해가 움직이면서 그림자와 빛이 변해갔고, 사막이 변하고 있었어요. 그것은 신비롭고, 살아있고, 변화하는 현실이었어요. 하루의 매 순간이 달랐어요."

그리고 다음과 같은 관찰로 이야기를 끝맺는다.

"우리 주변에 있는 모든 것은 우리와 함께 살기로 되어 있는 것입니다. 마음챙김은 우리가 보는 방식도 바꿔주지만, 사물이 어떻게 보여지는지도 바꿔줍니다."

삶의 아름다움과 놀라움은 항상 그곳에서 우리를 기다리고, 우리가 깨워주길 바라고 있다. 마음챙김과 명상으로 배울 수 있는 주의의 기술을 통해 때로는 놀랍고 예상치 못한 긍정적 경험의 원천을 찾을 수 있다.

태도

당신은 인생을 어떻게 대하고 있는가? 당신은 당신의 몸과 마음과 좋은 관계를 맺고 있는가? 다른 사람들의 행동과 말에는 어떠한가? 당신을 에워싼 조건들과 관계 맺기는 어떠한가?

당신이 생각이나 감각 혹은 이 순간 당신의 의식에 있는 정보의 흐름에 대해 갖는 태도(attitude, 예를 들어 거부하거나 반가워하는 태도)가 곧 모든 차이를 만들어낸다. 경험과 내적 세계에 대해 열려 있는 의식을 갖고 포괄적인 마음을 갖는 태도를 지니는 것이 쉬운 일은 아니다. 그런 태도에 쉽게 도달할 수 없는데는 몇 가지 이유가 있다. 사실상 많은 사람들은 비열하고 단정적인 생각과 감정을 갖는 '연습'을 상냥하고 동정심을 갖는 '연습'보다 더 많이 하고 산다. 마음챙김과 명상을 실행하면서 인간이 지닌 비판적이고 배타적인 경향(특히 불편한 일에 대한)을 늘 기억하는 것은 아주 중요하고 도움이 될 것이다.

살면서 어려운 경험을 당했을 때, 스스로를 열고 현재에 머무는 것은 보통 사람들에게 벅찬 일이다. 수년간 마음챙김 수련을 연마한 명상 지도자들도 같은 고민을 겪었다는 것을 기억하면 좀 나을 것이다. 조셉 골드스타인은 저명한 명상 지도자이자 작가이고 불교 지도자이다. 능숙하게 명상에 임하는 태도를 발전시키는 것의 어려움에 대해서(특히 사물에 대한 분노나 혐오감이 심할 때) 그의 이야기를 들어보자.

● 조셉의 이야기 ●

"수년 전에 인도에 살며 명상을 할 때 카슈미르에 방문한 적이 있었어요. 아주 더운 여름이었는데, 가는 길의 대부분은 오랜 시간 버스를 타고 이동했어요. 몇 시간 동안이나 덥고 사람이 가득 찬 버스를 타고 있어야 했지요. 난 불쾌한 감각들을 느끼지 않도록 스스로의 호흡에 집중하기로 했어요. 얼마 동안 이 전략은 먹히는 것 같았어요. 그런데 어느 순간 그것이 너무 어려웠어요. 아무것도 느끼지 않고 호흡에만 집중하느라 힘들고 피곤해진 거죠. 나를 힘들게 한 것은, 불편한 것들을 나로부터 떨쳐 내려는 것이었고, 그때 내가 해야 하는 것은 그것들을 모두 받아들이는 일이라는 것을 깨달았지요. 그것을 이해하고 나는 일어난 모든 일에 마음을 열기로 했어요. 열기, 소음, 불쾌한 느낌, 진동, 엔진 냄새… 모든 것에요. 모든 것을 받아들일 수 있게 되자 정신이 이완되었고 남은 여정은 괜찮았어요. 주변은 그대로였지만 그것들과 싸울 필요를 느끼지 않았어요(Goldstein, 2002, 112).

마음챙김, 연민, 지혜를 찾아 가는 명상법을 통한 성장은 세 가지 기본 기술로 강화될 수 있다. 그 세 가지는 마음챙김을 하려는 의도, 선택한 것으로 주의를 돌리고 집중하는 것(위 예의 경우는 분노와 관련된 정신과 신체 경험), 현재 순간의 경험에 대한 열린 마음과 수용하는 태도이다. 분노를 '마음챙김으로 능숙하게' 접근한다는 것은 이 개념들과, 실제로 직접 경험하는 것이 어떻게 깊이 상호 연결되어 있는지를 볼 수 있는 예가 될 것이다.

∷ 마음챙김 실행 : 당신의 몸에서 분노 찾기

이번 주 언제든 당신이 몸이나 생각, 행동에서 화가 났다는 신호를 받는다면, 멈추고 주의를 집중해보세요. 스스로에게 이 순간 분노의 경험을 더 잘 이해하려는 의도를 보이세요. 마음챙김 호흡을 통해서 주의를 안정시키고 무엇이 일어나고 있는지 비판단적으로 알아차리기만 하는 것입니다. 몸의 각기 다른 부분에서 오는 감각을 느끼고, 생각을 들어보고 놓아주며, 마음챙김 호흡을 통해서 현재에 계속 머물 수 있게 하세요. 계속 관찰하면서 당신의 정신과 몸에 있는 폭풍우 같은 흐름으로부터 벗어나세요. 주의력을 잃지 마세요. 도움이 되었다면 스스로에게 작은 목소리로 이 경험에 이름을 부여합니다. "이것은 분노이다.", "분노는 현재 내 정신과 몸에 있다."

:: 기억할 것

- 마음챙김을 실행하면 세상과 자기 자신에 대한 인식이 평소와는 크게 달라진다. 많은 사람들은, 그들이 더욱 마음챙김하는 상태가 되면서, 그 어느 때보다 세상이 더 밝고, 흥미롭고, 살아있는 것처럼 느낀다. 이것이 분노를 다스리는 데 마음챙김이 중요한 바로 그 이유이다.

- 중요한 시합, 혹은 난상토론 때의 보편적 경험은 당신이 그것들에 가지고 있는 믿음이나 해석에 의존하는 것을 보여주고 있다. 만약 당신이 스스로를 더 잘 이해하고 분노와 다른 어려운 감정들을 더 잘 조절하고 싶다면, 그 믿음들을 마음챙김으로 받아들이는 것으로 변화를 만들어낼 수 있다.

- 분노와 다른 표현들을 마음챙김으로 다가간다는 것은—특히 분노의 감정이 드러나고 있을 때—언제나 마음챙김을 잘하려고 노력한다는 의미이다. 멈추고 주의를 기울이며, 연민의 힘을 믿고, 현재 순간에 대한 현명한 시각을 갖는 연습을 계속한다면 더욱더 마음챙김 실행을 잘할 수 있게 될 것이다. 명확한 의도를 갖고, 안정적이고 유연한 주의를 가지고, 다가오는 경험에 마음을 열고, 수용적인 태도를 갖는 것이 도움이 될 것이다.

4

마음챙김 실행을 위한 준비

마음챙김을 실행한다는 것은 매 순간에 존재하는 것에 전념한다는 것이다.
- 존 카밧 진(Jon Kabat-Zinn)

지금까지 우리는 마음챙김과 연민, 그리고 이 기본적인 인간의 능력을 마음챙김을 통해 키워서 다양한 형태의 분노 경험을 변화시키는 것에 대해 알아보았다.

우리는 분노에 대해 기존에 당신이 갖고 있고 이해하던 방식과 굉장히(혁신적으로) 다른 시각을 얘기하고 있다. 우리가 이야기하는 분노에 대한 시각을 요약하면 이렇다. 분노는 당신이 아니고 일시적인 상태이며 무지개나 구름이 다른 여러 상황에 따라 나타나거나 사라지는 것처럼 다른 여러 상태로부터 영향을 받는 것이다. 분노는 '어디에선가' 오는 것이 아니라 어떤 자극이나 상황이 당신의 복합적인 상태를 자극하면서 나타난다. 여기서 상태란 개인의 신념, 두려움, 지각, 그리고 물리적 반응 같은 것을 말한다. 당신의 분노와 그것의 원인에 대해 더 명확한 자각을 갖게 되면 이해심과 연민으로, 또는 분노로 인한 고통을 보살피는 마음으로 분노를 대할 수 있는 능력을 기를 수 있다. 친절함과 현명함에 기반을 둔 지속적인 주의로 분노와 고통을 향할 수 있다면, 가장 현명하고, 신뢰할 수 있는, 효과적인 대응 방식이 될 것이다.

실제로 마음챙김을 실행하고 명상을 통해 정신을 수련함으로써 분노에 관한 관점을 확인할 수 있다. 명상 중에 당신은 분노와 다른 강렬한 감정들을 직접적으로 관찰하고 살펴볼 수 있으며 분노가 몸과 마음에 오고갈 때 그것을 가까이에서 수용과 연민으로 다루는 법을 배우고, 스스로 분노에 대한 이러한 시각이 옳은지 아닌지에 대해 판단할 수 있을 것이다. 매 순간 삶의 경험을 속속들이 볼 수 있는 사람은 자신뿐이기에, 결정을 내릴 수 있는 사람도 본인뿐이다.

마음챙김, 연민, 그리고 관련된 명상법들을 실천하는 것이 간단할 수도 있지만, 명상을 한다는 것이 언제나 쉬운 것은 아니다. 멈추어서 현재 순간에 주의를 기울이고 비판단적으로 관찰할 때, 몸과 마음에서 여전히 어떤 일들이 일어나고 있고 이 순간에도 자신과 주변 상황이 상호작용하고 있다는 것을 재빠르게 알아차린다. 또한 이런 의문을 갖는 순간이 있을 것이다―무엇이 일어나고 있지? 진짜로 일어나는 일이 무엇이지? 나는 진정 누구일까, 혹은 무엇일까?

여기서는 앞으로 소개될 3개의 장에 나올 명상법들을 더 효과적이고 강력하게 실천하는 데 도움이 되는 주제들을 다룰 것이다. 특히 명상 훈련의 역설과 동기부여에 도움이 되는 내용들을 배우고, 보다 실제적인 주제들, 자세나 시간 명상에 지지적인 환경에 대해, 그리고 거의 모든 사람들이 맞닥뜨리는 어려움과 그것들을 잘 극복하는 방법들에 대해 배울 것이다.

:: 당신은 무엇이 되려고 실행하는 것이 아니다

당신은 마음챙김 실행이 무엇인지 알아가고 있다. 이제부터 세 장은 다양한 종류의 마음챙김과 연민, 더 나은 이해심에 기반을 둔 명상법들을 소개할 것이다. 이 명상법들을 당신 나름의 방법으로 알아보면서, 실행과 자기발견, 변형에 대해 헌신적인 마음을 유지하는 것이 앞으로 할 일들이다.

사람들에게 자주 일어나는 일, 특히 그들이 명상 초급자일 때 벌어지는 일은, 명상을 통해 무언가를 이루어내지 못해서, 성공적이지 못하다고 좌절하는 것이다. 물론 이것은 노련한 명상가들도 느끼는 고민이다! 마음챙김 명상을 할 때 '무언가 되기 위해 명상하는 것이 아니다'라는 말이 어떤 뜻인지 더 자세히 보도록 하자.

명상 실행의 역설

명상의 가장 기본이 되는 지점은 명상 수련에 대한 역설에서 시작하는데, 마음챙김 실행의 경우 특히 그렇다. 이 역설은 바로 명상을 하는 가장 효과적인 태도가 명상의 결과물에 대해 초연해지는 것이라는 점이다. 다시 말해 당신이 화난 마음을 가라앉히고 싶다면, 차라리 아무것도 이루지 않으려고 하는 것이 그 결과물로 더 잘 이끌어준다는 뜻이다. 마음챙김은 '존재하되 하지 않음 (being and not doing)'이라는 점을 기억하자.

이 역설이 존재하는 이유는 명상 중에도 생각하고 판단하는 마음이 계속(적어도 몇 번) 작동한다는 점에 있다. 만약 당신의 목표가 분노를 잠재우는 것이라면, 당신의 사고는 그것이 실제로 이루어지고 있는지 지켜보고 판단할 것이다. 이렇게 분노의 상태에 대한 지속적인 경계심을 유지하며 그것을 던져버릴 생각을 하는 것은 흥분 상태를 유지시키고 초점을 제한한다. 게다가 기저에 깔린 분노에 대해 혐오하며 그것을 떨쳐버리고자 하는 태도는 당신이 '잠재우고자' 하는 분노에 대한 추가적인 재료가 된다. 다른 말로, 분노에 대해 갖는 분노는 도움이 되지 않는다.

그래서 우리는 결과물에 대한 집착 없이 실행을 하라고 말한다. 무언가 되기 위한 생각으로 수련하지 말라. 존재하고자 하며, 알아차리고, 이해하려는 의도만을 지니고 실행하라. 나머지는 알아서 이루어질 것이다.

:: 다른 실행들, 같은 마음챙김

뇌를 어떻게 이용하느냐에 따라 뇌의 작용과 실제 구조를 바꿀 수 있기 때문에(앞에서 말한 뇌의 신경가소성 원리), 결국에는 오직 자신만이 분노의 치료, 분노의 변형을 위한 변화를 만들어낼 수 있다. '내적 변화'를 위해서는 마음챙김, 연민, 현명함에 기반을 둔 실행과 명상을 통해 본인이 해야 할 일들이 있다.

사람들의 혼란은 어떤 수련법을 선택해야 할지에 관한 것이다. 사람들은 다르고, 특정 사람은 어떤 특정 수련법에 더 심취한다. 예를 들어 숨 쉬기를 통한 의식은 어떤 사람들에게 특히 효과적일 수 있고, 다른 사람들은 어려워할 수 있다. 그들은 아마 마음챙김하며 걷거나 연민에 기반을 둔 실행을 할 것이다.

하지만 마음챙김은 오직 한 가지라는 점을 기억하는 것이 도움이 될 것이다. 현재 순간에 중심을 두고 사색적이고 비판단적인 의식은 모든 수련법에 다 작동한다. 다양한 수련법은 각 상황에서 더 분명하고 지속적인 마음챙김을 가질 가능성을 지지하는 기술 중 어떤 것에 강조점을 두는지에 차이가 있을 뿐이다.

사실, 사람들 역시 늘 변화하고 있기에 어떤 반응이나 특정 실행이나 수련 방법에 얽매이지 않는 것이 좋다. 이번 수련에서 오는 경험은 이전 경험과 다를 것이다. 어떤 특정 수련법에 대한 믿음에 얽매이지 않고 그 믿음이 다른 것을 시도하는 것을 막지 않도록 하는 것이 좋다.

더 이완되는 것을 느꼈다거나 특별한 통찰력을 얻었다고 해서 어떤 수련 세션이 '좋다', '나쁘다'고 판단하는 것은 주의해야 한다. 무엇이 나타나든 그것을 알아차리고 천천히 관찰하는 것이 도움이 된다. 명상의 또 다른 역설은 가장 불편한 경험으로 괴롭힘을 당하고 있을 때 마음챙김을 실행하는 것이 '평화롭고', '이완된' 상태에서의 마음챙김보다 장기적으로는 더 이점이 있다는 점이다.

서로 다른 수련법은 단지 마음챙김과 연민을 통해 당신의 인생 자체와 분노와 같은 강력한 감정을 조사할 수 있는 길을 제공할 뿐이다. 기억하라. 여러 가지 수련법이 있을 수 있지만, 마음챙김은 하나다.

∷ 수련을 위한 동기의 획득과 유지

의도는 마음챙김 기술 중 하나이다. 어떤 이유에서건 마음챙김을 실행하고 싶지 않다는 생각이 들 때가 있다(당신의 마음은 여러 가지 이유를 만들어낼 것이다!). 실행을 하고자 하는 마음에 저항감이 생겼을 때 그것을 극복할 수 있는 동기를 반추하면서 강한 의도를 만드는 것이 큰 도움이 된다.

여기 당신에게 도움이 될 만한 동기들이 있다. 여기에 당신만의 동기를 얼마든지 추가해도 좋다.

동기부여 : 당신은 할 수 있다는 것을 기억하라

당신이 무엇인가 이루어내고, 어느 것이든 해낼 수 있다는 것을 아는 것은 분노와 다른 강력한 감정을 조절하는 데 좋은 동기부여가 될 수 있다. 당신은 성난 마음을 잠재울 수 있고, 스스로 그럴 수 있는 사람이라는 관점에서, 인간이 분노를 잠재우고 조절할 수 있도록 갖추고 있는 것이 무엇인지 알아보자.

인간으로서 우리는 몸과 마음의 연결을 이용하여 굉장히 빠른 속도로 생존과 같은 기본적 이유 때문에 스트레스 반응으로 진입할 수 있다. 좋은 소식은 인간이 스트레스 반응을 균형 있게 조절할 수 있는 통제 기제 또한 갖고 있다는 것이다. 이를 통해 우리는 분노, 두려움 같은 부정적 감정을 잘 관리할 수 있다.

이 기제는 고위 뇌신경 중추에서 하위로 이동하며, 마찬가지로 신체와 뇌에서 먼 부분에서부터 상부로 이동한다. 그리고 중요한 한 가지는, 뇌의 작용은 모든 입력을 사용하는 '분산' 과정으로 알려져 있는데, 이는 중앙에서 조절해주지 않더라도 작동한다는 의미이다. 뇌의 여러 부분은 지속적으로 매 순간 신호를 주고받으며 의식 속에서 경험을 만들어내는 것이다. 다시 말해 당신의 뇌는 모든 부분을 활용하여 삶의 경험(현재 일어나고 있거나 과거의 경험에서 오는)으로부터 충만함과 풍성함을 만들어낸다. 분노를 조절하기 위해 당신이 이미 갖고 있는 기제에 대해 알아보자.

하향식 기제

일단 스트레스 반응이 시작되면, 뇌는 분석 과정을 시작한다. 아울러 과거의 다른 장소, 다른 시간에 있었던 경험에 대한 기억과 연관성을 불러 모아 이 사건을 이해하고자 한다. '상위(top)' 영역에서 이루어지는 활동(특히 신피질이라 불리는 뇌의 부분)은 스트레스 반응을 유지하거나 멈출 수 있는 효과가 있다. 그리고 그 영역에서 현재 순간에 특별한 의미를 부여하는 기억을 꺼내온다면 강력한 감정 또한 함께 나타날 가능성이 높다.

하향식(top-down) 접근 방식은 당신의 전전두엽피질(PFC)과 신피질과 연관된 부분이 관여한다. 신피질은 진화적 측면에서 볼 때 말 그대로 가장 젊은 부위이며 다른 오래된 뇌 부위 위에 있다. 감정과 기본적인 신체적 반응들과 관련된 피질하 영역과 뇌간 영역들이 모두 신피질 밑에 있다.

전전두엽피질은 목표를 설정하거나, 계획을 짜거나, 방향을 설정하는 집행 기능을 맡는다. 전전두엽피질은 다른 두뇌 부분들로 퍼지는 많은 연결을 통해 신피질에 가까이 있으면서 신피질의 통제를 받는 변연계를 통제하고 때로는 촉진한다.

변연계는 여러 부분의 집합체로서 감정과 동기의 중심이 된다. 여기에는 보상과 자극 추구 행동에 관련하는 기저핵, 새로운 기억을 만들고 위협을 감지하는 해마, 위협과 관련된 자극에 반응하고 정지-투쟁-도주 반응을 활성화하며 공포를 관장하는 편도체 등이 모여 있다.

전전두엽피질 작용의 강력함을 보여주는 예는 발생한 사건을 어떻게 생각하는지에서 볼 수 있다. 예를 들어 어떤 사람이 중요한 미팅에서 당신의 발언에 개입하고 말을 끊는다면, 아마도 당신은 짜증 혹은 분노를 느낄 것이다. 이 때 '한번 붙어보자 이거지. 단단히 혼쭐을 내주겠어.'라고 스스로에게 이야기하기 시작하면, 당신은 계속해서 분노를 느낄 것이고 이것은 격분이나 상대방을 때리고 싶은 욕망으로까지 발전할 것이다. 그러나 그가 말을 끊어서 화가 날 때, '저들은 스트레스가 쌓였어. 나를 어떻게 하려고 저러는 것은 아닐 거야. 내가 조용히 넘어가고 혼자 있게 내버려두거나 도울 게 있는지 알아볼 수도 있겠지.'라고 생각한다면, 분노가 곧 사그라들고 그들과의 접촉도 훨씬 좋아질 것이다.

이 예에서, 당신은 적극적으로 전전두엽피질에 관여하여 능숙하게 생각을 사용한다. 이는 전전두엽피질을 도와서 과잉각성된 신체와 뇌를 진정시키도록 하는 일이다.

상향식 기제

우리는 정신과 몸의 생명체다. 분노를 조절하는 '상향식(bottom-up)' 기제는 몸에 주의를 기울이는 것과, 자연스럽게 이완과 안락함을 키우는 방법으로 분노를 통제하는 것이다.

몸에게 '진정하라'고 신호를 주는 방법은 여러 가지이고, 그 모든 방식은 당신의 부교감신경계를 작동시키는 것과 관련이 있다. 부교감신경계는 일상에서 다양한 신체 작용을 유지하는 데 필요한 자율신경계의 다발이다. 부교감신경계는 근육을 이완하고, 심박 수와 혈압을 정상 수준으로 유지하고, 스트레스 상황이나 위협에서 정지-투쟁-도주 반응이 지나간 뒤에 일상적인 안락한 느낌과 신체 밸런스를 회복시키는 역할을 한다. 근육들이 부드러워지고 숨 쉬기가 편해지는 것을 '이완 반응'이라고 하며 이것은 부교감신경계 활동의 직접적 결과이다. 비판단적인 방식으로 주의를 기울이고 중립적 대상(딱히 불쾌하거나 쾌적한 느낌이 들지 않는 대상)에 주의를 기울이는 것이 '이완 반응'을 가져오는 좋은 방법이다(Benson, 1975). 가장 최선의 방법은 몸으로 주의를 끌어 모아 신체 감각이 주의의 초점이 되도록 하는 것이다. 이것은 우리가 마음챙김 수련을 하면서 하는 것과 동일하다.

그러니까, 상향식 접근은 당신이 분노의 폭풍을 인식하고, 주의를 몸으로 돌리고(필요하다면 반복해서), 숨 쉬기나 걷기의 감각을 관찰하는 것만으로 가능하다. 5장에서 당신은 몸에 자각을 불어넣고 상향식 혹은 하향식 방식을 적용시켜 분노를 조절할 수 있는 능력을 개발할 것이다.

마음챙김은 이 두 가지 기제(하향식, 상향식)를 다양하게 활용할 수 있도록 도울 것이다. 그러나 당부의 말이 있다. 무엇인가 되려고 실행하지 말라! 당신을 이완시키려는 생각이 그렇게 되는 것을 막을 것이다. 차라리 친절하고, 호기심을 갖고, 연민 어린 마음으로 주의를 모으는 것을 연습하고, 단순히 무엇이 벌어지고 있는지 알아차리자. 당신의 신체와 뇌는 알아서 이완할 것이다.

분산된 의식의 본질 : 모두 당신이다!

신경과학자들은 뇌의 연결과 회로가 꺼지거나 켜지면서 뇌 전체가 하나의 시스템으로 활동한다고 설명한다. 뇌의 특정 기능(여행을 계획하거나, 슬픔이나 행복을 느끼거나, 비난이나 복수의 이야기를 만들거나, 또는 기쁘고 감사한 이야기를 창조하는)이 뇌의 한 부분에만 해당한다는 것은 뇌 기능의 입장에서 본다면 옳지 않은 서술이다. 전문가들은 우리가 '정신'이라고 부르는 것은 뇌, 신체, 주변 세계와 밀접한 관련이 있으며, 그래서 뇌와 정신은 '하나의 상호 의존적인, 정신/뇌 시스템'으로 보고 있다(Hanson, 2009, 7).

넓게 분산되어 하나의 시스템으로 일하는 당신의 뇌에 '당신'이 존재하고 있는 특정한 장소는 없다. '당신' 혹은 '나'라고 하는 감각은 순간적으로 굉장히 굳건하게 느껴질 수 있지만 사실 뇌의 각 부분의 활동에 좌우되는 것이다.

볼프 징어(Wolf Singer) 박사는 독일 막스 플랑크 뇌 연구소의 대표인데, 그는 인간 뇌의 작용에 대한 최근 연구를 이렇게 요약하고 있다.

> 서로 다른 뇌의 부분들은 각기 다른 입력을 받으며(눈으로부터, 귀로부터, 촉감으로부터), 변연계 각 부분에 연결되어 있다. 이곳에서 의식적 경험에 감정적 의미를 부여한다. 뇌에는 어떤 관찰자가 존재하거나, 지휘 구조가 운영되거나, 자의식이 자리 잡고 있는 단일 장소는 없다. 이것은 매우 분산된 체계이며 많은 작용들이 동시다발적으로 일어나고 조정자 또한 없다. 그것들은 알아서 체계를 잡는다(Kabat-Zinn & Davidson 2011, 67에서 인용).

이 시각에 의하면, 뇌는 몸 밖의 정보를 여러 흐름으로 감각을 통해 받아들이고(듣거나 보는 것과 같이), 몸 안에서도 정보를 받아들여서(심장 박동이나 어떤 사건에 대한 생각이나 기억의 흐름, 문화나 성장 과정에 오는 생각이나 오랫동안 가지고 있는 견해) 작업하는 것으로 볼 수 있다. 이 많은 정보의 흐름은 경험을 만들어내기 위해 매 단계에 함께하고, 변화하고, 떠난다. 매 순간 '당신'으로서의 경험은 감정적 경험에서 오는 모든 풍부함과 날카로움을 포함하며, 이 경험은 살아있는 당신에게 몰려오는 당신의 모든 감각과 신체가 받아들일 수 있는 정보에서 오는 것이다. 이 의식의 놀라운 과정이 뇌가 '당신'으로서의 경험을 만들기 위해 설계된 방식이다. 이를 통해 당신은 다른 사람들과 이 세상에, 한 인간으로서 아름답고도 놀라운 독특성과 보편성으로 기여하는 것이다.

인류의 한 종족으로서 우리의 거대함을 인식하는 것이 시인과 예술가들의 오랜 주제였다. 시인 월트 휘트먼(Walt Whitman)은 "나는 거대하며, 모든 것을 포함한다"고 쓴 적이 있다.

그러니까, 훈련을 위한 또 다른 동기는 인간 두뇌와 신체의 복잡성과 기발함을 생각하는 것이다(생각과 인식이 신체에 영향을 미치는 하향식과 신체가 인지 단계에 영향을 미치는 상향식을 포함하여). 또한 당신의 긴 인생 역사가 당신과 늘 함께하며 매 순간 당신의 경험으로 아로새겨지는, 인간이기에 느낄 수 있는, 매 순간 나타나는 기적에서 오는 궁금증과 기이함이 동기의 한 원천이 될 것이다.

동기부여 : 더 행복해지고, 더 건강해지고, 더 현명해지자

당신이 분노를 조절할 수 있고, 하향식이나 상향식을 이용할 수 있도록 당신의 정신, 뇌, 그리고 신체가 강력하게 설계되고 연결되어 있다는 것 외에 더 강력한 동기부여는 마음챙김, 친절함, 연민이 담긴 명상 경험이 당신의 건강과 웰빙에 큰 영향을 미칠 수 있다는 것이다.

예를 들어 긍정적인 느낌은 더 강력한 면역 체계와 연결되고(Fredrickson, 2009), 스트레스에 영향을 덜 받는 심혈관 체계를 만든다(Fredrickson & Levenson, 1998). 또한 긍정적인 느낌은 낙관주의나 지혜와 연결되고 트라우마를 포함한 고통스러운 경험으로부터 영향을 덜 받게 해준다(Fredrickson, 2001; Fredrickson et al., 2000). 그리고 여기서 이야기하는 긍정적 경험은 내적인 경험들이라는 것이 매우 중요하다. 매 순간마다 우리의 심장, 정신, 몸에서 나타나는 것들이다.

바버라 프레드릭슨(Barbara Fredrickson)은 긍정적 감정에 관한 연구의 대가인데, 가장 보편적인 긍정적 감정 열 가지를 밝혔다. 그것은 즐거움, 고마움, 고요함, 관심, 희망, 자긍심, 재미, 영감, 경외심, 그리고 사랑이다(2009). 프레드릭슨은 또한 마음챙김으로 깨어 있는 상태에 도달하는 것은 "부정적 생각과 부정적 감정이 가진 연결을 잘라낸다"(2009, 167)고 했다. 게다가 명상을 통해 점점 진심 어린 친절함과 연민의 상태가 되는 것은 자기 수용감(self-acceptance)과 긍정적 의미 창출, 타인에 대한 신뢰를 더 크게 한다고 밝혔다(Fredrickson, 2009, 197).

이와 같이 명상이 더 많은 긍정성으로부터 오는 좋은 효과와 연관된다는 것을 지지해주는 연구 결과들이 많다는 점에서 명상을 위한 동기부여를 얻을 수 있을 것이다.

동기부여 : 왜 수련하는지 기억하라

고통과 괴로움으로부터 자유로워지는 것, 깊은 의미와 목적과 연결되는 것은 명상을 시작하고 계속 실행하는 보편적이면서 훌륭한 이유이다. 이 두 가지 중요한 동기부여에 의지하는 것은 힘들고 의심이 들 때 매우 도움이 될 것이다. 다음은 이러한 동기부여들에 대한 설명이다.

고통을 기억하라

명상 훈련을 하고 싶지 않거나 명상 중에 일어나는 일들이 마음에 들지 않으면, 잠시 멈추고 애초에 왜 명상을 했는지 기억하자. 실행을 시작하기 전에 동기에 대해 짧고 조용하게 되짚는 것이 도움이 된다. 만약 당신이 괴로움을 겪고 있다면, 혹은 분노가 당신에게 문제를 일으키고 있다면, 그것을 짧게나마 다시 알아차리고 그것으로부터 자유로워지고 싶다는 욕구를 되새기는 것은 강력한 협조자가 될 것이다.

더 깊게 생각하라

보다 더 현재에 살며, 더 사랑스럽고, 더 깨어 있고 싶은가? 혹은 마음의 평화, 너그러움, 혹은 인생의 많은 순간에 찾아오는 놀라움과 경외를 경험하고 싶을 수도 있다. 스스로를 정의하고 어떤 인생을 살고 싶은지에 대한 깊은 마음속 희망과 꿈과 연결되는 열망을 기억하는 것은 명상이라는 여행의 어려움을 이겨내는 강력한 지지와 영감을 얻는 일이다.

:: 마음챙김 수련에 도움이 되는 조언

마음챙김 수련을 하면 자기 자신과 다른 사람들에 대한 경험이 아주 달라진다. 가끔은 이런 색다른 경험에 놀라고, 보통은 큰 안도감과 흥분을 느낀다. 이 안도감과 흥분은 당신이 이 순간에 가질 수 있는 또 다른 의식의 차원을 직접적으로 경험하고, 의도적으로 자각한 채 더 큰 평화와 행복, 만족스러운 삶으로 나아갈 가능성을 경험할 때 나타난다.

여기에 더 자세한 서술이 있다. 이것은 당신이 실제로 마음챙김과 연민을 받아들일 때 알아차리고 마주칠 일들이다. 또한 그러한 차원에 더 안전하게 머물 수 있도록 명상수련을 발전시키고 유지하기 위한 더 실질적인 조언도 하겠다.

마음챙김을 실행하며 깨닫게 될 것들

마음챙김은 무엇인가를 하는 것이 아니다. 이것은 우리가 마음챙김에 기반을 둔 스트레스 감소 수업에서 말하듯 '존재하되 아무것도 하지 않음'이다.

바로 이 순간에 마음챙김을 실행한다는 것은 단순히 긴장을 풀고 보고, 보고 있는 것을 알고 이해하는 것 외에는 어떠한 목표도 갖지 않은 채 주의를 기울이는 일이다. 우리는 늘 무엇인가를 하는 것에 적응이 되어 있다. 계획하고 고치고 일을 진행하고 멈추지 않는 것에 너무 적응이 되어서 '존재하되', '아무것도 하지 않음'이 이상하고 매력 없게 들릴 것이다. 무엇인가를 하는 것은 분명 중요하지만, 늘 바쁜 삶이 얼마나 사람을 기진맥진하게 만드는지도 잘 알고 있을 것이다.

그러니까 마음챙김 실행을 할 때 긴장을 풀고 필요한 모든 것은 이미 갖고 있다고 생각하는 것이 도움이 된다. 목표를 버리고, 스스로를 고치거나 분노를 어떻게 하겠다는 생각도 버린다. 사실 마음챙김 실행을 하는 동안에는 스스로에 대해 갖는 그 어떤 의견도 버려도 되고(물론 그 의견을 간직할 필요도 없다), 그저 현재 당신의 마음, 몸, 호흡과 호흡 사이에서 일어나는 일을 관찰하면 된다.

삶의 경험들을 마음챙김으로 접근하면서, 굉장히 특별한 것들을 알아차리게 될 것이다. 특히 감각과 생각들에 더 깨어 있게 될 것이다.

감각을 알아차림

분노 같은 감정에 대해 마음챙김으로 접근한다는 것은, 몸과 현재 지금의 감각 또는 변화하고 있는 감각에 주의를 기울이는 단순한 것이다. 여기서의 훈련은 감각에 대한 직접적 경험을 알아차리는 것이지, 당신의 생각이나 그 감정에 대한 의견을 알아차리는 것이 아니다.

예를 들어 만약 당신이 잠시 멈춰 현재 이 책을 읽고 있는 당신의 신체에 들어오는 감각들을 느껴보면, 발이 땅에 닿는 느낌, 등이 의자에 닿는 느낌과 같은 촉감을 느낄 것이다. 아니면 몸의 각 부분에서 무거움, 진동, 따뜻함, 냉기 같은 감각을 느낄 수도 있다.

감각을 알아차린다는 것은 이렇게 간단한 일이다. 그저 당신의 주의를 신체의 감각이 주는 직접적 경험에 두는 것이다. 마음챙김 호흡을 할 때, 숨 쉬기에서 오는 감각을 최우선주의의 초점으로 두는 것과 같은 이치다.

생각을 알아차림

생각은 그저 생각이다. 이는 마음챙김 수련을 시작하면서 하는 해방 선언이다. 생각은 당신이 아니며, 영원한 것도 아니다. 만약 생각이 당신의 전부라면, 생각이 변하면 당신은 무엇이 되는가? 앞의 예에서 경기를 보던 관중들이 경기가 끝난 후 다음 날 뭘 할지 계획을 세운다면, 응원하는 팀이 자신의 전부였던 그 사람들은 어디에 간 것이고, 지금 계획을 세우는 사람은 누구란 말인가? 마음챙김은 이미 당신이 갖고 있는 것이다. 이 자연적인 마음챙김 성향 때문에 최소한 몇몇 생각에 대해서는 이미 자신이 어떤 생각을 갖고 있는지 스스로 알고 관찰한 경험이 있을 것이다.

마음챙김 수련을 할 때, 생각이 결코 적은 아니라는 것을 기억하자. 마음챙김을 실행할 때, 생각을 그저 다른 것들을 알아차리듯 관찰하자. 생각이 더 중요할 것도, 덜 중요할 것도 없다. 어떤 방식으로든 통제할 필요는 없다. 현재 순간에 오고 가며 의식 속에 떠올랐다 사라지는 다른 경험들을 관찰하듯, 그저 관찰하고, 있는 그대로 두고, 사라지도록 두면 충분하다.

현재 순간에 모든 것이 일어난다는 것을 알아차리기

실제적으로는 현재 순간이 바로 모든 일이 발생하는 때이다. 과거는 단지(원하든 원하지 않았든) 현재 순간에 돌아와서 방문하는 기억이며, 미래는 그저 가상화된 경험이거나 상상 속의 경험이다. 아무리 세심하게 미래를 계획하더라도, 그것은 벌어진 일이 아니다.

마음챙김 실행을 할 때, 당신은 광범위한 의식을 받아들이게 되며, 이 의식들은 모두 현재 순간에 있는 것이다. 마음챙김 실행을 하면, 인생의 경험이나 익숙했던 것들(숨 쉬기의 감각이라든가 분노의 감각)을 새로운 눈으로 바라보면서 이 경험들, 감각들, 생각들이 얼마나 빠르게 변화하며 일시적인지 알게 된다. 마음챙김으로 관찰하는 시점에서 볼 때, 당신이 관찰하는 모든 것은 떠오르고, 변화하고, 현재 순간에서 빠져나가고 있다.

　오늘날 많은 사람들은 그들 인생의 중요한 순간에 존재하지 못하는데, 과거에 대한 기억이나 미래에 대한 걱정에 빨려 들어가기 때문이다. 마음챙김 수련은 현재 순간으로 돌아올 수 있는 좋은 방법이며 지금 여기 이 순간에 벌어지고 있는 풍성함을 있는 그대로 느낄 수 있는 상태로 만들어준다.

　마음챙김으로 관찰하고, 변화하는 것을 바라보고, 현재 순간에 의식의 드나듦을 알아차려서 그를 통해 분노를 이해하는 방식으로 변화할 수 있다면, 당신을 압도하던 분노의 힘은 매우 미약해질 것이다.

마음챙김 수련을 위한 실질적 조언

마음챙김 명상을 잘 시작하기 위한 조언이 몇 가지 있다. 이것들을 언제 어디서든 이용할 수 있다. 짧게 이용해도 좋고 길게 사용해도 된다.

자세 : 곧고 위엄 있게 몸을 지탱하는 편안한 자세를 취하고 구부정하게 있지 않는다. 당신은 깨어나려고 연습하는 것이지 잠들려고 연습하는 것이 아니다!

　가만히 앉아 있으려고 노력하되 자세를 고쳐 앉아야 한다면 그렇게 해도 좋다. 자세를 바꾸는 동안에도 주의를 기울이고 변화하는 몸의 감각을 느껴라. 자세를 고쳐 잡았다면 이전의 주의의 초점으로 다시 돌아가라. 필요하다면 누워도 좋다.

　움직이면서도 마음챙김을 실행할 수 있다. 이 경우에는 반복되는 감각에 주의를 집중하라. 걷거나 뛰면서 느끼는 감각이나 수영하면서 팔의 움직임의 감각을 느껴라.

눈 : 눈은 떠도 좋고 감아도 좋다. 눈을 뜬 채로 명상을 하고 싶다면, 어느 점을 선택(예를 들면 몇 미터 정도 떨어진 바닥의 한 지점)하고 시선을 그곳에 고정

하는 것이 좋다. 중요한 것은 주변을 돌아보면서 방해받지 않는 것이다. 물론 눈을 감은 채로 연습을 해도 좋다.

손 : 아무렇게나 편안하게 하라. 그냥 내려놓거나, 한 손으로 다른 손을 잡거나, 두 손 다 다리 위에 두어도 좋다.

음악, 촛불, 그리고 다른 '보조도구' : 나는 이런 것들 없이 훈련을 시작하라고 권한다. 이런 도움 장치들은 집중력을 흩뜨리기 쉽고, 너무 나른해지거나 이것들이 꼭 필요하다는 착각을 일으킬 수 있다. 그러나 그렇지 않다.

약, 음주, 처방약 : 나는 당신이 명상 실행에 영향을 줄 수 있는 어떤 종류의 향정신성 약물, 혹은 기분에 영향을 주는 화학 약품들을 적어도 명상 실행을 하는 와중에는 멀리하라고 한다. 만약 처방약을 먹고 있다면 약물의 부작용이 방해하지 않을 시간대에 명상을 계획한다. 만약 당신이 '이완'을 위해 약이나 술이 필요하다면 그것은 틀린 생각이다. 그것들은 마음챙김과 명상의 순기능을 지연시키거나 막을 것이다.

얼마나, 또 언제 연습할 것인가 : 정식 명상 실행 시간을 얼마나 길게 할 것인지는 당신에게 달려있다. 그저 당신이 실행에 할애할 수 있는 시간만큼 실행하는 것으로 시작하라. 자신과 약속하고 일정 수준의 규칙으로 삼는 것이 중요하다. 한 주에 몇 번은 정식 명상 세션을 갖는 것을 목표로 하라. 많은 사람들이 매일 혹은 격일로 15~20분에서 시작하는 것이 좋다고 이야기한다. 당신이 원하는 만큼 실행을 길게 할 수도 있고, 더 여러 번 세션을 가질 수도 있다. 언제 연습을 하는지는 주로 언제 당신이 생생하게 방해받지 않는 시간을 가질 수 있는지에 달려있다. 언제든지 달라질 수 있으니 융통성을 갖자.

어떤 날에 어떤 실행을 할 것인가 : 다음 요소들을 모두 갖춘 실행 지침을 개발하는 것이 좋다—특정 초점에 주의력을 유지하는 것, 생각은 물론 신체와 감각의 기능에 주의를 집중하는 것, 연민과 친절함의 따뜻한 마음을 개발할 수 있는 연습, 그리고 명상이 당신에게 가져온 생각과 통찰력을 정기적으로 되돌아보는 것들이다. 그리고 결과에 대해 집착하지 않고 수련하는 것은 항상 중요하다.

그러므로 지침은 이 요소들 중에 특정한 한 요소(예를 들어 친절과 연민)를 특히 강조하는 것이 될 수 있으며 이 지침을 일정 기간, 일주일 혹은 한 달간 연습하고 다른 요소를 강조하는 지침으로 옮겨갈 수 있다. 혹은 더 간단한 형태로 2개 이상의 명상법을 동시에 연습할 수 있다. 예를 들면 첫 몇 분은 친절함과 연민 명상을 실시하고 마음챙김 호흡과 마음챙김 걷기를 30~40분 정도 남은 시간에 할애하는 것이다. 특정 연습에 할애하는 시간을 결정하는 것은 당신의 몫이다. 그러나 비판단적인 시각에서, 각 연습에 충분한 시간을 주도록 하는 것을 잊어서는 안 된다. 예를 들어 당신은 매일 하는 명상 세션에 간략한 연습들을 포함하는 지침을 한 달 정도 실시한 후 어떤 변화가 있는지 살펴볼 수 있다. 당신의 지성이 앞으로의 방향을 인도해줄 것을 믿어라.

수련을 지속할 수 있는 지지세력을 찾는 것 : 많은 사람들이 자신들의 훈련을 지지해줄 사람을 찾고자 한다. 지지 세력이란 명상을 같이 하는 사람들을 찾거나 명상 조직에 들어가는 것, 책과 인터넷에서 영감을 주고 도움을 주는 자료를 찾아 읽는 것들이 될 수 있다. 아울러 명상을 한다는 것은, 더 큰 행복과 지혜를 얻기 위해 명상을 이용해온, 고대에서부터 이어지는 어마어마한 인류의 모임에 나도 합류했다는 사실이라는 것 자체도 큰 지지가 될 것이다.

:: 명상의 일반적 어려움

고대의 사색적 전통에서부터 현대의 건강연구, 신경과학연구에 이르기까지 우리가 얻을 수 있는 메시지는 명료하다. 명상과 마음챙김 수련에서 오는 가장 깊고 오래 지속되는 효과는 당신이 직접 행할 때 얻을 수 있다는 것이다. 그러나 막상 앉아서 수련을 실시하고 마음챙김과 명상을 하다 보면 어려움이 찾아온다. 모든 사람이 명상을 할 때 맞닥뜨리는 보편적 어려움, 의심, 좌절들을 미리 아는 것이 도움이 될 것이다.

부정적 편견의 영향과 힘을 알라

인간은 선택적으로 알아차리고 기억하도록 설계되어 있다. 과학자들은 우리가 부정적 경험을 긍정적인 경험보다 더 잘 기억한다는 것을 밝혔는데, 부정적인 기억이 진화론적인 우위를 갖기 때문이다. 예를 들어 만약 당신이 수풀 속 바스락거리는 소리가 호랑이라는 사실을 모른다면, 계속 걸어가다가 그 호랑이에게 잡아먹힐 수 있다. 그러나 만약 당신이 그 상황을 벗어나게 된다면, 그리고 다시 그런 상황이 왔을 때 바스락거리는 소리를 호랑이라고 기억할 확률은 매우 높다. 호랑이를 기억해냈다면, 수풀 속에서 움직이는 것이 호랑이가 맞는지 확인하기 위해 기다리고 지켜보는 일은 절대 없을 것이다. 과거 기억으로부터 위험을 기억하기 때문이다. 이러한 부정적이거나 위협적인 경험의 기억과 인식의 선택적 선호를 **부정적 편견**이라고 한다. 여기서 오늘날에 적용할 수 있는, 우리가 매일 겪는 부정적 편견의 예가 있다. 여기의 모든 예시들은 연구 결과에 근거한다.

- 학습된 무력감. 당신이 어떤 상황에 대해 어떠한 통제력도 갖고 있지 않다는 생각은 갖기는 쉽지만 떨쳐내기 힘든 기억이다(Seligman, 2006).

- 인간은 비슷한 가치의 물체를 얻는 상황을 만들기보다 잃는 상황을 피하기 위해 더 큰 노력을 한다(Baumeister et al., 2001).
- 어떤 사람에 대한 험담이 그 사람에 대한 좋은 이야기보다 더 큰 무게를 갖는다(Peeters & Czapinski, 1990).

부정적 편견의 힘 때문에, 분노나 기타 강력한 감정을 조절하고자 할 때 부정적인 것들이 올라오는 순간을 인식하는 것은 매우 중요하다. 또한 그 부정적 느낌이 생각보다 자주 발생할 수 있다는 사실을 아는 것도 중요하다.

부정성이 나타났다면(예를 들어 두려움이나 불안의 형태로) 그것은 주로 과거의 위협적인 경험의 기억으로부터 오는 것이거나 현재 일어나고 있는 무엇인가가 과거의 위협적인 경험이나 상황과 비슷하다는 오해에서 온다. 당신이 현재 부정성이 나타나고 있다는 것을 알아차리면, 그 순간은 이 질문을 하기에 아주 좋은 시점이다. "이것은 단순한 기억일 뿐인가? 혹은 이것이 정말 현재 이 순간 나를 위협하는 것인가?"

부정적 생각이나 감정에 대해 반응하거나 과장하지 않는 것은 마음챙김 실행을 할 때 맞닥뜨리는 도전이다. 그러나 때때로 긍정적인 기억보다 부정적인 생각과 기억이 더 많다고 느껴져도 좌절할 필요는 없다. 만약 그런 일이 생기면, 그저 그 생각과 감각과 기억을 알아차리면 된다. 순간에 대한 경험은 결국은 변한다는 것을 알면 된다. 그것이 어떤 생각이나 기억이 되었든, 그것이 당신의 영원한 정체성은 아니다.

물론 모든 사람은 이 삶에서 상실과 고통, 그리고 힘든 경험들을 피할 수 없다. 그것은 누구에게나 일어난다. 하지만 우리 삶에서 난관이 갖는 힘과 그것들이 분노, 악감정, 혐오감으로 이어지는 강도와 빈도를 결정하는 것은 우리가 그러한 감정에 부여하는 의미와 인생을 살면서 그 감정들과 맺는 관계이다.

심리학자나 건강과학자들은 부정적 느낌을 관리하는 최선의 방법이 그것을 잊거나 외면하는 것이 아니라는 것을 알게 되었다. 차라리, 최선의 해결책은 부정성을 마음챙김으로 접근하고 부정성의 생각, 느낌, 감각을 자각과 연민으로 대하는 것이다. 또한 마음, 정신 그리고 행동에 의도적으로 즐거움, 감사함, 평온함, 관심, 경외, 희망, 자부심, 재미, 영감, 사랑의 감정을 갖도록 하는 것이 도움이 된다. 이를 통해 그 경험들은 당신의 일부분이 되고 뇌 속 회로에 입력이 될 것이다.

분노가 왔을 때, 연민과 자신감을 갖고 알아차리는 것

마음챙김 수련을 하면서, 화가 났을 때의 강렬한 실망감을 오히려 더 분명하게 알아차리게 된다. 마음챙김에 기반을 둔 스트레스 감소 수업에서는 "스트레스를 줄이기 이전에 오히려 스트레스 수준이 증가할 것입니다."라고 이야기한다. 마음챙김으로 깨어 있는 상태가 되면서 실망감이나 화가 난 마음이 더 강렬하고 커 보일 수 있다는 것을 미리 알아두자. 그러한 것이 마음챙김의 힘을 이용하여 분노, 악감정, 혐오감의 독으로부터 삶을 되찾아가는 데 도움이 된다.

언제든 분노를 느끼게 되었을 때, 그 감정을 온전히 깨어 있는 상태에서 더 전적으로 경험하게 된다면 그것은 나쁜 일이 아니다. 분노를 느꼈다고 해서 실패한 것이 아니다. 불편함이나 실망감을 느낀 것이 실패나 약함을 드러내는 것이 아니다. 그리고 아무것도 느끼지 않는다고 해서 실패한 것도 아니다. 그저 그대로 두는 것이다. 당신이 알아차린 것은 무엇인가? 그것이 무엇인지 알고 있는가? 내가 어떤 감정을 느끼고 있는지와 상관없이 인내와 판단하지 않는 태도와 친절함과 연민을 스스로에게 가져올 수 있는가?

분노와 판단의 습관 에너지가 얼마나 깊게 존재하는지 정확하게 이해하는 것이 도움이 될 것이다. 상사가 당신에게 하는 말에서부터 자녀들이 입겠다고 선택한 옷, 옆집의 담장 색깔에 이르기까지 주변의 모든 것들을 비판적으로 인식하고 있다면, 이는 곧 멈춰야 한다는 신호다. 분노와 짜증이 지금 여기에 있음을 알아차리는 것은 이 감정들을 바꾸어 더 큰 평화와 행복으로 나가는 데 있어 중요한 단계이다.

당신이 분노의 존재와 훼방을 더 자주 알아차릴수록, 그 불편한 감정을 바꾸기 위해 무언가 할 수 있는 기회가 더 주어지는 것이다. 당신 속에 분노를 더 자주 느낄수록 다른 사람 속의 분노를 더 잘 알아차릴 수 있고, 분노와 판단 대신 연민과 이해심을 줄 수 있다.

실행을 하면서 안락함을 기르는 것

마음챙김 수련 중 가장 어려운 부분은 두려움과 관련된 몸과 정신의 오래된 습관을 떨쳐내는 것이다. 이 습관들은 (부정적 편견이라는 자연적 경향에 따라) 너무도 깊이 자리 잡고 있어서, 알아차리기 위해서는 개인의 내면과 환경에 안정감을 기르고 강화하는 실질적인 방법들이 특히 도움이 될 것이다.

이것을 깨닫지 못한다면, 마음 깊숙이 안정을 느끼지 못하거나 안전해질 수 없다고 믿는 채로 세상을 살고 있는 것이다. 수업을 하다 보면, 많은 사람들이 인생에서 단 한순간도 안정을 느낀 적이 없었고, 그런 취약한 상태가 되고 싶지 않기 때문에 '너무 이완'하고 싶지 않다고 한다.

만약 "당신은 무엇이 두렵습니까?"라는 질문을 더 깊게 바라본다면, 그들은 통제력이 없는 상황에 두려움을 느낀다는 것을 알아차릴 것이다. 다음 질문은 왜 당신이 통제력을 갖고 싶어 하는지에 대한 의문이다. 그것에 대해 우리 내부 깊숙이 있는 지혜를 들여다보면, 오랫동안 쌓여온 위험이나 상처가 현재 순간에 깨어나 현재에 색깔을 입히고 있는 것이다.

마음챙김, 친절함, 연민으로 위험과 안전하지 않은 내적 경험을 바라보는 것은 매우 중요하다. 마음챙김 자각에서 발견한 것들이 일상에서, 날마다 반복되는 것들에서, 사람들과의 관계에서 보다 안전하게 느낄 수 있게 도울 것이다.

어떤 종류의 위험이든 그것으로 인해 커지는 자각을 에너지로 활용하여 당신 내부에서 무엇이 벌어지고 있는지 호기심을 갖고 위험 이면에 무엇이 깊숙이 있는지 알아내는 것도 도움이 된다. 예를 들어 어떤 종류든 내부의 불편함과 분노에 대해 마음챙김으로 다가가 이런 질문을 던질 수 있다. "명상할 때 두려운 것이 무엇인가?", "내가 인생에서 두려워하는 것은 무엇인가?", "나는 현재 이 순간 위험에 빠져 있는가?"

너무 분석적일 필요는 없다. 그저 당신에게 질문을 던지고 당신 내부의 목소리가 대답하는 것을 온 마음으로 깨어서 들어라. 그 대답의 내용에 당신은 놀랄 것이다! 그리고 만약 당신이 실제로 위험에 빠져있다는 결론에 다다른다면, 그때야말로 스스로를 보호할 때다.

딴생각을 할 수 있다

이 난관은, 당연히 딴생각을 할 수도 있다고 인정하면서 명상을 시작한다면 쉽게 이겨낼 수 있다. 굳이 딴생각을 하는 것을 떨쳐낼 필요가 없고, 정해진 주의의 초점에서 벗어났을 때 스스로를 탓할 필요도 없다. 그러지 말고, 당신의 정신이 다른 곳으로 갔다는 것을 알아차린 것에 대해 감사하고 마음에 생각이 차 있다는 것에 감사하고 나아가 생각이 있다는 것을 알아차린 것에 대해 감사하라! 마음챙김 수련은 생각을 통제하는 것이 아님을 기억하자. 차라리 마음챙김은 당신의 생각이 무엇인지, 그 외에 당신의 정신과 몸에서 현재 순간에 무엇이 일어나는지 아는 것이다.

욕망을 지혜로 해결하라

우리의 일부분이 마음에 들지 않을 때 그것을 바꾸고 싶은 것은 인간의 본성이다. 마음챙김 수련은 그것을 해결할 수 있는 매우 실용적인 방법이다. 만약 현재의 상황이 당신을 다치게 하거나 위험에 빠뜨린다면, 당연히 당신을 안전하게 해주어야 한다. 그러나 많은 상황은 그렇지 않다. 정말로 일어나고 있는 것은, 그들이 신체나 생각에서(혹은 둘 다) 일종의 불편이나 실망감을 경험하고 그것을 바꾸고 싶은 욕망을 갖는 것이다.

　마음챙김의 일반적인 어려움 중 하나는 현재를 바꾸고 싶은 이 내적 욕망("만약 옆 방의 시끄러운 사람들이 조용히 한다면 명상하기 더 좋을 텐데!") 혹은 무엇인가를 개선하려는 내적 계획("지금 무언가를 먹는다면 내 기분이 나아질 것 같아!")을 알아차리고 그저 있는 그대로 두는 것이다. 그 생각과 싸우거나 그 생각에 항복하지 않고 그저 그 욕망의 생각을 바라볼 뿐이다. 그냥 지켜보고, 어떻게 변하는지 보라. 다음에 일어나는 일은 무엇인가? 그 생각은 변할 것이다. 아마도 당신은 세상을 바꾸지 않아도, 세상에 대한 스스로의 반응을 바꿀 수 있다는 것을 알아차릴 것이고, 평화와 안정을 찾을 수 있는 지점도 그곳이다.

:: 기억할 것

- 실행을 통해서 마음챙김을 실제로 경험하고, 명상의 풍성함을 체험하면서 (그리고 명상에서 오는 지혜를 이해하면서) 당신은 명상 지도자들과 현대 과학자들이 말하는 것들을 직접 경험할 수 있을 것이다.
- 마음챙김, 친절, 연민을 길러주는 명상법을 훈련하면서 자기 자신과 타인에 대한 생각을 극적으로 바꿀 수 있는 힘이 있다는 것을 알게 될 것이다. 스스로의 삶을 치유하고, 깊은 내적 가치와 목적에 일치하도록 삶을 변형할 수 있는 힘을 갖게 될 것이다.

제 **2** 부

화난 마음을 다스리는 수련

calming your angry min

5

정신과 몸을 가다듬어
화난 마음 다스리기

깊게 보라. 모든 것의 내재적 가치를 놓치지 말라.
–마르쿠스 아우렐리우스(Marcus Aurelius)

분노와 다른 강렬한 감정들을 조절하는 더 나은 방법을 배우고 싶다면 삶을 현재 순간에서 바라보아야 한다. 현재 순간에 중심을 둔 이 시각은, 발생하는 모든 일은 현재 순간에 벌어진다는 것을 인식하는 데서 시작한다. 당신의 생각, 신체의 감각이나 느낌, 혹은 생각과 신체 감각의 혼합체인 분노와 같은 강렬한 감정들까지도 현재 순간에 떠오르고, 커지고, 사라지는 드나듦의 연속이다. 당신이 무엇을 기억하고 과거를 '다시 사는' 것이나 미래를 계획하는 것이나 그 생각, 연결 그리고 감정은 현재 이 순간에 떠오르고 변하고 드나든다. 이것은 뇌 속에서 늘 변화하고 있는 신경세포의 작용과 그와 관련된 신체 반응으로 인해 가능하다.

분노는 몸과 정신에 떠오르는 다른 생각이나 경험과 마찬가지로 현재 순간에 당신이 처해 있는 상태에 크게 좌우된다. 그에 따라 분노 감정은 지속되거나 멈출 수 있다. 예를 들어 줄을 서서 기다리고 있다가 맨 앞에서 일을 보는 사람의 속도가 너무 늦다는 생각이 들면 당신은 점점 화가 나면서, 내적으로는 판단하는 생각을 하고 뿌루퉁해서 주변 모든 사람에게 비난하는 마음을 갖게 될 것이다. 그 분노의 생각에 힘입어 당신의 고통과 좌절은 당신의 차례가 점차 가까워져도 커질 것이다.

줄을 서 있는 상황에서 분노에 따라 당신의 자아가 내보내는 이 신파극에 대해 마음챙김은 한 가지 사실을 알아차리게 도와준다. 그 어떤 상황이든 당신이 화가 난 생각과 분노의 감각에서 헤어 나오지 못하고, 그러한 생각과 감각을 키운다면 계속해서 화가 나 있다는 것이다. 우리는 작은 도발에도 분노의 생각과 그와 관련된 물리적 반응에 휩쓸려 버릴 수 있다. 그렇기 때문에 머리와 정신에 분노의 에너지가 현존하고 있다는 것을 깨닫고 분노 반응의 흐름에서 빠져나오기 위해 분노를 지속시키는 오래된 몸과 마음의 습관들을 버리는 것이 필수적이다. 이는 우리의 생사와 직결된 기술일 수도 있다.

이 장의 다섯 가지 명상 수련법은 분노의 폭풍이 당신을 휩쓸 수 있는 위험한 상황에서도 멈추고, 가라앉히고, 내부의 의식과 침착성을 찾고, 강화할 수 있도록 설계되어 있다. 각 실행법에서 당신은 간략한 방식과 확장된 방식을 배울 것이다. 이 명상법들은 정식 명상 실행 시간에 긴 시간을 두고 실시될 수도 있고, 쉽고 간략한 방식으로 일상적인 삶의 흐름과 상황에서 쓰일 수 있다.

무엇이 '간략'이고 무엇이 '확장'인지는 당신의 몫이다. 예를 들어 당신은 15~20분을 실행 시간으로 정할 수도 있고, 상황에 따라 당신 마음대로 30분에서 길게는 40분, 50분까지 실행 시간을 늘릴 수도 있다. '최고'의 시간이 있는 것이 아니다. 모든 연습 시간은 그렇게 안 보일지 몰라도 모두 효과가 있다. 스스로 확인할 수 있다.

명상을 할 때 실수하거나 '잘못하는' 것은 있을 수 없다. 이렇게 시도해보고 저렇게 시도해보자. 만약 당신이 분노에게서 삶의 주도권을 찾아오기를 진정으로 희망한다면, 당신이 피해야 할 유일한 주의점은 수련을 하지 않는 것이다!

명상 실행 : 마음챙김의 브레이크 이용하기

우리가 '타고난'이라고 말하는 마음챙김 능력은 항상 당신에게 있는 것이며 분노라는 탈선열차의 '브레이크'가 되어줄 수 있다.

우리는 삶이 더 단순해지기를 원하며 내면의 리듬과 주변 세상을 더 상세히, 진정으로 알기 위해 휴식을 취하거나 정적인 삶을 원한다. 통제력을 잃은 분노는 우리를 힘들게 할 뿐 아니라 우리가 이러한 평화와 안정, 내면과 바깥의 깊은 연결을 희망하고 있다는 것을 깨닫는 데 방해가 된다.

이 실행을 삶에 가져오면서 삶에 또 다른 차원인 자각이라는 광활한 지대를 되찾을 수 있다. 다음에 소개될 마음챙김 순간을 통해 그 차원으로 들어갈 수 있을 것이다.

간편한 실행

분노, 짜증, 실망을 알아차리면 멈추고 물러서는 것을 기억한다. 현재 일어나는 일을 알아차릴 수 있다고 스스로를 믿고, 당신이 이미 가지고 있는 마음챙김의 자질이 당신을 도울 것이라 믿는다. 어떠한 감정이든 그 감정이 마음에 있다는 이유로 스스로를 판단할 필요는 없다. 차라리 그 기회를 분노나 실망감, 혹은 스스로에 대해 인내하고 판단하지 않음의 가치를 훈련할 때라고 생각하자.

현재 일어나는 상황에 대해 마음챙김을 적용한다는 것은 말 그대로 짧은 순간이나 마 그 상황에서 벗어나는 것을 의미한다. 혹은 상황을 피하지 않더라도 잠시 동안 당신의 주의를 의도적으로 몸, 호흡, 주변의 소리 같이 다른 곳으로 옮기고 잠시 마음챙김을 실시하는 것이다.

우리의 주의를 마음챙김으로 현재 순간으로 옮길 수 있다는 것을 믿는다. 긴장을 풀고, 멈추고, 지그시 관찰하자. 몸의 감각이 주는 느낌을 관찰하고 알고, 당신이 듣고 있다는 것을 관찰하고 알고, 당신이 가진 생각들을 보고 들어보는 것이다. 잠시 동안만이라도 마음챙김 호흡을 하며 일어나고 있는 일을 관찰하고 아는 것(인내심을 갖고 온화하게), 그 경험과 감각적 인상을 그대로 두고, 보고, 떠나가게 하는 것이다.

관찰하면서 주의를 부드럽게, 인내심을 갖고 집중한다. 생각과 감각이 어떻게 늘 변화하고 있는지 알아차리고, 다시 당신의 주의를 명상을 시작했었던 상황에 되돌렸을 때의 기분과 어떻게 연결되고 변화했는지 알아차리는 것이다.

확장된 실행

긴 시간에 걸친 정규 명상

의도와 주의의 기술, 그리고 일어난 것들을 기꺼이 맞아들이는 것과 그냥 내버려두는 태도의 기술을 배우기 위해 명상 실행을 더 길게 진행한다.

방해받지 않는 상황에서 매일 몇 분이라도, 혹은 더 긴 시간을 실행에 할애하도록 한다. 주의의 초점을 정하는 것에서 시작하고 초점을 그곳에 둔다. 주의의 초점은 소리, 변화하는 몸의 감각, 숨 쉬기의 감각 등이 될 수 있다.

명상을 하는 동안에는 긴장을 풀고 무엇인가를 고치거나 일으키려 하지 말고 단순히 경험을 알아차리도록 한다. 주변에서 일어나는 어떤 일이든 그것에 대해 섬세함으로 세세하게 관찰하고, 소리, 감각, 생각, 느낌(나의 감각으로 들어오는 모든 것)이 잠시 동안 내게 머물렀다가 떠나가고, 새로운 경험이 오는 것을 느끼도록 한다.

길을 잃었거나 헷갈리고, 별다른 변화가 없다고 생각되면, 서서히 주의를 다시 초점에 맞추도록 한다.

관찰의 대상을 친근하게 관찰한다. 그리고 방해를 받거나, 판단하려는 마음이 들었을 때는 인내심을 갖고 계속 관찰한다. 당신이 머릿속에 갖는 판단은 단순히 변화하는 생각의 일부이며 이 명상 실행에서는 그 판단들에 대해 새로운 것을 더하거나 어떻게 하지 않고 그저 관찰하고 들어본다. 다른 모든 것처럼 있는 그대로 두고, 떠나가도록 한다.

일상 삶에 적용

때때로 하루 중에 몇 분 정도를 할애해서, 멈추고 그대로 있도록 한다. 긴장을 풀고 이 시간에는 그 무엇도 할 필요가 없다는 것을 기억한다. 이 실행은 그저 현재에 존재하는 것이고 무엇이 일어나는지 알아차리는 것이다. 이것은 마음챙김 호흡을 한 번 하거나, 공기가 몸에 들어왔다가 나가는 것을 느껴보는 것만큼 간단할 수 있다. 혹은 몸의 다른 부분의 감각을 알아차린다거나, 소리와 빛을 관찰하는 것일 수도 있다.

심각한 상황이나 분노, 짜증, 혹은 좌절을 느끼고 있을 때 멈추고 알아차리는 연습을 하는 것은 어려울 수 있으나 성취감을 준다.

도전적이거나 스트레스 상황에서 도움이 된다면, 당신의 주의를 특정 초점(소리, 신체 감각, 숨 쉬는 감각)에 두고 이것이 숨 쉬기 훈련이 아니라 의식 훈련이라는 것을 기억한다. 당신의 몸이 자연스럽게 숨을 쉰다고 믿으면서 감각을 관찰하고 느낄 뿐, 숨 쉬기 자체를 어떻게든 통제하지 않는다.

어떤 것이 당신의 주의를 초점으로부터 떨어뜨린다면(예를 들어 어떤 감정이나 방해되는 생각, 판단) 그것은 괜찮다. 당신은 실수를 한 것이 아니다. 그대로 관찰한다. 길을 잃거나 다른 방해 요소들이 없다면, 다시 주의를 정해진 초점에 둔다. 인내심과 믿음, 호기심과 스스로와 삶에 대한 존중으로 일상 속에서 마음챙김을 실행하는 데 에너지를 투입한다.

명상 실행 : 마음챙김 호흡으로 현재감과 웰빙 경험하기

당신의 몸과 정신은 굉장히 똑똑하며 사실 분리된 것이 아니고 깊이 상호 연결되어 있어서 매 순간 역동적으로 상호작용하면서 아름답게 협업한다.

인간의 정신과 몸은 정지-투쟁-도주라는 스트레스 반응의 물리적·정신적 격렬함에 균형을 잡기 위해서 이완과 웰빙의 감정을 어떻게 만들어내는지 알고 있다. 자기 관리와 스트레스 관리의 중요한 기술은 몸과 정신이 이완하고 진정할 수 있도록 이완과 웰빙의 감정으로 전환 신호를 보낼 줄 아는 것이다. 더 충분히 이완된 상태에서 현실을 명확히 본다면 매 순간 더 큰 현재감을 경험하는 능력도 상승할 것이다.

이 방식은 명상 실행 중에 또는 실행의 도입부에서 지나치게 노력하지 않으며 판단하지 않는다는 마음챙김의 핵심 자세를 되새기는 데 도움이 된다. 이완과 웰빙을 불러내고 더 큰 의식과 현재감을 경험하기 위한 연습을 할 때 역설적인 것은, '더 이완하려고' 하거나 무엇인가 '하려고' 하는 시도를 멈춰야 한다는 점이다. 단순히 멈추고, 알아차리고, 마음을 챙기고 깨어 있으면서 일어나는 모든 일들을 그저 일어나도록 두는 것이 이완과 웰빙을 만들어내도록 스스로에게 보내는 가장 명확한 신호이다.

마음챙김 호흡은 그저 이완을 위한 것이 아니다. 이것은 차라리 현재감을 갖고, 현재에 존재(깨어 있고, 열려 있고, 의식하고, 감지하고, 요동치지 않고 현존하는 것)하는 것을 경험하는 것이다. 이 마음챙김 호흡 명상법이 당신이 이완과 현재감이라는 차원을 찾을 수 있게 도울 것이다.

간편한 실행

당신이 원한다면 언제든, 잠시 멈춘다. 멈추어서 마음을 챙기며 깨어 있는 시간을 갖는다.

당신은 먼저 친절한 의도를 설정하는 것으로 시작할 수 있다. 스스로에게 "이 명상법을 통해서 나는 멈추고, 긴장을 풀고, 의식을 갖고 현재감을 찾는 수련을 하는 것이다." 같은 말을 하는 것이 좋다.

그 후에는 편안한 자세를 취하고, 멈추고, 의식 속으로 빠져들어, 당신의 주의를 변화하는 몸의 감각에 둔다. 어떤 생각이나 신체 부위의 이름에 구애받지 않고, 그저 긴장을 풀고 몸의 존재감을 경험한다.

몸에 의식을 불러 모으면서, 준비가 되면, 당신의 의식을 더욱 날카롭고 정밀하게 숨 쉬는 신체의 감각에 초점을 둔다. 몸이 숨을 쉴 수 있다는 믿음을 갖고, 더 날카로운 주의의 초점을 호흡의 감각을 더 잘 느낄 수 있게 해주는 곳에 두고 이 삶을 지탱하는 들숨과 날숨이 계속되도록 한다.

당신의 정신이 방황한다면, 그것은 괜찮다. 당신은 실수를 저지른 것이 아니다. 당신의 정신이 어떤 생각에 얽매였다는 것을 알아차리면, 그저 미소를 짓고 그 생각을 그대로 두고, 사라지게 하라. 그리고 인내심을 갖고 당신의 의식을 다시 현재 순간에 벌어지고 있는 호흡에 돌려놓는 것이다. 지금은 내가 하고 있는 것은 무엇인가? 들숨인가, 날숨인가, 아니면 그 중간인가?

호흡이 당신에게 오게 만들고, 그것을 명상이 지지하도록 한다. 이 마음챙김 호흡 실행을 하고 싶은 만큼 오래한다. 실행을 하면서 정신과 몸에 오는 경험을 알아차리고, 그것이 다시 당신을 지지하고 당신에게 정보를 주도록 한다.

확장된 실행

긴 시간에 걸친 정규 명상

긴 시간이 필요한 정식 명상을 통해 마음챙김 호흡의 힘을 알아볼 수 있다.

이 긴 명상 세션에서, '존재하되 아무것도 하지 않음' 연습을 하고 있다는 것을 잊지 말라. 그리고 어떤 것이 집중력을 흩뜨리거나, 욕구가 생기고 좌절이 생긴다면 그저 그것을 알아차리고 그대로 둔다. 다시 몸의 숨 쉬기 감각에 주의를 돌려놓는다. 호흡 감각을 일종의 닻이나 돌아올 수 있는 안전한 항구라 생각한다. 계속해서 당신의 주의를 쉬게 하고 지금이 무엇인지 알아차리도록 한다.

현재 일어나고 있는 모든 것이, 실제로는 현재 순간에 들어왔다 나가는 것임을 기억하는 것이 도움이 된다. 호흡에 주의를 두고, 인내심을 갖고 부드럽게 숨 쉬기 감각으로 돌아간다. 마음챙김 상태를 유지하면서 항상 변화하는 현재 순간으로의 경험의 흐름을 더 뚜렷하게 알아차리는 자신을 발견할 수 있을 것이다.

일상 삶에 적용

일상 삶의 각 순간과 상황으로 마음챙김 호흡을 확장하는 것은 매우 유익하다.

이것은 하루를 보내다가 각기 다른 상황에서 마음챙김 호흡을 몇 번 하는 것을 기억하는 것처럼 간단한 일이다.

예를 들어 차를 타고 갈 때, 직접 운전을 하거나 승객으로 탔다고 하자. 교통 체증이 있거나 신호등에 서 있을 때 마음챙김 호흡으로 돌아오는 것이다. 이메일을 열거나 전화를 받기 전에 한 번이라도(혹은 몇 번) 마음챙김 호흡을 할 수 있다. 회의에서 발언을 하거나 대화를 나누고 있을 때 잠시 멈추고 마음챙김 호흡을 잠깐 한다. 음식을 먹다가, 혹은 음식의 첫 입을 베어 물기 전에, 잠시 멈추고 마음챙김 호흡을 하는 식이다.

일상생활에서 발생하는 상황과 각 순간들이 천차만별인 만큼, 마음챙김 호흡이 주는 기회 역시 매우 다양하다. 어차피 숨 쉬는 것인데, 마음챙김을 접목하는 것이 어떠한가? 당신의 인생이라는 양탄자와 같은 현란한 직물에서 마음챙김 숨 쉬기를 통해 알아차릴 수 있는 것은 무엇이고, 일어날 수 있는 일은 무엇인가?

명상 실행 : 마음챙김으로 몸을 발견하고 받아들이기

당신은 신체는 항상 현재 순간을 살고 있지만, 당신의 정신은 많은 시간을 다른 곳에서 보내고 있다. 아마 당신의 생각은 과거를 기억하거나 후회하고, 미래에 일어날 수 있는 일에 대해 계획하고, 걱정하고 화를 내고 있을 것이다. 현재 순간으로 돌아오는 방법, 온전히 깨어 있는 주의를 친절하고 호기심에 찬 방식으로 우리의 몸에 유지하는 방법을 배우자. 그럼으로써 당신은 당신의 주의가 현재에서 빠져나갔을 때 언제든 다시 현재 순간에 접근할 수 있다.

정신이 어디 갔는지 알아차리고, 다시 현재 순간으로 복귀하는 것은 분노에 찬 마음을 진정시키려고 할 때도 매우 유용하다. 예를 들어 분노와 실망, 걱정에 길을 잃고 당신의 몸과 전투를 벌이고, 몸을 비판하고(생김새나 컨디션이 어떠한지), 그것에 대해 부정적인 판단을 내리는 것보다는, 마음챙김을 실행하고 현실을 있는 그대로 받아들이는 것이 낫다.

그 어떤 활동을 하는 와중에도 마음챙김 실행을 할 수 있다. 몸이 움직이거나 멈춰 있어도, 어떤 자세나 상황에서도 온 마음으로 깨어 있을 수 있다.

마음챙김하는 것은 그 즉시 몸과의 관계와 그 몸으로 사는 경험을 바꾸어 준다. 의식을 갖고 당신의 몸으로 사는 것이 자기 관리와 치유의 중요한 부분이며 감정적 지능의 성장과 행복하고 풍성한 삶을 쌓아가는 데 중요한 것임을 알게 될 것이다. 몸에 대한 간단한 마음챙김 명상법을 삶에 도입하고, 어떤 변화가 있는지 직접 관찰하자.

간편한 실행

몇 분만 멈춰서 당신의 주의를 몸에서 올라오는 감각과 감정을 직접 느끼는 데 둔다.

이 알아차림에 도움이 될 만한 태도는 어떤 것을 고치려 하거나 바꾸려 하지 않는 비판단적인 마음과 노력하지 않는 마음이다. 또한 당신이 알아차리려는 것에 대한 궁금함과 인내심, 그리고 그것들을 알아차릴 수 있다는 스스로에 대한 믿음이다.

몸의 감각과 몸의 각 부분에 대한 주의가 안정적으로 되면, (신체가 무엇을 하든 간에) 신체가 온전히 작동하고 있는 것에 대해 친근함과 더 나아가 감사함에 주의를 두도록 하자. 매 순간 변화하며 이 순간에 드나드는, 당신에게 오는 모든 감각을 담을 수 있는 유연하면서도 큰 주의를 갖도록 하자.

당신의 주의의 초점은 신체 모든 부분의 감각을 담을 만큼 넓어질 수 있으며, 몸의 각 부분이 어떤 느낌인지, 바뀌는지 매 순간 알아차릴 수 있고, 몸의 각 부분의 감각이 어떻게 오고 가는지 알 수 있다.

혹은 당신은 의식의 초점을 몸의 특정 부분이나 지역에 한정시키고 그곳의 감각을 더 깊게 관찰할 수 있다. 그곳에는 단단함이나 무거움이 있는가? 따뜻함이나 차가움이 있는가? 수축되었거나 쥐는 느낌, 혹은 팽창하거나 퍼지는 느낌이 있는가? 그 감각은 얼마나 오래 그곳에 있는가? 그 감각은 어떻게 변하는가?

몸이 움직이고 있을 때(예를 들어 걸어갈 때) 무엇을 느끼는가? 가장 강한 감각은 어디서 오는가? 발? 다리? 어디인가?

당신이 느끼는 것은 무엇이고 그 감각이 오는 곳은 어디인가? 앉아 있을 때에는? 누워 있을 때에는? 서 있을 때에는? 몸에 대한 생각이 커지면, 그저 미소 짓고 그 생각을 그대로 두어라. 인내심을 갖고 신체의 직접적 경험으로 주의를 돌려놓고 몸에서 느끼는 것들이 펼쳐지는 것을 따라간다.

확장된 실행

긴 시간에 걸친 정규 명상

마음챙김의 힘을 느끼고 신체 구현의 깊이를 발견하기 위해 긴 시간 동안 정식 명상을 갖는다.

명상 시간 동안 방해받지 않을 곳에서 편안한 자세를 취하고 자각 속으로 들어가서 긴장을 푼다.

원한다면, 몸의 한 부분을 정해서 시작한다. 예를 들면 머리 꼭대기에서, 숨 쉬기를 몇 번 한 후 다른 곳으로 옮겨간다. 머리에서 몸의 다른 부분으로 내려가면서, 각 신체 부위에서 멈추고, 알아차리고, 마음챙김 호흡을 한다. 머리에서 목, 어깨로 내려가고, 등과 팔 그리고 가슴으로 내려와 복부를 지나 골반으로, 다리를 거쳐 발까지, 그저 조금 더 구조적인 방법으로 신체 각 부위의 감각을 느끼는 것이다. 어떤 일이 벌어지든, 관찰하고 떠나가게 두고, 몇 번 숨을 쉰 후에 신체의 다른 부분으로 넘어간다. 그곳에 어떤 감각이 있는지 알아차리고 반갑게 여기고 그대로 둔다. 계속해서 한 신체 부위에서 다른 곳으로 몇 회 정도 마음챙김 호흡을 한 후 주의를 옮긴다.

몸의 전체를 그렇게 옮겨간 후에 명상을 끝마쳐도 좋으며 일부 부분은 다시 돌아가도 좋다.

대안적으로, 몸에 관한 정식의 긴 명상에서는, 걷기 명상을 고려해볼 수 있다. 마음챙김 걷기 명상법은 걸으면서 변화하는 발의 감각에 주의의 초점을 두는 것이다. 처음에는 천천히 걸으면서 더 쉽게 변화하는 감각에 집중할 수 있다. 발을 들고, 움직이고, 내려놓으면서 변화하는 감각과 감정의 흐름을 느끼도록 주의를 수용적으로 열어두는 것이다. 야외에서 몇 걸음 되는 거리를 오고가며 정식 걷기 명상을 실행할 수 있고, 집이나 직장의 실내에서 방의 이쪽 끝부터 저쪽 끝까지 마음챙김하며 걸을 수 있다. 어디를 걷든 길의 끝에서 잠시 멈춰 서 있는 것의 감각을 알아차린다. 다시 준비가 되면, 뒤돌아서서 마음챙김으로 발걸음을 옮긴다.

어떻게 연습을 하는지는 온전히 자신에게 달렸다. 각 접근법이 어떤 것을 밝혀내는지 보자. 두 가지 방식 중 어떤 것을 택해도 좋다. 걸으면서 오는 감각을 천천히 모두 알아차리는 명상법, 또는 신체의 특정 부분에서 직접 주의의 초점을 옮겨가며 감각을 느끼는 구조적 접근법 어느 것도 무방하다.

일상 삶에 적용

당신의 몸에서 무슨 일이 생기고 있는지 항상 알아차리고, 각기 다른 상황과 활동 중에도 알아차리면서 몸의 마음챙김을 일상의 삶으로 확장하는 연습을 하자.

걷거나 움직이면서 오는 감각의 흐름에 마음챙김하면서 안정적으로 동화되는 것, 또는 특정 신체 부위에서 감각을 느꼈을 때 그 신체 부위나 지점에 마음챙김으로 동화되는 것이다. 이 중 어떤 접근법을 택하든 그것은 적어도 몇 번의 호흡 동안만이라도 어떤 감각에 의하여 행동을 하기 전에, 의도적으로 주의를 주어 당신이 느끼고 있는 것을 관찰하고 허락하는 것이다.

언제 어느 곳으로 걷든 마음챙김 걷기를 하는 것은 흥미롭고 도움이 되는 일일 것이다. 걷는 속도를 줄일 필요는 없다. 걸으면서 당신의 신체에 오는 감각에 주의를 두고, 당신의 바쁜 정신(혹은 화가 난 정신!)에서 벗어나고 인생의 현재 순간에 벌어지는 일에 연결되었을 때 무슨 일이 생기는지 알아차린다.

언제든 원할 때 실행하고, 많은 시간을 들일 필요는 없다. 어느 순간이든 신체를 통해 마음챙김을 구현하는 경험에 위력이 있는 것이다. 단 한 번의 마음챙김 걷기나 단 한 번의 마음챙김 호흡도 의미가 있다.

분노가 생기거나 악감정, 혐오감이 생겼을 때, 좌절하고 화가 나고 짜증이 난 감각과 느낌과 연결을 시도해서 그것들을 드러내고 저변을 본다. 또한 어려운 감정과 반응을 풀어내는 데 도움이 된다.

명상 실행 : 있는 그대로 둘 수 있는 용기 찾기

인간으로서 우리는 생존하도록 너무도 강력하게 설계되어서, 우리 몸은 고통스러운 생각이나 감각에 강력한 반작용을 일으킨다. 그런 경험을 혐오하거나 현재 벌어지고 있는 일에서 탈출하고 벗어나려는 불타는 욕망을 갖는다. 물론, 실제로 위협이 존재하거나 상황을 변화시키는 것이 가능하다면 그렇게 하는 것이 옳다. 그러나 무엇인가를 바꾸려고 재촉하는 마음이 너무 강해서 그 욕구 자체가 짜증이나 화를 야기한 적이 얼마나 많은가? 그리고 많은 상황에서 상황을 바꿀 수 있는 우리의 능력은 한계가 있으며 아예 없는 경우가 대부분이다.

이 명상법은 상황을 바꾸기 위해 더 이상 할 수 있는 일이 없다는 것을 깨달았을 때 우리의 몸과 마음에 반사 작용처럼 아주 빠르게 나타나는 좌절과 혐오의 연쇄작용에서 빠져나올 수 있는 방법을 제시한다. 이 명상에서 당신은 선천적으로 가지고 있는 마음챙김의 능력을 이용하고 용기와 수용의 진심 어린 가치들에 기대면서, 자신이 가진 평온의 능력, 즉 적어도 명상 도중에라도, 사물을 있는 그대로 두는 것을 허락하는 능력에 접근할 수 있을 것이다.

현재 순간의 고통과 분노를 알아차리고, 더 깊이 알아보고, 있는 그대로 두었을 때, 상처받거나 파괴당하지 않을 것이라고 믿기 위해서는 진정한 신뢰와 용기가 필요하다. 게다가 준비가 되어 있어야 한다. 회의하는 마음은 과거의 고통, 실패, 실망의 기억과 두려움을 가져와서, 당신이 멈춰서 더 깊이 들여다 보는 것을 못하도록 쫓을 것이다.

스스로를 믿고, 힘이 있다고 믿고, 고요함에 기대어 마음챙김으로 알아차리며 매 순간 잠시 멈춘다면, 용기, 수용 평온의 힘이 당신의 존재를 지지해주고 있다는 것을 알아차릴 수 있다. 아마도 당신은 분노나 두려움의 생각과 감정으로 파괴되지 않을 것이라는 믿음과, 그 믿음을 받아들이면 그만한 보상이 있다는 것을 뒷받침해줄 것들을 알게 될 것이다. 이 깨달음을 통해 얻는 힘과 권한은 아무도 빼앗을 수 없는 것들이다.

간편한 실행

만약 어떠한 대상이든 그것에 대한 분노 감정의 한가운데 있거나, 화가 나서 뿌루퉁하고, 내면의 판단하는 소리에 빠져 있다면, 잠시 시간을 갖고 멈춰서 거리를 두자. 즉각적으로 그곳에서 몇 번의 마음챙김 호흡을 하든가 마음챙김 걷기를 하자. 몸에 떠오른 감각과 생각을 알아차리려고 노력하자. 이 감각과 생각은 회의, 두려움, 신념을 모두 포함한다. 화가 난 이 상황에 대해 당신은 현재감을 유지할 수 있고 마음챙김으로 분노를 알아차릴 수 있다는 믿음을 갖자.

가능할 때, 안전한 시간과 장소에서 명상을 실행한다. 이 분노의 감정과 악감정이 지혜와 힘, 용기와 같은 긍정적 가치들을 키우는 데 도움이 될 것이라는 의도를 세우자. 용기는 두려움이 없는 상태를 말하는 것이 아니라 두려움에 맞닥뜨렸을 때 정면으로 맞서는 것임을 기억한다.

편안한 자세를 취하고 마음챙김으로 주의를 몸으로 가져온다. 마음챙김 호흡에 집중하기를 몇 번 반복한다.

어떤 분노의 생각이나 고통스러운 기억이든 돌아올 수 있도록 내버려 두고, 마음챙김으로 숨쉬며 그것들을 알아차린다. 이를 통해 인내와 수용, 스스로를 믿는 법을 훈련할 수 있다.

현재 실행하고 있는 내적 평화가 꼭 불편한 감정이나 원치 않는 생각과 경험이 사라진 상태를 말하는 것이 아니라는 것을 명심하자. 이것은 차라리 정신과 마음의 능력을 이용하여 그 불편한 경험들이 현재 당신과 함께 있음을 알아차릴 수 있게 자리를 내어주는 것이다. 나는 이미 이것을 할 수 있는 존재임을 믿는다.

마음챙김으로 호흡하고 당신의 생각, 감정, 신체 감각들을 알아차리고 받아들이는 와중에, 판단하지 않음을 연습하는 것은 간단한 일이다. 현재 당신이 판단하고 있음을 알아차리고, 그 순간 당신의 신체는 어떤 감각을 갖고 있는지 알아차린 후, 그 판단을 있는 그대로 두면 된다.

마음챙김으로 호흡하며 어떠한 종류든 내부의 저항이 무엇인지 알아차리자. 친절하게 인내심을 갖고 그 저항을 위해 자리를 내어주고, 그 저항감 역시 일종의 고통임을 알아차리면서 마음챙김으로 연민을 갖고 호흡하는 것이다. 이 과정에서 당신은 현재 느끼고 있는 저항감이 단순히 생각이고, 그 생각과 결부되어 나타나는 신체감각의 혼합체임을 관찰하게 될 것이다. 신체 일부분에서 쥐는 힘이나 경직됨을 느끼면, 마음챙김으로 호흡하며 계속 관찰한다. 쥐고 있는 힘과 경직된 것들이 풀리고 있는 것을 느끼는가? 계속 관찰하라. 마음챙김의 가치와 용기의 힘, 그리고 어려운 내적 경험들을 붙잡고 이해할 수 있는 당신의 능력에 대한 믿음을 느낄 수 있도록 스스로에게 허락하자.

확장된 실행

긴 시간을 통한 정규 명상

마음챙김을 실행할 수 있고 용기, 수용, 평온의 가치들을 탐색할 더 긴 시간을 할당한다.

편안한 자세를 취하고 숨 쉬기 감각에 주의를 두는 것으로 시작한다. 이완과 믿음을 훈련한다. 즉 몸이 자연적으로 숨 쉬도록 믿어주고, 매 숨마다 당신의 정신과 몸에서 벌어지는 경험을 마음챙김으로 알아차릴 수 있는 능력에 의지한다.

마음챙김으로 숨을 쉬며 자각 속에서 오는 모든 생각과 감각을 포함하며 단지 알아차린다. 모든 생각, 느낌, 감각이 자기만의 시간을 갖고 나타나고, 스스로를 드러내고, 왔다가 가도록 허락한다. 그것들에 대해서 아무것도 할 필요는 없다. 아무것도 고치지 않아도 된다. 그 어떤 것도 변화나 개선을 필요로 하지 않는다. 그저 당신의 모든 경험이 들숨과 날숨 사이에 오고 갈 수 있도록 하는 것이다.

매 숨 쉬기에 왔다가 사라지는 감각, 생각, 느낌 사이에서 당신의 내적 지혜, 용기, 그리고 지성과 마음을 느낄 수 있는 능력이 상상이 아니라 지금 이 순간 실현될 수 있는 것임을 깨닫는다.

일상 삶에 적용

일상을 살며 때때로 멈춰서 내면의 삶을 알아차린다.

만약 필요하다면 잠시 멈춰 마음챙김 숨 쉬기를 통해 현재 순간에서 안정을 찾도록 한다.

몸의 감각이나 생각에서 일어나는 것들, 특히 그중에서도 고통스럽고 화가 나고 불편한 것들을 알아차리고, 받아들이고, 인내하고 허용하는 훈련을 한다. 단 몇 순간만이라도 마음챙김으로 호흡하며 깊게 관찰하고 들여다보자. 당신이 그 경험들로 인해 상처받지 않을 것이라는 믿음과 용기에 기대고, 매 순간 당신에게 오는 것들을 마음챙김으로 호흡하며 받아들이고, 관찰하고, 이완하여 긴장을 풀 수 있도록 더 자세히 보자. 어떻게 모든 것이 변하는지 알아차릴 수 있는가? 당신 머릿속의 생각들과 몸에서 떠올라 변화하는 감각들 사이에 어떤 연결을 발견했는가?

지금 이 순간 이미 내면의 삶에서 필연적으로 등장하는 그 어떤 고통, 어려운 느낌, 감각이든 이것들과 변화된 관계를 맺을 수 있는 능력을 가지고 있음을 믿고, 친구가 되고, 변화시킬 수 있다는 것을 믿는다.

5

명상 실행 : 두려움의 해독제

우리가 보았듯이, 분노의 기저에는 매우 강력하고 불편한 두려움의 감정이 자리 잡고 있는 경우가 많았다. 이러한 구조가 분노에 필수적인 것을 알게 되면, 두려움의 감정을 어떻게 직접적으로 해결할 것인지 배울 수 있다.

두려움의 감정에 균형을 가져올 수 있는 강력한 명상 실행은 자비의 명상법이다. 자비 명상은 기본적으로 인간의 선천적인 친절함, 다정함, 연민의 능력에 기대는 것이다. 그것을 통해 판단과 비난, 악감정의 '이야기들' 속에 담겨 있는 소외되고 고통스러운 정신의 버릇에서 빠져나오게 해주는 것이다.

전설 속의 부처는 보살들에게 자비 명상법을 '두려움에 대한 해독제'로 가르쳤다고 한다. 현대 심리학, 특히 긍정심리학은 자비 명상법과 건강, 행복, 전반적 웰빙 사이에 상관관계가 있음을 밝혔다.

자비와 연민을 키우는 명상 훈련법은 다양하다. 이 가치들은 보편적이며 우리 모두에게 있는 것이다. 이 명상법을 통해 자비('위대한 다정함'이라고도 불린다)를 직접 훈련하고, 특히 분노의 폭풍 속에 있거나, 두려운 상황이나 무서운 사람 앞에서 어려움을 겪을 때 스스로를 안정시키는 방법으로 훈련한다.

간편한 실행

짧은 정식 명상 시간을 가져라. 그것은 1분보다도 짧을 수 있고, 당신이 원하는 만큼 길 수도 있다.

봄을 지탱하고 자각과 각성을 돕는 자세를 취하고 몇 번의 마음챙김 호흡을 통해 숨 쉬기로 주의를 돌린다.

준비가 되면 당신이 사랑하는 사람 혹은 사람들로 둘러싸여 있다고 상상하라. 그것은 당신을 사랑하는 사람이나 동물이 될 수 있다. 당신의 선호에 따라 아름다운 석양이나 여름 꽃밭을 거닐거나, 폭포수 옆에 서 있거나 장엄한 산 앞에 서 있는 것처럼 자연의 신비와 아름다움으로 둘러싸여 있다고 생각해도 좋다.

당신의 이미지 속에 따뜻함과 아름다움의 힘이 당신을 채우도록 한다. 어떤 종류의 사랑과 애착의 이미지이건 그 속에서 편안함을 느끼도록 한다. 당신이 느끼는 사랑이 얼마나 큰지 묻거나, 이미지 속의 사람이나 동물과 관련된 이야기에 얽매일 필요는 없다. 그저 당신이 정한 이미지 속에 빠져들고, 느끼고 있는 것을 느끼고 당신은 이 명상에 필요한 것들을 이미 가지고 있다고 믿는다.

자비의 기분으로 들어가는 또 다른 접근법은 당신이 사랑하는 사람이나 아끼는 친구가 여행을 떠날 때 당신이 그들에게 전해주었던 사랑과 친절을 기억하는 것이다. 이 방법이 더 쉽다면 이것을 선택해도 좋다. "조심히 잘 다녀와." 당신은 아마 이렇게 말했을 것이고, "잘 놀다와!" 혹은 "좋은 시간 보내고 와!"라고 했을 것이다.

어떠한 이미지, 사랑, 아름다움, 애착의 감정에 빠져 있는 채로, 당신을 사랑하는 사람들이나 자연의 아름다움 한가운데 있을 때 느꼈던 감정, 친구가 잘 다녀오길 바라며 가졌던 위대한 다정함으로 자신에게 말하는 상황을 상상한다.

당신이 자신의 가장 친한 친구가 되어주고 잘 되길 빌어줄 수 있는 가능성을 열어놓는다. 친절하고 연민이 가득 찬 말들을 스스로에게 반복하면서, 행운을 빌어주고 좋은 친구가 되는 연습을 하는 것이다. 이런 말을 할 수 있다. "나는 안전할 거야. 나는 행복해질 거야. 나는 더 긴장을 풀고 살 거야. 나는 평화로워질 거야. 나는 나의 분노와 두려움을 연민과 이완으로 해결해나갈 수 있어."

떠오르는 말이나 감정과 함께 긴장을 풀고 마음챙김으로 호흡하자. 만약 정신이 흐트러진다면, 부드럽게 다시 당신 속에서 깊고 진실되게 울리는 자비의 말로 돌아오는 것이다.

명상 중에 떠오르는 어떤 생각이나 감정도 알아차리고 포용하자. 화가 나는 것들까지도 모두 친절과 연민으로 붙잡고, 부드러움과 인내를 유지하자.

확장된 실행

긴 시간을 통한 정규 명상

스스로에게 더 긴 시간을 주고 방해받지 않을 곳에서 편안한 자세를 취하자.

몸에 주의를 모으고 마음챙김으로 호흡하는 것에서 시작하자.

준비가 되면 사랑하고 행운을 비는 대상에게 주의를 돌린다. 행복, 평화, 웰빙, 안전을 빌어주고, 공명이 일어나는 구절을 이용하라. 마음껏 새로운 말들을 만들어내고, 당신의 내면과 특히 더 깊게 공명이 일어나는 것에 주의를 기울인다. 구절 사이에 잠시 멈춰 숨을 쉬고, 마음챙김 호흡을 하면서 당신에게 지금 존재하는 자비 에너지를 느낀다.

자비를 각기 다른 사람들에게 전달해준다면 어떨지 생각해보자. 선생님, 멘토, 사랑하는 사람, 잘 모르는 사람, 심지어 좋아하지 않는 사람에게도 보내보자. 계속 스스로를 지켜보면서 어떠한 반응도 모두 받아들인다. 이 명상법에서 당신은 꼭 '기분이 좋을' 필요가 없다. 그리고 상상 속의 상대방 역시 '기분이 좋을' 필요는 없다. 상대방이 어떻게 받아들일지에 대해서 우리는 힘도 통제력도 없다. 이 명상법의 목적은 열린 너그러운 마음을 키우는 데 있고, 스스로에 대해 친근감을 느끼는 데 있다. 이것은 어떤 물체나 사람을 통제하는 것이 아니다.

중요한 것은 자비의 의도를 갖고 그것을 키우는 것이다. 당신은 각기 다른 종류의 사람들에게 자비를 보내면서 서로 다른 느낌이 떠오르는 것을 느낄 것이다. 그것은 문제가 아니다! 계속해서 당신이 결정한 말로 그 사람들에게 자비를 보내자. 준비가 되면 그다음 그룹의 사람들에게 다시 전달한다. 멘토에서 선생님으로, 사랑하는 사람들, 친구들, 잘 모르는 사람들, 싫어하는 사람들로 이어나가는 것이다.

시야를 넓혀서, 보다 많은 광범위한 사람들을 포함시켜보자. 가능하다고 생각한다면 시도할 가치가 있는 것이다. 당신 주변에 있는 누군가가 될 수도 있다. 혹은 당신이 사는 나라의 모든 사람들이나 이 세상 전체가 될 수 있다. 모든 동물들을 포함할 수 있고, 식물들 혹은 지구 전체, 그 어떤 살아있는 생물도 좋다. 긴장을 풀고 당신 마음의 깊이와 넓이에 놀랄 준비를 하라.

자기 자신을 포함시키는 것을 잊지 말자. 자기 자신으로 시작해서 자기 자신에게 자비를 전달하는 것으로 명상을 마친다. 슬픔, 무가치함, 분노, 양심의 가책 등 모든 것을 알아차린다. 그리고 고통에 대해 친절함과 연민을 갖는다. 당신은 사랑받을 만한 그 어떤 것만큼 소중하다는 것을 기억하자.

일상 삶에 적용

각기 다른 상황에서 조용히 다른 사람에게 주의를 집중하고 그 사람에게 사랑과 친절을 자신이 가장 좋아하는 말들을 이용하여 전달한다. 기억하라, 당신은 다른 사람의 운명이나 행복을 결정할 수 없다. 이 명상법은 당신의 마음과 정신을 바꾸는 것이고, 자신과 세상과의 관계, 또는 세상 속의 타인들과 계속되는 관계를 어떻게 바꾸느냐에 관한 것이다.

:: 기억할 것

- 여기서 소개된 다섯 가지 명상법은 분노의 폭풍이 당신을 멀리 떠나보낼 위험 속에서도 멈추고, 스스로를 가라앉히고, 의식과 평온이라는 선천적 능력에 잠길 수 있는 기술을 키우고 강화하는 것들이다. 이 방법들이 전부는 아니지만, 좋은 시작점이 될 수 있다.
- 마음챙김 실행은 분노에 브레이크를 걸고, 이완과 내적 평화를 찾고, 신체가 형상화되는 것의 기적을 찾고, 당신의 용기와 힘을 알아차리며, 친절과

연민을 통한 당신의 무제한적인 이해심을 깨우는 데 도움을 준다.

- 당신은 이 명상법들을 간편한 방법으로, 긴 시간을 통한 정식 방법으로, 시시각각 변화하는 일상의 삶, 그리고 타인과의 관계에서 훈련할 수 있다. 당신은 이 명상법들을 훈련하기 위해 필요한 것들을 이미 가지고 있다. 왜냐하면 당신은 이미(늘 그렇다고 느끼지는 않더라도) 인간의 지성과 친절함의 기반을 지니고 있기 때문이다! 그러니 긴장을 풀고 이 방법들을 시도해볼 필요가 있다. 당신의 분노에 찬 마음을 가라앉히고 인생을 바꾸는 데 있어 이것들이 어떤 힘을 갖는지 스스로 느껴보자!

6

연민으로 분노에 찬 마음 다스리기

이 삶에서 우리는 거대한 일을 할 수 없다.
단지 작은 일들을 거대한 사랑으로 할 뿐이다.
– 테레사 수녀(Mother Teresa)

당신은 전혀 상관이 없는 타인의 고통을 함께 느끼거나 그를 도와야겠다고 마음이 움직인 적이 있는가? 대부분의 사람이 그럴 것이다. 또는 사랑하는 사람이나 친구가 겪는 고통을 듣고 즉시 그를 돕기 위해 무언가를 해본 경험이 있을 것이다. 연민은 인간이 선천적으로 갖고 태어난 선량한 마음의 일부이자, 타인의 고통을 알아차리고 그 고통을 덜어주려고 스스로를 격려하는 인간의 가치이다.

:: 연민의 과학

흥미롭게도, 인간은 연민이라는 가치를 위해 선택적으로 설계된 뇌와 신경 시스템을 지니고 있다. 이 회로는 '사회적 직관'(Davidson, 2012)이라고 불리는 인간의 감정적 삶의 중요한 차원을 지지하는 뉴런들과 뇌의 부분들이 연결되어 이루어진 회로이다. 우리는 또한 아이를 기르고, 친구를 사귀고, 공동체를 지지하기 위해 신경학적, 심리학적 시스템을 진화시켜 왔다(Goetz, Keltner, & Simon-Thomas, 2010). 그리고 연구를 통해 다수의 사회적, 감정적 능력을 통합하는 뇌의 중간 및 하위 지역에 핵심적인 연결 체계가 있다는 것을 밝혔다. 이 연결 체계는 중요한 관계의 감정적 상태로 인해 촉발되기도 한다(Siegel, 2007).

그러나 다른 사람에게 동정심을 갖는 만큼 자기 자신에게도 연민을 갖는 것이 중요하다. '자기 연민' 연습을 통해 동정심을 자기 자신에게로 확장하는 것은 신체적, 정신적 건강에 좋다. 왜냐하면 그것은 스트레스 호르몬을 줄이고, 회복력을 강화하고, 독한 자기 비판을 줄일 수 있기 때문이다(Neff, 2011).

이 장에서 다룰 명상법은 연민에 접근하고, 경험하고, 키워줄 당신의 선천적 능력을 찾아가도록 도울 것이다. 연민은 이상화할 가치도 아니고 미래의 어느 순간에 투사할 것도 아니다. 차라리 연민은 내 안에, 혹은 타인 안에 있는 고통과 혼란과 피해의 순간에 대한 반응을 말한다.

연민으로 고개를 돌리는 것은 비교적 쉬운 일이다. 그러기 위해서 성인이 되거나 지금 자기보다 더 나은 사람이 될 필요는 없다. 연민에 중점을 둔 명상법에 접근하면서, 연민을 발휘하는 데 필요한 모든 것을 이미 가지고 있음을 믿고 기억하자. 연민은 인간의 기본적인 가치로서 개발하고, 키우고, 다듬을 수 있는 것이다. 이 명상법은 깨어 있는 정신으로 연민이 가득 찬 순간에, 혹은 몇 마디 언어로 남의 행복을 비는 순간에 실행하더라도, 우리 삶에 연민을 키우고 깊어지게 하는 힘이 있다.

자신이나 상대의 내면에서 일어나는 분노나 두려움, 상처와 고통에 대해 안정된 반응을 하고 포용하는 연민을 키우는 일이 어려울 수도 있다. 현재 순간에 대한 반응으로서 연민을 선택하는 것이 때로는 어렵겠지만, 확실한 방법은 이미 가지고 있는 강력한 힘을 지닌 연민과의 연결고리를 끊어내려는 내적 혼란을 꿰뚫는 것이다.

우리는 연민 실행을 분노조절의 중요한 원천으로 초점을 맞추고 있는데, 연민 실행이 고대 명상과 영적 가르침에서부터 현대까지 더 건강하고 행복한 삶을 위한 변화와 즐거움의 강력한 도구로 여겨져 왔기 때문이다. 연민 실행을 함으로써 당신은 오래된 습관 에너지와 자기중심적 모습, 분리, 외로움(모두 분노를 야기하며, 그 분노로 또다시 강력해지는 감정들)에서 더 확장될 수 있다. 그래서 명확한 타인과의 관계에 대한 인식과 그 관계와 관련된 웰빙의 감정들로 변화하는 뇌와 몸에 있는 시스템들을 깨우게 된다. 이 확장된 시각과 너그러운 느낌은 분노와 거부감을 줄여주고 현재감을 유지하며 더 열린 마음과 다른 이들의 고통에 대해 공감할 수 있는 능력을 길러준다.

이 장의 다섯 가지 명상법은 연민으로 힘을 불어넣어 더 부드럽고 동정심 넘치는 마음의 힘을 느낄 수 있게 해줄 것이다. 이전 장처럼, 각 명상 훈련에 대해서 간단한 훈련과 확장된 훈련법에 대한 지시사항이 나와 있다. 이 명상법들은 쉽게 긴 시간 동안 실행하는 정식 명상으로 확장할 수 있으며, 또는 쉽고 간략한 방식으로 확장해서 매 순간 변화하는 관계와 상황이 나타나는 일상의 삶에서 친절과 연민의 차원을 탐색할 수 있다.

명상 실행 : *자기 연민의 힘을 찾아라*

연민에 중점을 둔 명상 실행법을 알아보면서 그 시작을 자기 연민에 둘 것이다. 그 이유는 간단하다. 많은 연구자, 심리학자들은 인간이 스스로에 대한 최악의 평론가라는 데 대체로 동의한다. 자기 비판의 경향성은 건강에 해를 끼칠뿐더러 스스로 무가치하고 쓸모가 없다는 잘못되고 왜곡된 시선을 갖게 만든다. 당신의 내재된 선량함과 인간으로서의 가치를 부정하는 시각은 만성적이고 파괴적인 분노와 두려움, 그리고 타인에 대한 왜곡된 인식을 키우고 유지시킨다.

크리스틴 네프(Kristin Neff) 박사의 선구자적 연구에서는 자기 연민을 하나의 연구 주제로 삼고 있으며 자기 연민에 관한 훈련을 더 행복하고 생산적인 삶의 필수 요소로 삼고 있다. 네프 박사는 연민이 세 가지 구성 요소로 되어 있다고 보았다. 자기 친절은 우리가 고통을 느낄 때 스스로에게 편안함을 주는 것이고, **보편적 인간애**는 모든 살아 있는 존재들은 고통을 느끼고 노화, 질병, 죽음을 겪는다는 다른 이들과의 보편적 연결성에 대한 인식을 말한다. 그녀는 마지막으로 **마음챙김** 요소를 강조하면서 '인간의 고통을 무시하거나 강조하지 않고, 모든 경험에 균형을 유지하는'(2011, 41) 능력이라고 했다.

우리는 명상수련을 통해 스스로에 대한 연민을 갖는 경험이 어떤 것인지 알수 있다. 기억하라, 우리는 이미 필요한 것을 모두 가지고 있으며(당신은 없다고 생각하거나 연민을 보낼 가치가 없는 사람이라고 생각해도), 실수할 것이 없다. 단지 해야 할 것은, 시도하고 마음챙김하면서, 실행을 통해 스스로에게 일어나는 일들에 대해서 배우고 열려 있으면 된다. 당신이 알아차린 것들이 스스로를 인도하고 가르칠 것이다.

간편한 실행

불편한 감정을 경험하고 있다는 것을 알아차리면(예를 들어 몸이라면 고통스러운 감각, 정신이라면 반복되는 걱정과 불안, 마음이라면 외로움의 무게나 분노의 열기), 혹은 그 감정이 동반하는 다른 고통이나 괴로움을 느낀다면, 느끼고 나서 가능한 빨리, 잠시 멈추고 스스로에게 외부의 훼방으로부터 자유로운 몇 분을 주자.

편안한 자세를 택하고 방해물을 치우고, 의식 속으로 빠져들어라. 만약 도움이 된다면 당신의 주의를 몸이나 호흡에 두고, 몇 번의 마음챙김 숨 쉬기 동안 주의를 유지한다. 그저 들어오고 나가는 감각들을 알아차리고, 어떤 생각이든 역시 오고 가도록 두며 부드럽게 정해둔 주의의 초점(신체 감각이나 숨 쉬기의 감각)으로 인내심과 친절함을 갖고 돌아오고 유지하자.

고통이나 좌절의 감정이 돌아온 것을 알아차리면, 당신의 마음챙김 주의를 그 감정이 가장 강렬한 신체 부위에 두자. 걱정되거나 불안한 생각들을 갖게 되면 당신의 주의를 걱정이나 두려움을 느끼는 신체 부위, 조여오거나 쥐는 느낌이 드는 곳에 둔다. 아마도 그곳은 턱, 손, 복부 혹은 어깨가 될 수 있다. 슬픔이나 분노 혹은 다른 강렬한 감정을 느낄 때에는 찬찬히 살펴보고 그 감정을 느끼는 신체 부위에 정확하게 마음챙김으로 주의를 모은다. 감정을 있는 그대로 두는 것을 잊지 말고, 그것이 어떻게 변하는지 알아차리고, 계속해서 마음챙김으로 숨을 들이쉬고 내쉬면서 각 감각들을 관찰하고 허락한다.

몸에서 강하고, 불편하고 고통스러운 감정을 찾으면, 주의를 모으고 현재감을 유지한 채 스스로에게 연민을 확장하는 시도를 해보자. 이것은 자신에게 한두 구절의 말을 마치 심장이나 마음의 소리처럼 속삭여서 호의와 편안함을 제공하는 단순한 일이다. "내가 연민을 갖고 나 자신을 챙길 수 있게 하소서.", "다른 사람들의 고통에 마음을 쓰듯이 나의 고통도 돌보게 하소서." 같은 말을 스스로에게 하는 것이다. 이런 구절을 반복하면서 떠오르는 것들을 찬찬히 관찰하고 그것들을 자각에 포함시키며, 연민으로 자유롭게 흘러가게 한다.

내 안에서 공명할 수 있는 어구라면 어떤 것이든 좋다. 갓난아기에게 불러주는 자장가처럼 부드럽게 스스로에게 속삭이자. 자신에게 강력한 연민의 말들은 시간이 지남에 따라 변화하며 상황에 따라 다르다는 것을 알게 될 것이다. 한 번의 실행 동안 한 개 혹은 두 개의 구절을 집중적으로 사용하는 것이 도움이 된다. 원하는 만큼 길게 훈련한다. 무엇인가를 '고치려고' 실행하지 말고, 고통도 있는 그대로 두어라. 차라리, 더 잘 이해하려는 의도를 갖고 실행하고, 편안함을 주고, 매 순간 변화하는 자신의 경험에 열려 있으며 친근함을 유지한다.

확장된 실행

긴 시간 동안의 정규 명상

긴 시간 동안의 명상을 수행하면서, 전체 명상 시간을 자신의 몸에 초점을 두고 자기 연민, 친절, 감사에 할애하려고 시도하자. 방해받지 않을 만한 곳에서 편안한 자세를 취하는 것으로 시작하여 자각 속으로 들어가서 신체 감각으로 주의를 가져오도록 한다. 준비가 되면, 신체 감각에 마음챙김 주의를 유지한 채, 시작할 곳을 정하라. 아마도 머리나 발이 될 것이다. 그 후 그 장소에 주의를 집중한 채, 선택한 구절을 되뇌며 연민과 친절을 보낸다.

이런 말을 할 수 있다. "이것은 내 눈이야. 내 눈은 안전하고 보호받아야 해.", "이것은 내 머리야. 그리고 내 머리는 삶을 지탱하기 위해 많은 일을 하지. 내 머리가 건강했으면 좋겠어." 스스로와 공명할 수 있는 연민과 감사함이 담긴 구절을 되뇌며 소망한다.

각 신체 부위에서 몇 번의 숨을 쉬고 구절을 말한 후, 다른 부위로 넘어가 멈추고 숨 쉬고, 감각을 느끼고 알아차린다. 각 부문에 친절과 연민의 말들을 해준다. 그곳에서 몇 번의 숨 쉬기와 말을 한 뒤, 다른 곳으로 이동하자. 원하는 만큼 다른 신체 부위로 넘어가 같은 행동을 반복하고, 자각과 친절을 유지한다.

모든 신체 부위의 이름을 알 필요는 없다. 그저 당신이 알고 있는 이름을 이용하면서 그곳에 주의를 집중한다. 신체의 어느 부위든, 마음챙김으로 호흡하면서 모든 감각을 느끼며 더 깊이 연결한다. 그 후 당신이 원하는 구절을 이용해서 친절과 연민을 그 부분에 보낸다. 앞서 간단한 연습에서 소개한 방식도 좋고, "네가 안전하고 잘 되었으면 좋겠다.", "네가 더 편안했으면 좋겠어.", "네가 보호받으면 좋겠어."와 같은 말들도 좋다.

당신의 몸에게 감사를 보내는 시도를 하는 것도 흥미로울 것이다. 당신의 신체가 작동하는 것에 감사하며, 신체 각 부위가 맡은 일을 하는 것에 대해 감사함을 표하는 것이다. 각 신체 부위에게 직접적으로 감사를 전달하는 것을 상상하라. 예를 들면 "고마워 허파야. 숨을 쉬고 삶을 유지시켜줘서.", "고마워 발아, 이 생에 나를 이곳 저곳으로 데려가 줘서.", "고마워 눈아, 시각을 주고 이 생의 아름다움을 볼 수 있게 해줘서."라고 한다.

이 명상법을 긴 시간 동안 정식 명상법의 일부로 사용할 수 있다. 예를 들어 당신은 정식 명상 실행 세션을 시작할 때 친절과 연민의 말들로 훈련을 시작할 수 있으며, 정식 세션을 끝내고자 할 때 자기 자신이나 다른 이들에게 친절과 연민의 말을 사용할 수 있다.

일상 삶에 적용

자기 연민과 친절의 실행을 일상에 적용할 수 있다. 어떤 고통이나 좌절(마음, 정신, 신체의)을 만났을 때 몇 번의 마음챙김 호흡과 한두 개의 자기 자신과 공명하는 연민의 어구를 말하는 것이다. 단 한 번의 마음챙김 호흡을 하는 것이라도, 혹은 하나의 어구를 반복하며 스스로의 고통에 대해 걱정하는 것만으로도 그 고통에 대한 다음 반응이 치유가 될지, 혹은 상처가 될지가 달라진다.

명상 실행 : 나의 고통은 당신의 고통이다

불교심리학에서는 분노와 두려움을 연민의 '가까운 적'이라고 정의한다. 이 말의 의미는 어떤 순간에 일어나는 분노와 두려움은 다른 사람의 고통에 대해 연민을 느끼는 것을 막는다는(그러니까 적) 이야기이다. 이렇게 고통에 대해 연민으로 반응하는 능력이 방해받았을 때 생길 수 있는 결과 중 하나는 소외감, 혹은 어떤 상황이나 사람에게서 분리되는 내적 경험이다. 이렇게 분노와 두려움에 의해서 방해받는 것은 실제로 모든 사람에게 생기는 일이다.

타인과 공유하는 고통과 연민 사이의 복잡한 상호 연결관계에 대해 여러 설명이 있다. 샤론 살즈버그(Sharon Salzberg)는 우리가 내면에서 겪는 고통과 괴로움의 진실과 이유를 알아차리는 것(부정하는 것이 아니라)의 중요성을 역설한다.

고통에 관심을 갖고 그것을 이해하려고 할 때 고통과 새로운 관계를 찾을 수 있다. 우리는 고통을 의식에 포함시키고 자기 연민으로 포용할 수 있다. 그리고 우리 안의 고통을 일으키는 원인과 가치가 다른 사람들의 그것과 다르지 않다는 것을 깨달으면, 우리는 더 큰 연민을 갖고 나와 다른 이들을 이해할 수 있는 것이다(Salzberg, 1995, 106-7).

이 명상을 통해 당신의 고통을 인식하고 그것으로 향해서 자각 속에 담는다. 연민으로 스스로와 다른 이들을 도울 수 있는 힘을 느낄 수 있을 것이다.

간편한 실행

어떤 한 사람, 혹은 나른 낯낯 사람들로부터 떨어져 있거나 소외된나는 느낌이 들면, 잠시 멈춰서 그 느낌을 연민과 마음챙김 주의로 찬찬히 살펴보자.

만약 도움이 된다면 몇 분간 방해받지 않을 곳으로 가서 명상을 위해 편안한 자세를 취하자.

몸에 마음챙김 주의를 가지고 와서 현재 이 순간 몸에서 흐르는 감각들에 친절하게 관심을 두자. 당신은 무거움이나 조여오는 느낌을 받고 있는가? 그 느낌이 가장 강렬하게 느껴지는 곳은 어디인가? 특히 턱이나(이를 꽉 다물고 있는 건 아닌지), 손을(주먹을 쥐고 있는 건 아닌지) 주의 깊게 살펴보고 근육이 긴장하거나 팽팽해진 곳에 주의를 기울이자. 목, 어깨, 혹은 다른 곳은 어떠한가? 각 신체 부위를 알아차린 후 마음챙김으로 호흡하자.

하나 혹은 둘 정도의 어구를 조용히 반복하고, 의도적으로 스스로에게 연민과 친절을 보내자. 마음챙김하면서 숨을 들이쉰 뒤, 숨을 내쉬면서 스스로에게 "나는 고통과 좌절로부터 자유로워질 수 있어. 나는 고통을 친절과 자비로 대할 수 있어."라고 말한다.

현재에 머물면서 소외되어 있는, 분리되어 있는 느낌을 껴안는다. 자기 자신이나 타인에게 갖고 있는 분노, 비난, 판단적 사고 또한 의식에 포함시키도록 한다. 그 생각들과 함께 마음챙김으로 숨을 쉬며 있는 그대로 두어라. 화가 난 것에 대해 분노할 필요도, 비난하는 마음을 가진 것에 대해 스스로를 비난할 필요도 없다. 실행은 그저 무엇인지 알고, 있는 그대로 두는 것이다. 그것들을 마음챙김 주의로 만져주고, 깊이 들여다보면서 어떤 종류의 고통도, 판단적 사고나 비난도 들을 수 있도록 풀어준다. 마음챙김으로 숨을 들이마시고, 숨을 내쉬면서 스스로에 대해 연민에 찬 소원을 빌어본다 ─ "나는 이 큰 분노와 비난으로부터 자유로워질 수 있어." 혹은 "나는 나 자신을, 또는 다른 이들을 이해하되 비난하지 않는 능력이 있어."

마음챙김으로 숨을 쉬면서 명상을 마무리하고, 명상을 통해 얻은 직관을 빠르고 간단하게 스스로에게 되뇌도록 한다.

확장된 실행

긴 시간 동안 정규 명상

긴 명상을 통해 자신과 타인의 인생의 고통과 괴로움이 지니고 있는 진실에 대해 지혜로운 반성을 할 수 있다. 마음챙김과 친절, 연민과 같은 가치들은 이 과정을 도와줄 강력한 동지라는 것을 기억하자. 도움을 받기 위해서는 "고통을 자각하는 것은 고통이 아니다.", "두려움에 대한 의식을 무서워할 필요가 없다.", "분노를 자각하는 것은 분노하는 것이 아니다."와 같은 가르침들을 기억하는 것이 좋다.

고통과 연민, 자각에 관한 반성들을 탐구하고자 한다면 긴 시간 동안 방해받지 않을 곳에서 편안한 자세를 취하자. 명상을 시작하면서 당신의 의도가 무엇인지를 '고치려는' 것이 아니고 무언가로부터 마법같이 도망치는 것이 아니며, 모든 마음챙김 실행이 그렇듯, 당신이 느끼는 고통을 일으키고 유지시키는 것들의 원인과 상태를 더 잘 이해하려는 것임을 명심하자. 어떤 고통이든 그것으로부터 치유되고 변화가 일어나는 것은 고통을 이해하는 것이지, 분노나 두려움, 악감정에 휘둘리는 행동들은 아니다.

몸에 흐르는 감각이나 숨 쉬기의 감각에 주의를 두는 것으로 시작하자. 몸이 긴장을 풀도록 하고, 주의가 안정되도록 하자.

준비가 되면, 자발적으로 인생에서 고통스러웠던 기억을 꺼내라. 그것은 물리적, 감정적, 심리적 혹은 타인과의 관계에서의 고통일 수 있다. 그 고통스러운 생각과 감정이 지금 존재한다는 것을 깨닫는 순간, 가장 고통을 잘 느끼고 있는 신체 부위에 주의를 두자. 그것이 심리적이거나 타인과의 관계와 관련된 고통이더라도, 그 고통은 몸 어딘가에 나타날 것이다. 그것을 알아차리면서 계속해서 마음챙김으로 숨을 쉬고, 더 깊이 보고, 그 신체 부위에 있는 감각을 있는 그대로 두어라.

이제 당신이 갖고 있는 어떠한 생각을 받아들이고 주의를 넓혀라. 당신이 어떤 어구를 반복하고 있는지, 어떤 상황이나 순간의 장면을 다시 살고 있는 것은 아닌지 알아차리자. 지속적으로 알아차리면서 마음챙김으로 호흡하고, 생각들을 받아들이되 그것들을 키우거나 그것들과 싸우지 않으며 그저 허락하고 알아차린다. 때때로 스스로에게 조용히 이렇게 질문한다. "두려움을 느끼고 있나?", "두려움은 무엇인가?" 그리고 그것에 대한 대답을 듣는다. 아니면, "지금 무서워하고 있는 사람은 누구인가?", "두려워해야 할 것은 무엇인가?" 하고 묻는다. 이런 질문에 떠오르는 생각을 판단하지 않으면서 마음챙김해서 듣는다. 마음챙김하며 숨을 몇 번 쉬고, 도움이 된다면 때때로 잠시 안정을 취한다.

명상을 끝낼 준비가 되었다면, 몇 번의 마음챙김 호흡에 다시 주의를 돌려놓는다. 명상에 대해 숙고해보자. 무엇을 알아차렸는가? 당신 안의 고통과 괴로움의 본질에 대해서 무엇을 알게 되었는가? 생각과 기억에 결부된 신체 감각에 대해서 무엇을 알게 되었는가? 두려움의 역할, 취약함의 느낌, 자제를 잃는 느낌에 대해서는 무엇을 알게 되었는가? 너무 과하게 분석적으로 생각할 필요는 없다. 그저 명상하면서 자신 안에서 느낀 것들에 대해 깊이 숙고한다.

다른 사람에 대한 질문을 스스로에게 하면서 마친다. 그들의 행동도 비슷한 분노나 고통의 감정으로부터 나왔는가? 더욱 자세히 살펴보니, 그들이 한 행동이나 말이 그 순간의 그들 내면에 타오르는 고통에 의한 것이었음을, 이제 그들과 그들의 행동을 더 잘 이해할 수 있게 되었는가?

일상 삶에 적용

연민 명상은 인생의 고통과 괴로움에 대한 자신과의 관계를 바꿀 수 있는 강력한 방법이다. 당신이나 타인에게서 분노, 슬픔, 두려움, 짜증, 지루함 같은 분노에 대한 반응을 알아차렸다면, 잠시 멈춰서 이야기하라 ─ "나는 지금 내 안에 있는 분노의 고통스러운 감정들(혹은 슬픔, 두려움, 짜증, 지루함 같은)을 알고 있다." 신체에 주의를 집중하고 마음챙김으로 호흡한다. 깊숙이 들여다보고, 분노에 차서 비난하는 내면의 목소리와 평소에는 숨겨져 있는 작은 두려움의 목소리를 듣는다. 그것들은 모두 취약하고 통제되지 않는 것들이다. 그 모두에 친절하고 연민 어린 주의와 격려의 목소리로 말을 건넨다. "나는 다른 사람의 고통에 신경을 쓰듯 나 자신의 고통과 괴로움을 돌본다.", "나는 인생의 모든 느낌, 생각, 경험을 이해하고 받아들인다."

명상 실행 : 당신의 고통은 나의 고통이다

어떤 사람과 얽힌 곤란한 상황과 관련된 고통과 마주할 때, 그에 대한 반응은 다양하다. 절망의 목소리는 이렇게 말할 것이다. "이건 불공평해!" 비난과 짜증의 목소리는 이렇게 말할 것이다. "이건 모두 네 잘못이야!" 죄책감과 과도한 자기 책임감은 이렇게 말할 것이다. "이건 모두 내 탓이야!"

이 목소리들과 '이야기'들의 희생자가 되기는 굉장히 쉬우며, 그것들을 믿는 것은 오로지 고통을 크게 할 뿐이다. 현 상황을 바꾸고, 수정하고, 고치고, 도망치려는 목소리와 이야기에 눈감고 반응하거나 빠져들어 버리면 더 큰 고통과 거부감을 키우게 된다. 그리고 결과적으로 고통을 받고 있는 사람이나, 당신의 도움을 필요로 하는 사람에게 어떤 편안함도 줄 수 없다.

다른 사람의 고통을 거부하거나 혐오하면서 그런 반응 속에서 길을 잃을 것이 아니라 좀 더 현명한 접근법을 생각한다면, 그건 잠시 멈추고 현재에 머물며 수용적인 태도를 유지하는 것이다. 그리고 이 접근법은 결과적으로 더 치유가 되며 변화를 만들어낸다. 그 후, 상황에 대해 호기심을 갖고 살피도록 하자. 고통이 떠오르고 있는 현재 순간에 일어나는 일에 대해 마음챙김으로 연민 어린 탐색을 하는 것이다. 마음챙김 관찰과 연민 어린 탐색에 따라오는 지혜를 알게 되면, 다른 사람의 고통에 대한 반응이든, 혹은 어떤 상황에 대한 반응이든 건설적이면서 유용한 것이 될 것이다.

이 명상법은 현재에 머물면서 다른 사람의 고통에 대해 연민 어린 이해심을 키우는 데 도움이 된다(그들이 당신에게 비판적이거나 상처를 주더라도). 이 명상법은 또한 뭔가 혼란스럽고, 마음을 놓기 어려운 상황에 도움이 된다.

간편한 실행

타인이 고통을 겪거나 불편한 상황에 처한 것을 보면서도 현재에 머물기 위해서는 분노나 두려움, 탈출하려는 욕구에 사로잡힌 자신을 바라보고, 그 즉시 일단 멈춘다. 그다음 바로 몸으로 주의를 되돌려 놓는 한편, 몇 번의 마음챙김 호흡을 한다.

항상 자기 자신을 먼저 보호하는 것을 잊지 말자. 가능하다면, 그리고 도움이 된다면, 안전한 곳으로 몇 분간 피해서 명상에 더 깊이 빠져들자. 그 상황에서 분리될 수 없다면, 최대한 스스로를 보호하면서, 마음챙김 주의를 당신의 몸과 호흡에 두고, 현재에 머물면서 지지 기반이 되도록 하자.

친절하면서도 인내심을 갖고 당신이 느끼고 있는 모든 고통과, 다른 사람의 고통에 대응하는 과정에서 생긴 고통들을 알아차리자. 마음챙김으로 호흡하면서, 연민 어린 마음을 한두 개의 구절들과 함께 스스로에게 확장시킨다. "나는 평화로울 수 있고, 고통과 슬픔으로부터 자유로워질 수 있다.", "나는 나의 고통을 친절함과 자비심으로 관리할 수 있다.", "나는 안전하고 보호받고 있다.", "나는 더 편하게 살 수 있다."

마음챙김 호흡을 몇 번 하고, 스스로에게 연민을 보낸 후에는, 조용히 다른 사람(들)과 그(들)의 고통에 초점을 옮기도록 한다. 마음챙김으로 호흡하면서, 숨을 내쉴 때 마음속과 머릿속에서 그들에게 연민을 보낼 수 있는 한두 개의 어구를 속삭인다. "당신은 고통과 분노로부터 자유로워질 수 있습니다.", "당신은 더 안정을 느끼고 인생을 쉽게 살 수 있습니다.", "고통과 괴로움에서 빠져나올 수 있습니다."

실행을 하면서, 다른 사람에게 친절과 연민을 보내는 것은 당신이 그만큼 취약해지거나 스스로를 지킬 수 없게 되는 것이 아니라는 것을 기억하자. 또한 그 사람이 내게 보낸 상처 주는 행동이나 말들을 용납한다는 의미도 아니다. 그 사람에게 친절과 연민을 보내는 것은 그 사람이 자신의 고통의 주인이며, 당신(명상을 하고 있는 당신)은 그 고통을 통제하거나 책임을 질 수 없다는 이해가 바탕이 되어야 한다.

이 이해가 당신을 지지하고 강력하게 만든다.

실행을 계속하면서, 그 사람의 고통을 더 깊이 보면서 마음챙김 호흡을 한다. 그들의 고통의 본질을 더 잘 듣게 되더라도, 당신은 현재에 머물 수 있는가? 당신 가슴의 깊이와 힘을 믿고, 그것이 다른 사람들을 위해 현재에 머물 수 있는 원동력이 되도록 한다. 더 깊이 보고, 마음챙김으로 호흡하며 아마도 당신 또한 이런 느낌과 고통을 받을 수 있다는 생각을 할 것이다.

명상을 계속하면서 다른 사람이 그들의 고통과 괴로움으로부터 자유를 갖도록 소망하면서, 나도 그렇게 될 수 있다는 것을 안다. "모든 살아있는 것들은 슬픔과 두려움으로부터 자유로워질 수 있다.", "모든 살아있는 것들은 즐겁고 편안하게 살 수 있다."

확장된 실행

긴 시간을 통한 정규 명상

원한다면 더 긴, 정식 명상을 할 수 있다. 방해받지 않는 상태에서 잠시 멈추고 시간을 갖고 몇 분 동안 마음챙김으로 호흡한다.

준비가 되었을 때, 당신이 알고 있는 사람 중 고통 속에 있는 한 사람을 고르고, 그(그녀)에게 연민을 보낼 수 있는 한두 개의 어구를 사용한다. "당신의 인생이 쉬워지길 바랍니다.", "당신이 고통과 괴로움에서 자유로워지길 바랍니다.", "진정으로 치유되기를 바랍니다."

당신이 소중히 여기는 사람부터 시작할 수 있다. 이후, 다른 사람들에게도 연민을 보낼 수 있다. 사랑하는 사람들에게 사랑을 보내야 하는 것은 물론, 잘 모르는 사람들에게, 또는 어떤 그룹의 사람들, 마치 모든 암 환자들과 전쟁 피해자들에게 사랑을 보내듯, 그런 사람들에게도 애정을 가져야 한다. 동물들이나 모든 살아있는 존재들을 포함할 수 있다. 당신의 삶을 불편하게 하는 사람에게, 알고 있는 이들에게, 잘 모르지만 어떤 강한 감정을 갖고 있는 사람에게도 연민을 보낼 수 있다.

이 사람에서 저 사람, 이 그룹에서 저 그룹으로 연민을 보내는 중간에 잠깐 멈추고 마음챙김으로 호흡하자. 긴장을 풀고 시간을 충분히 가져라. 현재에 머물며 당신이 경험하는 모든 반응을 알아차리자. 실수라는 것은 없다. 연민 명상을 수련하는 것은 고통과 괴로움에 대해 우리가 갖고 있는 관계를 탐구하고 바꾸는 것이다. 자기 자신을 포함하는 것을 잊지 말자.

일상 삶에 적용

연민 실행은 이 세상 다른 이들의 고통을 보고 우리의 마음에 떠오르는 기분 나쁨, 두려움, 동요하는 마음으로부터 안정을 되찾는 것이다. 우리가 바뀌려는 의도로 수련한다면, 어떤 상황에서 즉각적으로 실행할 수 있다.

어떤 사람이 전반적인 삶에서, 혹은 특정 상황에서 고통을 겪는 것을 볼 때, 만약 도울 수 있다면, 당연히 그래야 하며, 현명하게 하면 된다. 그러나 안타깝게도 그들의 고통을 덜어주거나 상황을 바꾸어주는 것이 한계에 부딪히는 때가 많다. 우리의 이러한 한계가 다른 이의 고통을 대할 때 연민 어린 마음을 방해하고 의심하는 마음을 갖게 하며, 특히 고통과 두려움에 압도당하고, 무기력한 심정이 되게 한다.

삶의 어느 순간이든, 다른 사람의 고통을 보게 되면, 부드럽게 그것을 알아차리고 우선 자신에게 주의를 돌리도록 하자. 스스로를 보호하고 안정감과 자유로움 속에서 편안해지도록 하자. 그다음 마음챙김으로 호흡하면서 그들에게로 주의를 옮기고 그들이 안전하게, 안심하며 편안해지기를 소망하자. 단 몇 번의 호흡이라도 친절과 연민의 말들을 반복하는 실험을 해보자. 다른 사람들의 고통이나 상황에 대해 자신에게는 통제력이 없다는 것을 기억하며, 스스로를 이완시키고, 마음챙김으로 호흡하며, 당신이 선택한 어구들이 자신을 돕도록 하자. 행운을 바라는 것에는 자신도 포함된다는 것을 잊지 말자. "어느 곳에 있는 어떠한 존재라도 안정감과 평화를 갖길 바랍니다."

명상 실행 : 용서의 세 방향

원망(resentment)은 손상을 입었거나 공격당했다는 느낌으로부터 오는 상처나 분함의 감각을 말한다. 원망의 라틴어 어근은 '다시 느낀다(to feel again)'를 말한다. 분개한다(indignant)는 말은 (특히 정의롭지 못하고, 나쁘고, 배은망덕한 사람이나 상황에 대한) 분노와 경멸을 뜻한다. 분개하다의 어근은 말 그대로 '훌륭하지 못하다(not worthy)'를 말한다.

원망과 분개함은 분노와 비난의 만성적 감정에 불을 지피는 독성 연료이다. 그리고 대다수 인간에게 원망과 분개함을 일으키는 삶의 사건들과 인간관계는 피할 수 없는 것들이다. 우리는 인간일 뿐이다.

흥미롭게도, 생각해보면, 우리가 삶과 관계 속에서 느끼는 상처는 상대방이 우리를 해치고자 할 때 올 수 있지만, 더 자주 있는 상황은, 그들이 의도 없이 하는 행동(그래도 상처를 주기는 하는 행동)에서 온다. 의도적이든 비의도적이든, 우리를 상처받게 하는 행동들은 우리에게 원망을 느끼게 하며, 현재 순간에 어떤 것이 그것을 다시 기억나게 만들 때 말 그대로 그 고통을 '다시 느낀다'. 과거의 상처나 공격(의도적이든 그렇지 않든)의 기억으로부터 오는 조절되지 않고 만성적인 분개함과 원망은 현재 순간에 터져 나와 지금 여기에 있는 모든 경험들을 왜곡할 수 있다.

물론 타인을 향해 분개함과 원망을 느끼는 것은 일반적인 현상이다. 그러나 우리도 얼마나 자주 의도하든 의도하지 않든 자신의 행동이 다른 사람을 상처 입히고, 그 사람은 우리에게 분개함과 원망을 느끼게 되는지 고려해봐야 한다. 그리고 우리 내면의 비난하는 마음이 스스로를 분개함과 원망이 가득 찬 자기 판단과 비난의 상태로 몰고 가는 건 아닌지 생각해봐야 한다.

한 가지 좋은 소식은 분개함과 원망의 강력한 치료제는 바로 용서라는 것이다.

용서는 여러 가지 방법으로 정의할 수 있지만, 가장 유용한 정의는 간단하다. 용서는 원망을 끝내는 것이다.

명상수련으로서 마음챙김은 우리가 삶 속의 분개함과 원망에서 오는 고통과 악성 에너지에 맞서 현재에 존재하며 그것을 해결하도록 도와준다. 현재에 존재하면 억울함을 끝낼 수 있는, 깨어 있는 온 마음으로 친절과 연민의 가치와 연결된 어구들을 사용할 기회를 가질 수 있다. 이는 우리가 친절과 연민의 가치를 명상을 통해 길러내는 것과 같은 이치다.

이 명상법들을 삶의 부정적 에너지나 분개함, 원망에 이용해보자. '용서의 세 방향'은 다른 이들에게 용서를 주고, 다른 이들로부터 용서를 구하고, 자신을 용서한다는 의미이다.

간편한 실행

하루를 마무리할 즈음, 명상을 위해 잠시 멈추고 시간을 갖는다. 단 몇 분이라도 실행을 하면 더 큰 평화와 이완을 경험할 수 있을 것이다. 오늘, 또는 그 전부터 갖고 있던 원망, 분개함, 상처들을 정면으로 대하겠다는 의도를 굳건히 하자. 당신은 무엇인가를 '고치려고' 하거나 '마음을 깨끗이 하려고' 하는 것이 아니라는 것을 기억하고, 그저 이 감정들을 자각과 연민으로 되돌아보며 어떠한 상처든 그것을 살피고 치료하며 그와 관련된 분개하는 마음을 놓아준다. 그러면 기분이 풀어지면서, 치유가 된다는 것을 인정하는 의도를 세우는 것이다.

편안한 자세를 취하고, 몇 분간 마음챙김으로 호흡하자. 안정되었다는 느낌이 들고 현재에 머물게 되었다는 기분이 들면, 주의의 초점을 용서의 명상 실행으로 옮긴다.

먼저 나에게 상처를 입혔거나 공격한 사람을 떠올리는 것으로 시작한다. 꼭 삶의 원수일 필요는 없다. 그 상처는 아주 작은 것, 짜증 같은 것이 될 수 있다. 마음챙김으로 숨을 쉬면서, 그 사람에게 말을 하는 상황을 상상한다. 마음과 머릿속에서 조용히 "의도적이든 그렇지 않든 당신이 나에게 준 상처에 대해 용서합니다."라고 말한다. 이 말들을 조용히, 그리고 어떠한 기대감도 갖지 않은 채 반복한다. 당신 안에 떠오르는 어떤 감정이나 생각도 그저 알아차리고 있는 그대로 두고, 사라지게 둔다. 화가 나거나 두려움이 생기면, 차분히 몸으로 돌아와 마음챙김 호흡을 한다. 다시 안정이 되면, 용서를 주는 말로 돌아온다.

당신이 원할 때 초점을 당신이 상처를 준 사람으로 바꾼다(의도하지 않았을지라도). 마음챙김으로 호흡하면서 그 사람에게 조용히 이렇게 말하는 것을 상상한다. "당신이 느낀 고통, 그것이 제 의도였던 아니던, 당신에게 용서를 구합니다." 당신 안에서 떠오르는 어떤 생각이나 감정도 현재에 머물면서 마음챙김으로 대한다. 그 감정들을 마음챙김으로 호흡하며 자기를 향한 연민으로 받아들인다.

자신에게 주의를 돌리면서 용서하는 명상을 마무리하자. "내가 야기한 그 어떠한 고통, 그것이 의도적이든 비의도적이든, 다른 사람들과 나 스스로에게 준 고통에 대해 나 자신의 용서를 구합니다."

용서는 오로지 줄 수 있는 것이다. 준다는 것은 내가 가진(다른 사람이나 스스로에게) 원망과 분개함을 놓아준다는 표현이다. 이런 의도를 실행하는 것이 중요하다. 이렇게 마음챙김과 연민을 실행하면서, 수반되는 어떠한 것이든 그것을 받아들이면서 당신의 명상수련은 더욱 깊어질 것이다.

확장된 실행

긴 시간을 통한 정규 명상

더 긴 시간을 할애하여 용서를 훈련하고 싶은 상대에게 천천히 용서의 말들을 반복하거나, 여러 가지 구절을 말해보면서 더 길게 정식 명상을 할 수 있다. 또는 세 방향 중 처음 두 가지(상대를 용서하고, 상대에게 용서를 구하는 일) 방향을 역으로 시도해볼 수 있다. 즉 용서를 한 사람에게 용서를 구하고, 용서를 구했던 사람을 용서해주는 것이다. 물론, 그 후 스스로에 대해 용서를 구하는 것을 잊지 말아야 한다.

구절을 반복하는 도중에 잠시 멈추고 자기 안에 떠오르는 그 어떤 것이든 잠시 시간을 내어 숙고하는 것도 큰 도움이 될 것이다. 간단히 말하면, 잠시 떠오르는 구절을 내려놓고, 침묵으로 돌아간 뒤, 마음챙김으로 호흡하면서 다가오는 기억과 감정들을 알아차리고 보내주는 것이다. 명상하는 도중에 떠올랐던 사람과 관련하여 떠오르는 생각, 기억, 감정에 특히 주의를 주고, 열린 자세로 받아들여야 한다. 당신이 알아차린 것들이 알아서 당신에게 방향을 제시하고, 당신을 치유토록 허용하라.

일상 삶에 적용

상처를 받거나 공격당한다는 것을 알아차렸을 때 잠시 멈추고, 마음챙김 호흡을 통해 감정을 느끼면서 용서 명상법을 일상으로 확장해보자. 조용히 도움이 되는 말들을 반복하며 마음과 머릿속에서 당신에게 상처를 준 사람을 용서한다. 그리고 용서의 방향을 추가하자. 그 사람에게 당신이 의도적이든 의도적이지 않든 입힌 상처에 대해 용서를 구하고 당신 안에 떠오르는 생각과 감정을 관찰하자. 명상과 당신의 지혜가 안내하는 것을 따라, 당신에게 상처를 주었거나, 당신 때문에 상처를 입은 사람에게 직접 이야기하거나 편지를 쓰는 것을 고려해볼 수 있다.

#10

명상 실행 : 슬픔, 친절, 평정심

두려움, 슬픔, 상실감의 고통이 이 순간 또다시 찾아온다면 어떻게 하는가? 자신이나 타인의 고통 혹은 상황이 주는 고통이 받아들이기에 너무 커 보이거나 도저히 달랠 수 없다는 생각이 들면 어떤 반응을 보이는가?

그런 고통, 그리고 그것과 함께 오는 자신의 무기력함과 취약함은 쉽게 두려움과 분노를 일으킨다. 그 후 그런 에너지는 현재 순간에서 우리를 휩쓸어가며 내부에 있는 부드러운 연민에 찬 반응들을 빼앗고, 고통이 존재할 때 분노의 습관적인 반응을 강화한다. 그러나 고통에 대한 반응은 늘 선택의 여지가 있으며(분노가 아닌 친절과 연민), 좋은 선택을 할 수 있는 능력은 키울 수 있고 강력해질 수 있다.

평정심(equanimity)은 샤론 샬즈버그가 이야기하듯, '우리 세상과 삶을 구성하는 여러 가지 경험을 완전한 현재의 것으로 대하게 해주는 마음속의 널찍한 고요함, 빛나는 침착함'이다. 그녀는 나아가 "평정심은 변화의 진실을 받아들이고 놓아주는 기술을 익히면서 깊어진다"(1995, 139)고 했다.

로쉬 조안 핼리팩스(Roshi Joan Halifax)는 죽어가는 사람들을 돌보는 데 많은 시간을 헌신하였고, 다른 이들을 돕기 위해 평정심과 연민에 대한 값진 수업을 해왔다. 그녀의 책 죽음과 함께 존재하는 것 : 죽음 앞에서 연민과 용기를 키우는 것 (*Being with Dying: Cultivating Compassion and Fearlessness in the Presence of Death*) 에서 "다른 사람을 보살필 때는 마음을 끝없이 여는 것(연민)과 다른 사람에 대해 해줄 수 있는 것의 한계, 다른 사람과 스스로가 느끼는 것의 한계(평정심) 사이의 섬세한 균형이 있다. 우리 모두는 이 연민(괴로움에 대한 반응으로 갖는 애정)과 평정심(사물을 있는 그대로 받아들이는 널찍한 고요함) 사이의 균형을 길러야 한다"(2008, 99-100)고 했다.

연민의 열린 마음과 흔들리지 않으며 지혜에 기반을 둔 평정심 사이의 균형을 잡는 것을 배움으로써, 우리는 어떠한 고통이나 슬픔도 현재의 것으로 받아들이고 깊게 경험할 수 있다. 지혜로우면서도 믿음직하게 슬픔을 현재에 경험하면서, 당신은 진정으로 느끼고, 친절하게 반응할 수 있는 것이다―분노가 아니라는 말이다. 이런 반응이 연관되어 있는 모든 이에게 의미있는 긍정적인 결과를 가져올 것이다.

한계를 알고, 평화로움을 촉진하고 수용 능력을 북돋아주는 구절을 이용하여 평정심의 가치를 키우는 명상을 할 수 있다. 조쉬 로안 핼리팩스가 말한 구절처럼 '사물을 있는 그대로 받아들이는 널찍한 고요함'에 기반을 둔다. 밑에 나오는 명상법들은 이 구절들을 우리가 지금껏 친절과 연민을 키우던 방식대로 이용하고 있다. 명상에 쓰이는 구절들은 조쉬 로안 핼리팩스와 샤론 살즈버그의 연구에서 기인한 것이다. 필요에 따라 당신이 원하는 말을 만들 수 있다.

간편한 실행

괴롭거나 압도당하는 느낌이 들면, 그리고 사람들과 세상의 고통을 줄일 수 없다는 생각이 들면, 잠시 멈추고 개인적인 공간에서 간단한 명상 시간을 갖자.

편안한 자세를 취하고, 필요하다면 누워서, 스스로에게 시간을 주고, 마음챙김 호흡을 하고 몸이나 소리에 마음챙김 주의를 두면서 몸과 정신의 주의를 안정시키고 이완시킨다.

준비가 되면, 당신의 주의를 힘들고 고통스러운 상황으로 돌려라. 어떠한 종류든 책임감과 불만의 생각과 느낌을 알아차리고, 상황이 어떻게 진행되는지 알아차리자. 마음챙김 호흡을 하면서 그 모든 생각과 감정을 알아차리고, 몸의 모든 감각을 허락한다.

　적당한 때가 오면, 부드럽게 평정심의 구절을 스스로에게 속삭이자. "나는 평화를 유지할 것이고, 나는 연민을 가지고 나의 한계를 인지할 것이다.", "나는 당신에게 사랑과 관심을 보낼 수는 있지만, 당신의 분노를 조절하거나 당신을 대신하여 결정 내릴 수는 없다는 것을 잊지 않을 것입니다.", "현재에 머물며, 이 상황을 도울 수 있는 능력을 찾길 바라며, 이 경험이 내가 삶의 본질을 이해하는 데 도움이 될 것이다."

　이 말들은 행운을 바라며 크나큰 친근함으로 현재 상황에 놓여 있는 고통을 받아들이는 당신을 위해 주는 것이다. 이러한 말들을 반복하는 사이에 계속해서 마음챙김 호흡을 하거나, 숨 쉬기 리듬에 맞춰 구절들을 반복한다. 하나의 어구를 사용해도 좋고, 모든 어구를 사용해도 좋다. 여러 구절을 섞어서 사용해도 좋다. 혹은 당신이 직접 만든 말들을 사용해도 좋다. 어떤 일이 생기길 바라는 마음 없이 훈련하며, 어떤 결과를 바라지도 않는다. 평정심을 느끼고자 하는 것조차 바라지 않는다.

　긴장을 풀고 명상을 하는 와중에 떠오르는 어떤 종류의 생각이나 느낌을 마음챙김하며 경험하는 것을 기억하자. 있는 그대로 두고, 떠나가게 두어라. 인내심을 갖고 다시 숨 쉬기로 주의를 돌려서 당신의 평정심의 어구들이 스스로에게 부르는 부드러운 자장가가 되도록 하라. 구절들과 명상이 당신을 지지하도록 하자.

　원하는 만큼 짧거나 길게 실행한다. 명상의 끝에는 조용히 앉아서 몇 번의 마음챙김 호흡을 한다. 당신은 무엇을 깨달았는가?

확장된 실행

긴 시간 동안 정규 명상

각 구절을 반복하기 전에 멈추고 몇 번의 마음챙김 호흡을 추가하는 것으로 이 명상을 더 길고 정식으로 행할 수 있다. 마음챙김하며 호흡하고 알아차리는 안정적 상황

속에서 모든 생각과 느낌을 포괄할 수 있는 여유를 갖고, 단순히 있는 그대로 두고, 떠나가도록 허용한다.

다음 구절로 넘어가기 전에 각 구절을 몇 번 더 반복하는 것으로 명상을 연장할 수 있고, 본인 선택에 따라 몇 가지 말들을 더 추가하는 것으로 더 오래 명상할 수 있다.

일상 삶에 적용

어떤 순간이든 당신이 다른 이의 고통이나 다른 이를 돕다가 생기는 어려운 경험에서 괴롭거나 압도당하는 느낌을 받는다면, 그 자리에서 마음챙김하며 몇 번 숨을 쉬도록 한다.

한 개 혹은 두 개의 가장 선호하는 평정심 구절을 정하도록 한다. 그것을 조용히 마음속에서, 마음챙김으로 숨을 쉬면서 천천히 반복한다. 숨 쉬기와 구절들이 이 상황 속에 있는 당신을 지지하도록 한다. "나는 당신의 고통이 염려스럽지만 당신을 통제할 수는 없어요.", "당신의 웰빙과 이완을 빌어주지만, 당신을 위해 선택을 내려줄 수는 없어요.", "이 상황을 통해 내가 연민을 갖고 나의 한계를 인지하고 받아들일 수 있게 되기를 바랍니다. 이것을 통해 삶의 진정한 본질을 볼 수 있게 되기를 바랍니다."

∷ 기억할 것

- 분노, 두려움, 취약함, 그리고 이런 것들과 관련된 감정은 분리와 고립의 환상을 만들어낼 뿐 아니라 스스로에 대해, 타인에 대해, 그리고 세상에 대해 소외감과 성급함을 갖게 한다.
- 친절, 연민, 평정심의 가치에 집중한 명상 실행을 함으로써, 다시 한 번 모든 인간의 내면에 있는 마음의 선량함을 되찾을 수 있다. 친절의 힘을 잊지

말고, 다시 경험함으로써 분노와 두려움을 조절하고 더 행복한 삶을 누리게 해주는 당신의 능력을 키울 수 있다.

7

지혜와 이해로 분노에 찬 마음 진정시키기

꽃을 자세히 살펴보면, 우리는 구름을 볼 수 있다.
왜냐하면 구름 없이는 비가 내리지 않고, 꽃이 자랄 수 없기 때문이다.
-틱 낫 한(Thich Nhat Hanh)

만약 당신이 열기구의 조종사라면, 그리고 오직 바람의 방향만으로 조종해야 한다면, 당신은 고도에 따라 바람의 방향이 다르다는 것을 알아야 한다. 마치 하늘에 떠 있는 큰 강처럼 특정 고도, 특정 조건에 따라 결정되는 바람의 방향이 있는 것이다. 당신이 그 기류에 잘 안착한다면, 그 기류는 바람의 방향에 따라 당신을 이끌 것이다.

물론 기류가 항상 일정한 것은 아니다. 특정 고도에서 기류의 방향을 결정하는 것은 압력, 온도, 습도, 그리고 다른 대기의 상태들이다. 그러니까, 유능한 열기구 조종사는 지속적으로 긴장을 유지하고 의식을 유지하면서 계속 관찰할 것이다. 그들은 특정 기류에 안착하여 원하는 방향으로 항해하거나 어떤 기류에 휩쓸리기 전에 그것으로부터 떠나려고 고도를 높이거나 내린다.

인간으로서, 바쁘게 삶을 살아가는 와중에 당신은 스스로가 열기구 조종사

같다는 생각을 할 때가 있을 것이다. 대신 고도에 따라 기류를 선택하는 것이 아니라 강력하게 급변하는 생각이나 분노와 같은 감정 혹은 고통이나 부상과 같은 강력한 신체 감각의 내적 기류에 휩쓸리는 자신을 보게 된다. 이 각각의 내적 기류는 여러 가지 상태의 조합에서 비롯되며 그 상태는 현재 순간에 지속적으로 변화한다. 이는 다양하면서도 특정한 대기권의 상태가 현재 순간에 모여서 기류를 만드는 것과 비슷하다.

우리 몸과 마음이 내부 대기 상태의 종류로는 신체적 상태, 인간의 인식과 내면의 이야기 같은 것들로 되어 있는 인지, 그리고 다른 사람들과 소통하면서 감각을 통해 지속적으로 받아들이는 정보의 흐름 등이 있다. 이 요소들이 합쳐지면서 강력한 내부 기류를 만들어낸다. 당신은 매 숨 쉬기마다 당신이 갖고 있는 생각, 감정, 혹은 행동이 이 내부 기류에 휩쓸려 나타나는 것을 알 수 있을 것이다. 이는 각종 대기의 상태들이 그 거대한 공기의 흐름을 하늘에 만들어내어 모든 것을(당신의 열기구를 포함하여) 휩쓰는 것과 비슷하다.

몇 번의 마음챙김 호흡을 하면서, 혹은 단 한 번의 마음챙김 호흡 동안만이라도 자세히(마음챙김으로) 살펴보면, 생각과 기억으로부터 신체 감각이 느껴지는 과정이 일어난다. 소리나 냄새 같은 외부의 자극에 대한 내적 반응들이 기억을 불러오고, 판단을 만들어내며, 결과적으로 신체에 강력한 반응적 감각을 불러내고 머리에는 갈망하는 생각을 만들어낸다. 그리고 이 상태는 굉장히 빠르게 변화한다. 머리와 신체에 들어오는 경험의 흐름은 변화하고, 당신의 인식과 세상을 대하는 방식 또한 변화하는 경험의 흐름에 따라 변화한다는 것을 알게 될 것이다.

예를 들어 길을 걸으면서, 완전히 모르는 사람을 처음 보았을 때 그에게서 따뜻한 느낌을 받으면서 그를 제대로 마주치기도 전에 행복해지며 긴장이 풀리는 경험을 한 적이 있는가? 아니면 길을 걷다가 어떤 사람이나 사물에 대해 걱정되거나 화가 나는 생각이 머리에 차오르면서 주변 사람들, 특히 완전히 모르는 사람들이 갑자기 위협적으로 느껴지는 경험을 해본 적이 있는가?

더 행복하고 만족스러운 삶을 살기 바란다면 상호 연결되어 있는 삶의 본질에 대한 더 큰 의식과 정확한 이해를 발달시키는 것이 중요하다. 그러할 때 우리는 인간으로서 경험하는 것들이나 외부 상황으로부터 더 많은 것을 알게 되며, 분노와 적개심의 독성으로부터 자유로워진다.

분노와 다른 강렬한 감정들은 우리가 인간으로서 경험하는 자연스러운 부분이다. 이 감정들이 온다고 해서 우리의 인생이 실패작이 되는 것이 아니다. 많은 사람들에게 분노가 일어나는 일은 자주 생긴다. 우리가 그 강렬한 감정에 대해 얼마나 의식을 갖고 있고, 어떤 의미를 부여하고, 어떤 관계를 맺고 있느냐가 우리의 반응을 결정한다. 그리고 이 반응은 감정의 본질에 대한 이해와 직결되어 있다.

명상 지도자이자 심리상담가인 실비아 부어스틴(Sylvia Boorstein)이 성하(His Holliness) 달라이 라마에 관한 일화를 소개한 것이 있다(Boorstein, 2007, 111). 그는 노벨 평화상을 받은 다음 날 많은 사람들 앞에서 이야기를 하고 있었다. 어떤 이가 그에게 "선생님도 화가 나는 일이 있나요?"라고 물었고, 그는 웃으며 "물론이죠."라고 대답했다. "어떤 일이 일어나고, 그것이 당신의 예상과 다르다면 분노는 찾아옵니다. 그러나 그것이 꼭 문제가 되는 것은 아닙니다." 그리고 그는 좀 더 웃었다고 한다.

이 장에 소개된 실행법들은 명상을 통해 얻을 수 있는 지혜와 이해를 통해 분노에 대한 경험을 모든 방면에서 바꾸도록 도와준다. 명상은 분노와 그것의 원인, 그리고 유지되는 조건을 다른 방식으로 볼 수 있게 해준다. 분노를 지탱하는 상태를 찾아내고 그 상태를 유지시키는 것을 멈춘다면(마음과 신체 전부에서) 분노, 비난, 두려움, 경멸, 적개심, 그리고 관련된 감정을 지속시키는 정신적, 정서적 습관은 힘을 잃을 것이다.

앞의 두 개의 장과 마찬가지로, 이 장에 소개되어 있는 각각의 실행법에서 간단한 방식과 확장된 방식으로 명상하는 데 유용한 지시사항이 나와 있다. 이 명상법들은 쉽게 시간을 늘려서 정식 방법으로 실행하거나, 일상에서 발생하는 상황과 관계 속에서 간단하고 실용적으로 활용할 수 있다. 간단한 방식이든 확장된 방식이든, 이 명상법은 어떤 상황에서 분노가 만들어지는지 그 기류에 대해 이해하고 알아볼 기회를 줄 것이다.

#11

명상 실행 : 분노를 일시적인 상태로 보기

분노의 강에 휩쓸리는 흔한 방식 중 하나는 분노가 다른 강렬한 감정들과 마찬가지로 영구적인 상태가 아니라는 것을 잊어버리는 것이다. 분노는 변하지 않는 성격적 특성이나 고정된 성격상의 결함이 아니다. 이것은 단지 분노를 구성하는 다른 비분노적 요소들이 결합하여 현재 분노가 있도록 한 것이다.

분노가 나타날 때 마음챙김으로 주의를 모으고, 그것이 어떻게 변하고 떠나가는지 알아차린다면, 그리고 분노가 있지 않을 때 또한 마음챙김으로 주의를 준다면 당신의 삶에 있어 분노가 영원하지 않다는 것을 알게 될 것이다. 분노가 일시적이라는 이해는 미래에 다시 분노가 나타났을 때 이겨낼 수 있는 힘이 된다. 분노의 열기에 휩싸여 있을 때라도, 단순히 이것이 영원한 것이 아니며 "이것은 지나갈 것이다. 분노는 지나갈 것이다." 같은 어구를 반복하는 것을 기억한다면 분노조절에 도움이 될 것이다.

이 명상 실행을 통해 당신은 분노가 아니며, 분노는 일시적일 뿐 나 자신이 아니라는 것을 기억하는 데 도움이 되길 바란다.

간편한 실행

낮이나 저녁, 편안한 때에 명상을 위한 시간을 갖는다.

편안한 자세를 취하는 것으로 시작하자. 명상을 할 때는 일을 내려놓고 방해거리들을 가능한 멀리한다. 몸이 편안해지고 안정되면서 의식 속으로 들어간다. 당신은 명상을 하기 위해 필요한 것들을 이미 갖추고 있다는 것을 잊지 않는다.

초점을 정한다. 몸의 감각이나 호흡이 될 수 있다. 주의를 의도적으로, 더 세심하게 몸에 흐르는 감각이나 혹은 숨 쉬기 감각에 둔다. 그 흐름이 당신의 의식에 오고 가는 동안 감각을 깊게 느낀다. 그 감각에 대항하거나 재촉하거나 바꾸려 할 필요는 없다. 긴장을 풀고 관찰하면서 인내심을 갖고 감각이 당신에게 오도록 하고, 부드럽게, 시간을 갖고 놓아준다.

만약 다른 경험들, 예를 들어 생각, 소리, 냄새 혹은 미각을 알아차리면, 긴장을 풀고 계속 관찰하면서 그 상태들이 오고 가는 것을 허용한다. 원하는 만큼 길게 실행하고, 이 변화하는 상태들이 오고 가는 것을 허용하고 관찰한다.

마음챙김으로 관찰하면서 모든 감각, 생각, 소리, 맛, 혹은 냄새가 각자 자신만의 속도를 갖고 변화하는 것을 알아차렸는가? 호기심을 갖고 알아보자. 상태들이 제각기 변화하는 속도가 몇 종류가 되는지 살펴보고 당신이 알아차린 것들이 어떻게 변화하고 사라지는지 살펴본다. 어떤 것은 빠르고 어떤 것은 느리지만, 결과적으로 모두 사라질 것이다. 영원한 것은 없다.

강렬한 감정이 왔다는 것을 느끼면 생각과 신체 감각이 어떻게 그것과 어우러져 형태를 만들어내는지 천천히 보자. 변화하는 것이 보이는가? 감각과 생각이 먼저 사라지지는 않는가? 또 알아차린 것은 무엇인가?

원한다면 명상을 통해 알아낸 사실은 무엇인지 생각해보고, 정말 모든 것은 변화하고 영원하지 않다는 것을 다시 한 번 되새기면서 명상을 마무리할 수 있다. 이것은 당신에게 무엇을 의미하는가? 당신 삶에 이것이 의미하는 것은 무엇인가?

확장된 실행

긴 시간 동한 정규 명상

간편한 방식을 길게 형식을 갖춘 방법으로 바꾸어 정식 명상 시간에 이용할 수 있다. 분노와 같은 강렬한 감정을 대할 때 감정은 일시적이며 떠나갈 것이라는 것을 분명하고 깊이 이해하는 것이 큰 도움이 된다.

당신 주의의 우선적 대상에 대한 집중도에 변화를 주는 것으로 정식 명상을 할 수 있다. 정식 명상을 할 때는 앉아 있거나 걷고 있거나 당신의 주의가 어떠한 경험이든 그것의 발생, 변화, 소멸을 모두 포함하도록 한다.

예를 들어 호흡의 의식을 가지고 명상을 하고 있다면, 집중이 고조되고 몸이 잘 이완되었을 때 당신의 주의를 감각의 발생 지점에 주는 것이다(들숨 혹은 날숨에). 그리고 숨 쉬기의 중간에 가서 그 감각이 어떻게 변하는지 알아차리고 마지막으로 이 감각이 소멸할 때는 어떠한지, 다음 들숨의 감각이 오기 전에 소멸하는 이 감각이 안정 상태로 사그라드는지 알아차리는 것이다. 수련을 통해 당신은 한 번의 숨 쉬기 주기 동안 대부분에서 현재감을 유지할 수 있고 더 나아가 한 주기 내내 현재감을 유지할 수 있을 것이다. 또한 감각은 실제로 변화한다는 것을 알게 될 것이다. 이번 숨 쉬기는 마지막이 아니며 그다음 숨 쉬기와는 또 다른 것이다. 각 숨 쉬기는 그 자체로 고유하며 잠시 이곳에 있다가 떠나간다.

원한다면 명상 실행 동안 다른 초점을 정해 변화를 느껴볼 수 있다. 언제든지 당신은 소리, 혹은 다른 감각이나 생각에 초점을 두고 그것의 발생, 변화, 소멸을 탐구해볼 수 있다. 명상을 하다가 특별한 감각이 존재할 때에는 그 감각을 방해하지 말고 그것이 변화하고 사라지는 것을 지켜보는 것이다. 원하는 만큼 길게 명상을 하도록 하고, 당신의 의식 속에서 지속적으로 변화하는 경험과 감각의 영역에 대해 긴장을 풀고 끝까지 관찰한다.

일상 삶에 적용

일상을 살면서 잠시 멈추고 무엇이 일어나고 있는지 마음챙김으로 집중함으로써 이 명상을 일상생활에 확장한다. 내부 상태에 대해 특히 더 주의를 둔다. 무엇을 알아차렸는가? 변화하고 있는 것은 무엇인가?

당신이 감지하고 있는 것들을 판단하지 말고, 그저 알아차리고 긴장을 풀고 관찰하자.

특별히 힘이 솟거나 힘이 들 때 어떤 감각이 있는지 알아차리고, 행복감이나 짜증, 귀찮음이 존재할 때는 어떠한지 알아차리자. 무엇인가 급한 마음이 되거나 계획을 세우려고 할 때, 혹은 판단하려 들거나 걱정이 생길 때는 또 어떠한지 알아차린다. 어떤 것이든 현재 있는 것을 알아차려라. 이것이 얼마나 오래 지속되는가?

현재 있는 것에 대해 마음챙김으로 호흡하며 쉬며 느껴라. 긴장을 풀고 계속 관찰하니 그것이 어떻게 변화하는지 알겠는가? 현재 이 순간의 감정들이 바로 전의 순간과 비교해 어떻게 달라졌는지 알겠는가? 분노의 감정이 현재 순간에 있고, 그것이 나중에 어떻게 사라지는지 보자. 다른 모든 것처럼, 이것은 일시적인 것이다.

지혜와 이해심의 구절을 이야기하며 명상을 마친다. "맞아. 이것은 지금 있지만 곧 사라질 거야." 이런 어구를 통해 현재 관찰하고 있는 것에 대해 다시 생각해본다.

#12

명상 실행 : 분노의 구름

대부분의 사람들은 늘 구름을 본다. 하지만 구름은 비구름적 요소들의 결합으로 만들어진다는 것을 아는 사람들이 얼마나 될까?

구름은 다양한 형태로 존재하지만, 그것이 존재할 수 있는 이유는 그 구름을 만들어내는 주변의 상태가 마련되기 때문이다. 구름을 결정짓는 상태는 습도, 온도, 빛, 압력 등이다. 이 요소들은 어느 것 하나도 그 자체로 구름이 되지는 않는다. 이 모든 요소가 함께 존재해야 구름이 되는 것이다. 알맞은 조건이 맞아떨어졌을 때 구름이 나타난다. 상태가 마련되지 않으면 구름이 되지 않고, 결과적으로 아무것도 되지 않는다. 구름은 비구름적 요소들이 알맞게 함께할 때 존재하는 것이다.

'신발'은 색, 느낌, 내구성, 모양, 크기의 요소들을 갖춘 여러 가지 재료의 결합으로 만들어진 것에 부여하는 이름이며, 우리가 생각하는 한 가지, 혹은 몇 가지 기능을 수행한다. 신발도 비신발적 요소들의 결합으로 이루어졌다고 할 수 있는데, 구성 요소들은 어느 것 하나 그 자체로 신발이 되지는 않기 때문이다.

잠시 멈추고 생각해보면, 사실 모든 것이 이런 식으로 이루어져 있다.

바닐라 아이스크림은 비바닐라 아이스크림의 요소들로 구성되어 있다. 바닐라 아이스크림의 구성 재료나 상태, 예를 들어 설탕, 바닐라, 다른 착향료들, 차가움의 요소, 재료를 섞기 위한 에너지 등 어느 것 하나 그 자체로 바닐라 아이스크림은 아니다. 바닐라 아이스크림은 이 모든 구성 요소들을 지닌다. 이들 중 어느 것 하나가 없어도 그것은 바닐라 아이스크림이 아니다.

우리가 이름을 알고 있는 사물의 구성 요소를 알게 되면, 그것이 무엇이든 더 잘 이해하고 관리하고 강화하거나 (원한다면) 분해할 수도 있다. 분노나 다른 강렬한 감정을 이 시각으로 보는 것은 지혜로우면서도 급진적인 생각이다. 분노는 구름, 신발, 아이스크림처럼 특정 상태들이 일시적으로 모여서 만들어내는 것이다. 다른 말로, 우리가 '분노'라고 말하는 것은 '비분노적' 상태들의 결합이다.

이 명상을 통해 분노의 구름을 만들어내기 위해 필요한 상태와 요소들은 무엇인지 깊이 살펴보자. 이 상태들을 잘 알게 되면 우리를 쉽게 휩쓸어 버릴 수도 있는 분노의 감정을 풀어헤치고, 소멸시키고, 그 감정으로부터 벗어날 수 있을 것이다.

간편한 실행

화가 나고 있다는 것을 알아차리면, 잠시 멈추고 몇 번의 마음챙김 호흡을 한다.

당신을 화나게 만드는 상황으로부터 분리될 수 없다면, 먼저 가능한 안전하고 편안해질 수 있도록 하면서 계속해서 마음챙김 호흡을 한다. 주변에 벌어지고 있는 일이나, 상황에서 벗어난 경우라면 방금 일어난 일을 다시 떠올려보며 조용히 명명하고 인식한다.

마음챙김 호흡을 하면서 몸속의 감각들을 더 깊게 보고 알아차린다. 불편한 긴장이나 쥐는 힘이 느껴지면, 부드럽게 그 감정을 고통이나 불편한 느낌으로 인식한다. 연민을 갖고 숨 쉬면서 그 감정에 들어가도록 한다. 계속 관찰하면서 감각이 변하는 것을 알아차린다.

원한다면 마음챙김 호흡을 하는 와중에 더 깊게 볼 수 있다. 친절과 연민을 통해 더 깊은 곳에 두려움, 불안, 취약함이 있는지 보자. 어떠한 종류든 실망감이나 상처, 슬픔이 그 깊은 곳에 있는가? 당신이 안전을 느끼는 수준에서 최대한 마음을 열어보자. 불편한 느낌에 마음챙김하면서 친절하게 그것을 알아차리도록 한다. 그 감정들이 주는 고통을 인지하고 수용적 자세를 유지하는 가운데 그것을 분노를 일으키는 여러 요소 중 하나로 받아들일 수 있는가?

계속해서 마음챙김 호흡을 하며 몸, 머리, 마음의 고통을 인식하고, 머릿속에 떠오르는 어떠한 생각이든 모두 알아차린다. 당신의 머리가 해주는 말은 무엇인가? 알아차린 생각은 있는 그대로 두고 떠나가게 둔다. 그리고 계속해서 마음챙김 호흡을 한다.

당신이 발견한 것이 무엇인지 다시 생각해보면서 명상을 마무리하자. 무엇이 일어났는가? 당신의 분노의 구름을 일으킨 원인과 상태는 무엇인가? 어떤 신체 감각이 느껴졌는가? 당신의 더 깊은 곳에 있는 복잡하고 어려운 감정은 무엇인가? 그 감정이 유지될 때 당신 머릿속에 떠오르는 이야기나 기억은 무엇인가?

이제 분노가 어떻게 일시적으로 일어나며, 당신 내부와 당신 주위의 상태에 어떻게 좌우되는지 알겠는가? 이제 어떻게 하면 그 상태들을 바꿀 수 있겠는가?

확장된 실행

긴 시간 동안 정규 명상

이 명상을 더 길고 형식을 갖춘 방법으로 하려면, 정규 수련 세션 중에 시간을 할애하여 당신의 분노의 구름을 만들어내는 비분노적 요소들과 원인들에 대해 생각한다.

그렇게 할 수 있는 방법 중 하나는 조용히 앉아서 마음챙김 호흡을 얼마 동안 실행하는 것이다. 바라는 것 없이, 고치려는 것 없이, 어떤 일을 만들어내겠다는 욕구 없이 실행하자. 그저 긴장을 풀고 각 숨 쉬기에서 오는 감각들에 대해 받아들이는 수용적 자세를 유지한다.

긴장이 풀리고 준비가 됐다는 생각이 들면, 그리고 당신의 주의가 안정적이고 차분한 상태가 되면 당신이 화가 나거나 짜증나고 귀찮았던 상황이나 때를 기억한다.

그 순간이나 상황이 당신에게 오는 동안 계속해서 마음챙김 호흡을 한다. 분노를 일으키는 그 기억을 구성하는 서로 다른 요소들을 인식한다. 시각적 요소들, 머릿속에 떠오르는 단어들, 기억 속 목소리의 어조, 신체의 감각 등을 인식한다. 이 모든 요소들을 친절함과 연민으로 대하도록 노력한다. 그저 있는 그대로 두는 것이다.

마음챙김 호흡을 하는 동안에 더 깊고 세심하게 살펴보고, 현재에 존재하는 어떠한 상처, 슬픔, 두려움, 취약함에 수용적인 자세를 유지하고 다가가자. 그 감정들과 함께 머릿속에 떠오른 생각들은 무엇인지 알아차리자. 그 상황에서 주의의 초점을 바꾸려고 하거나 그 상황을 모면하려는 경향을 인식한다. 부드럽게 고통과 괴로움을 인식한다. 계속해서 관찰하면서 마음챙김 호흡을 한다. 그 경험이 스스로를 드러내고, 있는 그대로 나름의 모습으로 나타나도록 허락한다.

계속 현재에 머무는 것이나 연민을 유지하는 것이 쉽지 않다는 것(특히 스스로에 대해)을 알아차리자. 스스로에 대해 인내심을 갖고 무엇이 일어나든 최선을 다하고 이 명상에서 나에게 중요한 것들을 깨달을 수 있다고 스스로를 믿자. 다음 명상이나 그 이전 명상에 대해 걱정할 것은 없다. 이 명상이 현재 당신이 하고 있는 것이다.

당신이 분노의 구름에 대해 관찰하거나 배운 것을 다시 한 번 생각하면서 명상을 마치자. 구름이 만들어지기 위해서는 어떤 요소가 필요한가? 당신이 기억해낸 상황에서 그 상태들은 어떤 것이었는가? 분노의 경험으로부터 치유되고 그 경험들을 바꾸려면 그 조건에서 무엇을 하면 될까?

일상 삶에 적용

분노, 증오, 지루함, 짜증, 귀찮음 혹은 다른 악감정과 혐오감을 느낄 때 마음챙김 자세를 가지는 것으로 분노의 구름에 대한 의문들을 일상생활에 확장할 수 있다. 분노의 감정을 느낄 때 잠시 멈추고 당신 안에 있는 괴로움을 인식한다. 마음챙김 호흡을 하면서 감정이 가장 강렬한 신체 부위를 인식하자. 마음챙김 호흡 중에 어떠한 두려움이나 상처도 만져주고 관심을 가져주자. 마음챙김 호흡을 하면서 절망과 실망의 요소들을 직시하고 친절하게 대하자. 당신은 이 순간에 대해 어떤 것도 고치거나 바꿀 필요가 없다는 것을 기억하고, 당신의 경험에 대해 긴장을 풀고 호기심을 갖고 경험을 받아들일 수 있다. 단 몇 번의 호흡만으로, 내 안에서 벌어지는 일을 인식할 수 있다.

일상에서 분노를 느꼈을 때 더 자주 마음챙김과 연민으로 대응한다면 어떨 것인가? 당신의 분노의 구름을 만들어내는 비분노적 요소는 무엇인가?

13

명상 실행 : 분노에 기름을 붓지 말라

분노가 구름이라는 시각을 갖고, 이것이 오직 특정 상태들이 있을 때만 나타 난다는 것을 보았다. 이를 제대로 이해했다면, 마음챙김 관찰을 통해서 실제 로 분노가 이 방식으로 시작하는 것을 보았거나, 그 구성 요소 중 일부를 이미 파악할 수 있게 되었을 것이다. 만약 그렇다면, 분노를 다스리는 유용한 접근 방법은 분노의 필수 조건들을 인지하고 그중 일부를 없애는 것인데, 이것이 곧 분노를 지속시키는 연료를 제거하는 것이다.

　다음 질문은, "그래서 분노의 연료가 되는 것은 무엇입니까?"일 것이다. 간 단하면서 이해하기 쉽지만 실제로 도움이 되지 않는 답변은 화를 '만들어낸' 어떤 사람이나 상황을 탓하는 것이다. 그러나 이것은 옳지 못한 이해 방식일 뿐더러 별로 도움이 되지 않는다. 왜냐하면 우리는 타인이나 바깥 상황에 대 해 통제력을 갖지 못하기 때문이다. "그 사람이 이런저런 이야기를 하지 않고, 이렇게 저렇게 행동하지 않았다면, 난 화가 나지 않았을 거야."라고 말하는 것 이 실제로 얼마나 도움이 되겠는가? 그 사람이 이런저런, 이렇게 저렇게 하는 것을 멈출 때까지 당신은 얼마나 오래 분노에 찬 상태로 있어야 하는 것인가?

　뭔가를 탓하는 것은 당신의 고통이나 세상이 우리에게 보여주는 방식에 대 한 저항의 형태이며 많은 경우에 무의식적이다. 우리는 내부와 외부에서 현재 느끼는 것이나 일어나는 일을 얼마나 거부하며 밀어내는지 알아차리지 못할 때가 있다. 마음챙김을 통해 당신은 고통과 그에 대한 저항을 관찰할 수 있다. 당신은 이 문장이 사실이라는 것을 확인할 수 있을 것이다. 고통은 인간의 삶 에서 피할 수 없는 것이지만 우리가 느끼는 괴로움과 괴로움을 심화하는 행동 들은 스스로가 그것에 대해 저항하는 정도에 따라 좌우된다.

그러니까, 우리가 통제할 수 없는 고통에 대한 비난과 저항은 분노에 기름을 끼얹는 일이라는 것인데, 여기에 또 다른 분노의 중요한 연료가 있으니 이는 자기 자각의 결핍이다.

움막이나 동굴 같은 곳에서 숨어 지내는 은둔자라면 더 나은 삶을 꿈꾸면서 수많은 괴로움을 경험할 것이다. 또한 아주 부자인 사람이라면 그 혹은 그녀는 매일 그 크고 편안한 집에서조차 반복되는 억울한 상황을 겪으며 내적으로 힘들어할지도 모른다. 외적 상황의 변화, 즉 다른 사람이나 상황의 변화는 내적 변화, 편안하고 이완된 마음을 반드시 동반한다고 보기 어렵다. 우리 삶의 고통은 우리가 마주하는 상황에 좌우되는 일이 거의 없고, 오히려 우리가 그 상황에 어떻게 대응하는가, 어떤 관계를 맺느냐에 좌우된다. 발생하는 상황에 대해 우리가 맺는 관계(말하자면, 매 순간 우리가 삶을 어떻게 대하는가)에 대해서 자기 자각이 늘어나는 것은 분노에 찬 정신을 가라앉히는 강력한 동맹이 될 수 있다.

이 명상을 통해 분노에 대한 저항과 분노의 연료가 되는 것들이 무엇인지 탐구하고 더 자각해서 현명하게 대응하도록 한다. 분노의 연료에는 판단, 관념, 상처, 비난, 그리고 이들의 동맹인 의심, 두려움, 취약함 등이 있다. 당신의 지성과 선량함의 힘을 통해 저항감을 없애는 시도를 하고, 감정이나 경험을 자각 속에 포함시켜 치유하도록 하자. 분노에 대한 저항을 없애고, 연료가 되는 것들을 버리는 과정에서 당신은 아마도 스스로의 분노의 연료를 없애고 내부로부터 불을 끄는 경험을 하게 될 것이다.

간단한 실행

분노, 지루함, 분함, 그리고 다른 악감정과 혐오감이 자신에게 나타났다는 것을 깨달으면, 가능할 때 잠시 시간을 갖고 짧게 명상한다.

편안한 자세를 취하고, 본인이 원한다면 마음챙김하면서 서 있거나 움직여도 좋다. 자각하면서, 신체 감각의 흐름 혹은 숨 쉬기가 오고 가는 감각, 숨이 들어오고 나오는 감각에 마음챙김하면서 주의를 가져온다.

화가 나거나 실망한 마음이 아직도 스스로에게 있다면 그것에 마음챙김 주의를 준다. 스스로가 긴장을 풀고 마음을 열어서 마음챙김 호흡을 하며 그 감정을 더 깊이 보고 듣는다. 가능하다면 그 감정에 이름을 붙여라. "분노, 분노, 분노…", "분함, 분함, 분함…", "귀찮음, 귀찮음, 귀찮음…" 그리고 "두려움, 두려움, 두려움…", "걱정, 걱정, 걱정…", "취약해지고, 다 노출된 느낌, 취약함, 다 드러남…"

고통스러운 감정을 갖고 마음챙김 호흡을 하면서, 그것들에 이름을 주고 난 뒤, 그 이름 뒤에 단순히 "그래"라는 말을 더하라. "분노 – 그래", "분함 – 그래", "귀찮음 – 그래", "두려움 – 그래", 이런 식으로. 명상을 하면서 그 어떤 것도 고칠 필요가 없고, 무엇을 바꾸거나 떨쳐낼 필요가 없다는 것을 잊지 말자. 그렇다고 이야기하는 것은 저항을 버리고 단순히 그 감정이 현재 순간에 친절함과 온 마음으로 깨어 있는 관심 속에 있다고 인정하는 것이다. 판단을 내리지 않으면서 계속해서 마음챙김 호흡을 하며 당신이 "그래"라고 이야기한 뒤 오는 것들을 알아차리자.

마음챙김 호흡을 하면서 "그래"라고 이야기한 뒤, 살펴보고 듣자. 특히 저항을 부채질하거나 두려움, 실망감, 분노를 키우는 생각이나 믿음에 주의를 둔다. 그 생각을 이름 짓고 "그래"라고 이야기해주자. "이건 미친 짓이야 – 회의감! 그래.", "아무 도움이 안 되는 것 같아 두려워 – 두려운 생각! 그래.", "이런 느낌이 싫어 – 적개심! 그래." 힘을 풀고 이 순간 느끼는 고통을 인식하되 스스로에게 연민을 보낼 수 있는가? 이 고통스러운 감정에 저항하는 것이 고통과 관련한 괴로움을 얼마나 더 크게 만드는지 알겠는가? "나는 괴로움에 연민으로 대응할 수 있다.", "나는 보호받고 안전하다.", "나는 평화로운 삶을 살기 위한 것을 갖추고 있다."

확장된 실행

긴 시간 동안 정규 명상

긴 정규 명상 세션에서, 당신은 괴로움을 더하는 저항하는 마음의 위력과 그 저항감을 인정하는 것으로 저항감을 잠재우는 것의 효과를 알게 될 것이다.

명상을 시작하면서 당신이 마음에 드는 마음챙김 명상법을 잠시 실행한다. 어떠한 종류든 불편함, 스트레스 혹은 실망감이 머리나 몸에 나타나면, 부드럽게 그것의 이름을 짓고 "그래"라고 이야기해주자. "목 근육통 – 그래.", "조급한 마음 – 그래.", "졸림 – 그래.", "화가 난 마음 – 그래."

의식 속에 빠져들면서, 힘을 풀고 마음챙김 실행 중에 떠오르는 모든 것에 마음을 열자. 마음으로 하여금 의도적으로 문을 열게 하여 모든 것에 그렇다고 인정해준다. 적어도 명상 시간 동안은 그렇게 한다.

긴징이나 몸부림, 졸림 등이 느껴시면 "그래"라는 말을 이용할 수 있다. 긴장을 풀고 저항을 조금이라도 없앴을 때 오는 느낌을 느껴라. 저항을 버리는 것이 의식의 광대한 영역을 여는 데 어떤 도움이 되는지, 현재 일어나는 일을 어떻게 더 잘 밝혀 내는지 알아보자.

몸과 머리에 나타나는 생각이나 감정 패턴에 익숙해지면, 그것을 통해 이해한 것이 더 깊숙이 당신을 이끌고, 보호하고, 치유하고, 변형시킬 수 있는 근간으로 삼는다.

일상 삶에 적용

일상 속의 순간들과 상황의 흐름에서 분노, 짜증, 고통 혹은 어떠한 종류든 실망감을 느끼면, 잠시 멈추고, 그 감정과 함께 마음챙김 호흡을 하면서, 인식하고 이름을 붙이고, "그래"라고 이야기하자. 필요하다면 이 연습을 몇 번의 숨 쉬기 동안, 혹은 더 길게 반복한다. 훈련에 호기심을 갖고 임하며, 어떠한 결과물을 바라거나 그것에 집착하지 않는다. 고통스러운 경험과 관련하여 어떤 것을 '고치거나', '떨쳐내려는' 노력을 하지 않도록 조심한다. 저항을 버리고 그렇다고 인정하는 것은, 고통이 아직 나와 함께할 때 그것과 함께 현재에 존재한다는 것을 의미한다. 당신은 계속 내적 공간을 만들고 계속 관찰할 것이며, 이번에도 역시 '그래'라고 할 수 있는가?

명상 실행 : 방해 요인을 만나라

많은 사람들이 신체에 대한 자유를 갖고 싶어 한다. 오고 가는 자유, 하고 싶은 것을 하는 자유, 경험하고 싶은 것, 받아들이고 싶은 것을 받아들이는 자유 같은 것이다. 대부분 사람들이 몸으로 하는 활동에 대해 갖는 자유를 소중히 여긴다.

마음속의 자유에 대해서는 어떤 생각을 할 것인가? 활동의 자유가 마음속에는 어떤 식으로 적용될까? 마음속 자유란 무엇을 의미할까?

물론, 많은 사람들은 이미 마음속이 자유롭지 않다는 경험을 해보았을 것이다. 예로서는 이런 것이 있다.

어떤 일을 하느라 바쁜 가운데 갑자기 마음속에서 어떤 더 편하고 좋은 것에 대한 욕망이 차오르고, 그 욕망이 일의 효율성을 떨어뜨린 적이 있는가?

아니면 당신이 혼자, 혹은 다른 사람과 함께 있는 상황에서 갑자기 마음속에 현재 일어나고 있는 일에 대해 비호감과 혐오감이 차오른 적이 있는가? 급하게 도망가고 싶거나 이 순간(혹은 어떤 사람이나 상황)을 밀어내고 싶은 마음이 드는 것이다.

아마 당신은 몸이 피로해지고 마음속이 멍해지는 경험을 했을 것이고, 이것이 뭔가를 해내려는 노력을 어떻게 암울하게 만들고 왜곡시키는지 알고 있을 것이다.

마음속의 자유를 서두름에 빼앗길 수 있다. 아마도 몸과 마음이 불안해지는 형태로 올 것이다. 이 서두름이 하려는 일에 집중하는 것을 방해한 적이 있는가?

그리고 의심도 있다. 겁을 주는 의심스러운 생각(그리고 이 생각이 몸과 마음속에서 촉발하는 불안과 걱정스러운 생각들)이 얼마나 설득력 있게 다가오는지 아는가? 의심이 우리로 하여금 중요해 보였던 일과 활동 앞에서 망설이게 하고, 나아가 중도에 그만두게 만든다는 것을 아는가?

이러한 에너지들(무언가에 대한 욕망, 혐오감, 피로감, 멍함, 서두름, 의심)이 당신이 행복하고 자유롭게 사는 것을 막는 **방해 요인**이라고 말할 수 있다. 왜냐하면 그것들은 당신의 머릿속을 잡고 흔들며 당신의 신체에 아주 쉽게 영향을 미치기 때문이다. 악감정과 혐오감 같은 것은 분노의 감정과 생각을 직접적으로 부채질한다. 그리고 많은 사람들에게 이 에너지들은 굉장히 자주 찾아온다.

이 방해 요인들은 명상을 하는 도중에도 일어난다. 이것이 명상 중에 떠올랐을 때에는 이 에너지들을 적으로 인식할 것이 아니라 그저 당신의 호기심과 주의의 대상이 될 수 있는 또 다른 원인과 상태라고 받아들이는 것이 도움이 된다. 마음챙김 주의를 이 방해 요인들에 직접적으로 두고 명상의 대상으로 삼음으로써, 그 방해 요인들은 당신을 방해하는 것에서 정보를 주는 것으로 변화할 수 있다.

이 다섯 가지 정신적 상태는 우리가 지금껏 했던 명상에서 동일한 간단한 이름을 갖고 있다. 이 이름들을 알고 그것에 대해 마음챙김 관심을 통해 알아가는 것은 분명 인생의 순간마다 그 상태들을 알아차리는 데 도움이 될 것이다(명상 중이든 그렇지 않든). 이 에너지들에 붙이는 공통 이름은 (이것이 명상이나 일상에서 떠올랐을 때) 감각욕망, 악감정과 혐오감, 무기력함과 둔함(혹은 졸림), 서두름, 그리고 의심이다.

간단하면서도 효과적인 마음챙김 실행법은 단순히 이 방해 요인들이 나타났을 때 그것에 이름을 부여하는 것이다. 이름을 짓는 의식을 통해 방해 요인을 밝히는 것은 더 마음챙김하면서 이것들에 대응할 수 있을 뿐 아니라 즉각적으로 당신이 이 방해 에너지들과 맺는 관계를 바꿔준다.

이 명상을 다섯 가지 정신적 상태에 대한 의식을 넓히는 데 사용하고, 더 큰 의식을 통해 방해물을 제거할 수 있다. 아울러 마음속에 더 자연스러운 자유를 줄 수 있을 것이다. 확장을 통해 이 자유는 당신 삶의 자유로 찾아올 것이다.

간편한 실행

낮이나 저녁, 편안한 때에 잠깐 시간을 내어 간단한 명상을 한다. 자신만의 공간에서 긴장을 풀고 편안한 자세를 취한 채로 의식 속으로 빠져든다.

주의를 인식하기 쉬운 곳에 초점을 두고 주의가 흐트러질 때 다시 이곳으로 온다. 호흡의 감각이 될 수 있고, 몸속에 들어오고 나가는 감각의 흐름일 수도 있고, 주변의 소리가 될 수도 있다.

주의가 초점에 안정되고 명상이 시작되면, 계속 관찰하면서 나타나는 방해 요인을 환영하는 마음으로 대한다. 호기심을 갖도록 한다.

긴장을 풀고, 호기심을 갖고, 현재에 머물며 변화하는 상태들을 있는 그대로 두고 감각적 만족감을 원하는 것과 관련된 생각과 느낌을 그저 알아차린다. 그 생각들은 마음에 떠오르는 그림이 될 수도, 어구나 단어가 될 수도 있다. "난 뭔가 먹었으면 좋겠어.", "긴장을 풀어줄 노래가 있으면 좋겠는데.", "다른 의자가 있으면 좋겠어." 어떠한 더 큰 만족감을 줄 수 있는 상황에 대한 생각, 백일몽, 환상을 모두 알아차리고, 그것이 나타나는 동안에는 계속해서 이름을 붙인다. "욕망, 욕망, 욕망." 당신은 실수를 하고 있는 것이 아니라는 것을 잊지 말자. 욕망을 갖는 것은 괜찮다는 것을 기억한다. 욕망의 생각과 싸울 필요가 없다. 이 명상은 욕망과 또 다른 방해 요인들을 인식하는 것이다.

가장 우선되는 초점에 마음챙김 주의를 유지하면서, 다른 어떤 방해 요인의 등장을 알아차린다.

악감정과 혐오감을 가진 어떠한 형태의 표현이든 그것을 알아차리고, 이름을 주고, 관찰한다. 그것은 이런 구절로 드러날 수 있다. "난 이게 싫어." 혹은 "나는 너무 지루해." 혹은 불편하거나 불만족스러운 느낌이나 기억이 떠올랐을 때의 반응으로 나타날 수 있다. 예를 들면 혐오감에 찬 "이런! 두통이 왔어. 난 두통이 싫어."와 같은 어구이다. 마음챙김 숨 쉬기를 하면서, 그 감각과 생각을 알아차리고, 현재 경험에서 오는 불편함과 비호감과 혐오감의 느낌을 알아차리자. 몇 번 숨을 쉬면서 단순히 그 방해 요인에 이름을 붙인다. "혐오감이 있다. 혐오감과 비호감의 느낌, 혐오감, 혐오감, 혐오감." 이 느낌에 빠져들지 말고 의식하고 관찰한다.

마음챙김 주의를 갖고 현재에 머물며, 졸림도 비슷한 방식으로 알아차린다. 마음을 열고 호기심을 갖는다. 당신의 몸 어디에 졸림이 있는가? 마음속에는 무슨 일이 일어나고 있는가? 계속 관찰하고 이름을 주어라 — "졸림, 졸림, 졸림, 졸림" — 있는 그대로 두고, 싸우지 않되 더 자세히 보고 스스로 드러내도록 허락하자.

훈련하는 도중에 서두름이 온다면 그것을 환영하고 받아들인다. 이 방해 요인을 고치거나 바꿀 필요가 없다. 각 생각과 느낌에 대해 관찰하고, 숨 쉬고, 허락하고, 스스로가 계속해서 알아차리며 호기심을 유지한다. 서두름이 현재 몸의 어디에 있는가? 서두름이 왔을 때 당신의 생각에는 어떤 일이 벌어지는가? 그것 스스로 실체를 드러내도록 하고, 명상이 당신을 돕도록 한다.

마음챙김 호흡을 하며, 의심이 왔을 때 그것을 깨닫는다. 의심은 단지 걱정하는 생각과 신체 감각의 결합일 뿐이다. 마음챙김 주의를 가지고 와서 이 생각과 느낌에 집중한다. 마음챙김 호흡을 하면서 의심의 생각과 느낌에 대해 더 인내심을 갖고 지켜본다. "이것은 의심이다. 의심은 이런 소리를 낸다. 의심을 가진 생각, 의심, 의심, 의심…"

의도적으로 방해 요인들을 마음챙김하면서 연민 어린 주의의 초점을 갖고 내버려 두었을 때 어떤 일이 생기는가? 어떤 방해 요인들은 함께 작동한다는 것을 느끼는 가? 예를 들어 졸림과 욕망은 의심과 서두름, 혐오감을 이끌 것이다.

명상을 통해 방해 요인에 대해 배운 것을 다시 한 번 생각하면서 명상을 마친다. 이 가르침이 명상과 그 이후에 당신을 이끌도록 한다.

확장된 실행

긴 시간 동안 정규 명상

방해 요인들에 대해 알게 되었다면, 당신은 긴 시간이 걸리는 정식 명상 시간에 방해 요인에 관한 마음챙김을 포함시킬 수 있다. 각 방해 요인들에 대해 더 익숙해지면서 이것들을 더 빠르게 알아차리게 될 것이다. 방해 요인들을 바꾸거나 고칠 필요는 없다. 긴장을 풀고 현재에 머물면서 부드럽게 정식 명상 세션 동안 떠오르는 방해 요인들이 나타나는 대로 알아차린다. 방해 요인들에 이름을 주면서(예를 들어 욕망, 혐오감, 졸림, 서두름, 혹은 의심) 그것들이 알아서 스스로를 드러내게 한다.

일상 삶에 적용

일상의 활동 중에 하나 혹은 그 이상의 방해 요인들을 알아차림으로써 배움과 자각을 일상으로 확장할 수 있다. 혹은 특정 방해 요인을 정하고 스스로에게 언제든 그것이 떠올랐을 때(하루, 일주일, 혹은 더 길게) 마음챙김으로 대응하는 방식으로 일상의 방해 요인에 대한 마음챙김을 적용할 수 있다. 방해 요인에 대해 활발하게 대응하고 호기심을 갖도록 한다. 일상에서 방해 요인들을 향해 마음챙김으로 행동할 수 있는 방법은 많다. 당신의 지성을 믿고, 그것이 당신을 이끌 수 있도록 한다. 욕망, 악감정, 졸림, 서두름, 그리고 의심이 드러나는 그때에 이것을 의식으로 대하고, 적군이 아니라 삶의 본질을 알게 해주는 선생님으로 대한다면 더 이상 방해 요인이 되지 않을 것이다.

명상 실행 : 분노와 다른 강렬한 감정에 대해
회복력과 대응 능력을 기르고 넓힌다

인생이 당신에게 문제, 귀찮음, 짜증, 혹은 다른 불편한 경험들로 어려움을 던질 때, 당신의 인식을 급격히 바꾸는 것은 어려운 일이지만, 그래도 그런 경험들이 당신을 강력하게 만들 것이다. 어려움의 순간을 관심과 친절함으로 대응하려고 시도하고, 이 새로운 조망에 대해 열린 마음을 갖자.

긍정심리학은 의도적인 긍정성의 함양이 주는 강력한 효과를 설명하였다. 바버라 프레드릭슨(Barbara Fredrickson)은 특히 열 가지 긍정적 감정에 초점을 두었다. 이는 기쁨, 감사, 고요함, 관심, 희망, 자긍심, 즐거움, 영감, 경외, 사랑이다(Fredrickson, 2009, 2013). 그녀의 연구들은 스스로 긍정성을 키우는 것을 설명하고 있다. 긍정성은 어려움, 분노와 같은 강렬한 감정과 실망을 끌어당기는 힘에 저항한다. 더 효과적으로 대응하고 저항하는 내적 능력을 키우고 고 넓히는 데 긍정성이 어떻게 기여하는지 설명하고 있다. 긍정성을 함양하는 것은 또한 어려운 순간에 온 마음으로 깨어 있는 상태의 관심과 연민으로 대응하는 능력을 강화하는 데 도움이 된다. 이것은 현재 일어나는 일과 전쟁을 치르고 싸우는 것과는 대조적이다.

긍정성을 통해 인생의 어려운 순간과 문제를 극복하는 능력을 키우고 넓히는 경험을 할 수 있도록 이 명상법을 시도해보자.

간편한 실행

당신이 부정적인 감정 상태(예를 들어 좌절, 무기력, 절망, 두려움, 분노를 느낄 때)에 사로잡혔다는 것을 알아차리면, 가능한 빨리 그 상황에서 떨어져 혼자만의 시간을 갖고 명상을 위해 잠시 멈추자.

편안한 자세를 찾고 긴장을 풀고 의식 속으로 빠져든다. 당신의 주의를 신체 감각이나 숨 쉬기에 두고, 차분함과 이완이 오도록 한다. 그저 변화하는 감각을 알아차리도록 스스로를 믿는다. 당신의 생각들이 오고 가도록 하고 어떠한 경험을 하게 되더라도 공간을 만들어 그것이 오고 갈 수 있게 한다. 때때로 인내심을 갖고 주의를 호흡이나 신체 감각에 되돌려 놓고 당신의 주의가 현재 순간의 닻이 되도록 한다.

자신의 경험에 충분하고도 연민 어린 주의를 주면서, 삶에서 고마웠던 것으로 주의를 돌리고 이를 통해 무엇인가 아름다운 것을 떠올릴 수 있다고 스스로를 믿는다. 예를 들면 심장이 뛰고 있다는 것에 고마워할 수 있고 손, 치아, 폐, 혹은 눈에 고마워할 수 있다. 혹은 당신의 상황에 고마워할 수 있다. 직장이 있고, 사랑하는 사람과 친구들이 있고, 살 곳이 있다. 당신은 많은 것에 고맙고, 감사를 표현할 수 있다. "내가 고마움을 느끼는 것은 무엇이지?"라고 물었을 때 떠올리게 되는 것들에 놀랄 준비를 하라.

마음챙김 호흡을 하고, 어떠한 감정이든(분노, 두려움, 좌절을 포함하여) 느끼면서, 모든 경험을 친절하게 보살피는 마음으로 대한다. 조용히 "나는 무엇에 감사한가?"라고 되풀이하여 묻는다. 마음챙김하면서 숨을 쉬고, 어떠한 대답이 떠오르든 잘 듣고 받아들인다.

긴장을 풀고 숨을 쉰다. 신체의 긴장을 풀고 이완한다. 마음챙김 호흡을 하면서 즐거움, 자긍심, 평온함, 영감 혹은 사랑 같은 긍정적인 느낌이 떠오르는 것을 알아차린다. 분석적으로 대할 필요는 없다. 그저 감각과 생각을 알아차리고, 감사한 것들에 대해 생각하며 그것이 가져오는 평화와 따뜻함을 느낀다. 긍정적 마음에 빠져들도록 한다. 함께 숨을 쉬고, 그것이 당신을 채우도록 한다.

준비가 되면 명상을 종료한다. 도입부에 당신을 괴롭히던 상황에 대해 새로운 생각이나 통찰력을 갖게 되었으면 그것을 되뇌고 도움이 필요하다면 그대로 행동한다. 그런 것이 없다면 괜찮다. 어떠한 경우든, 이제 경험을 통해 당신이 필요한 순간에 긍정의 힘을 사용할 수 있다는 것을 알게 되었다.

확장된 실행

긴 시간 동안 정규 명상

편안한 자세를 취하고 방해받지 않을 곳으로 간다. 얼마간의 시간을 갖고 긍정적 감정을 깊게 탐구하기 위해 실행한다.

끌어 모으고, 감각을 느끼는 것으로 시작한다. 준비가 되면, 주의를 호흡으로 옮긴다. 숨 쉬기가 스스로에게 오도록 한다. 단순히 숨 쉬기의 감각이 오고가도록 하여 평화와 이완을 느낀다.

원한다면, 더 집중하여 탐구하고 싶은 긍정적 가치로 주의의 초점을 바꾼다. 마음챙김 호흡을 계속하면서, 긍정의 가치에 간단하고 조용히 질문을 던진다.

예를 들어 이렇게 물어볼 수 있다. "나에게 즐거움을 주는 것은 무엇이지?" 이 질문을 하고 난 뒤 인내심을 갖고 그 대답을 마음챙김하면서 듣는다. 생각 속에서 길을 잃지 말고, 그저 질문하고 대답을 듣는 것이다. 마음챙김 호흡과 자각 속에 있으면서 느껴지는 신체 감각들을 받아들인다. 때때로, 조용히 질문을 반복하고, 그 답변을 호기심을 갖고 듣는다.

이 명상은 인내심, 수용하는 태도, 그리고 스스로의 내적 지혜와 선량함을 이용한 것이다. 생각할 것은 별로 없으나 열린 마음과 섬세한 주의력을 갖고 현재에 머물면서 민감함을 유지하는 것이 중요하다. 이 명상법은 스스로에게 온전히 현재에 머물고, 질문하고, 듣도록 초대한다. 마음챙김하면서 접근하고 깊게 듣는 것으로 얻게 될 것들에 놀랄 것이다.

원한다면 같은 명상 도중에 혹은 그다음 명상에 당신은 하나의 특정한 긍정적 마음이나 혹은 다른 어떤 것을 같은 방식으로 탐구해볼 수 있다. 예를 들어 의식을 안정시키고 현재에 머물면서 스스로의 마음과 머리에 이런 질문을 조용히 던져볼 수 있다. "나는 무엇에 감사한가?", "나에게 평화를 가져오는 것은 무엇인가?", "나에게 영감을 주고 더 충만한 삶을 살게 해주는 것은 무엇인가?", "내가 경외감을 느끼는 것은 무엇이며 이 세상에서 장엄함, 아름다움, 수수께끼를 느끼게 하는 것은 무엇인가?", "내가 자긍심을 갖는 것은 무엇인가?", "나는 누구를 사랑하며 누구에게 사랑을 받는가?"

당신의 지혜가 알아서 당신을 이끌도록 하자. 당신과 깊이 공명할 수 있는 질문을 선택하여 스스로에게 묻는다. 명상을 통해 얻는 지혜가 당신의 삶을 지탱하고 나아가게 한다.

일상 삶에 적용

한 가지 긍정의 가치를 정하고 하루, 일주일, 혹은 더 길게 본인의 선택대로 이 가치에 헌신적으로 마음챙김할 것을 다짐한다. 그러면서 삶의 긍정성에 대한 고뇌를 담은 이 명상법을 일상으로 확장할 수 있다.

도움이 된다면 수첩이나 메모지에 그 긍정의 가치를 적어두고 볼 수 있는 곳에 붙여두자. 이 메모는 그 긍정의 가치가 어떻게 삶에 나타나는지 깨닫게 해줄 것이다. 내적으로 가치를 느낄 수도 있고, 관계를 맺는 동안 느낄 수도 있고, 혹은 다른 방식으로 주변 세상과 소통하는 사이에 알 수 있다. 타인의 행동, 자연의 아름다움, 혹은 예술로부터 올 수 있다.

긍정성의 순간을 알아차린다면, 잠시 멈추고 그것을 깊이 느끼자. 단 한 번의 숨쉬기 동안이라도 긍정의 감정이 당신의 존재를 채우도록 하고 긍정성에 포함된 선량함이 당신을 앞으로 나가게 하자.

∷ 기억할 것

- 분노와 증오를 포함한 어떠한 강렬한 감정도 실은 그것이 아닌 다른 요소들로 이루어져 있다.
- 분노의 구름을 만들거나 그와 비슷한 감정의 강을 만들어낼 수 있는 요소들의 조건을 더 자세히 살펴볼 수 있게 해주는 마음챙김과 연민 어린 주의를 배우자. 그렇다면 그 구성 상태들을 바꾸거나 피할 수 있는 힘이 생긴다. 이를 통해 미래에는 파괴적인 감정 때문에 취약해지지 않을 것이다.

8

분노를 가라앉히는 일에 관해
자주 하는 질문과 걱정

학생들이 그들의 연구에, 맨발에 누더기를 걸친 무례함을 데려오는 것은 중요하다.
그들은 이미 알려진 것을 숭배하기 위해 여기에 있는 것이 아니라 질문하기 위해 있는 것이다.
-제이콥 브로노우스키(Jacob Bronowski)

이 책의 주요 주제 하나는, 한 인간으로서 우리는 이미 마음챙김과 연민에 기초한 명상수련을 할 수 있는 능력이 있다는 것이다. 이는 분노와 같은 정서 상태를 끊임없이 변화시키는 것을 넘어서 포괄적 의미의 자아를 발견하는 것이다. 만약 당신이 더 마음챙김하면서 스스로에게 연민을 보내는 자신의 능력을 강화하고 신뢰하는 법을 익힌다면, 당신은 당신의 뇌를 바꾸기 위해 실제로 정신을 사용하는 것이다. 분노나 다른 강렬하고 문제가 되는 감정과 관련이 있는 회복력을 키우고, 더 현명한 정서적 지능을 위해 당신의 자원을 넓히고 구축하는 일이다.

1장에서 7장까지, 마음챙김과 연민을 바탕으로 한 다양한 명상 실행을 하면서 내면세계의 영역들을 공부하는 기회를 가졌다. 또한 분노와 악감정, 혐오감 같은 분노의 사촌들에 대해 도전적으로(부디 그랬기를 바란다) 힘을 모아 그들로부터 자유로워질 수 있는 몇 가지 관점을 보았다.

명상 실행을 하고, 또 묵상하고 숙고하는 경험을 하면서, 마음챙김 수련에 대해 어떤 의문이나 걱정이 생기기도 한다. 만약 그러하다면, 그건 매우 좋은 일이다! 그것이 바로 당신이 실제로 실천했고 또 내면세계와 당신 주위의 세계에 대해 더욱 마음챙김하면서 무엇이 당신 앞에 일어나는지 관심을 갖게 되었다는 것을 나타낸다.

또한 질문을 갖는다는 것은 당신이 매일 마음챙김 실행을 할 수 있게끔 하고, 마음챙김을 당신이 살아가는 한 방식으로 만들어준다는 점에서도 좋은 일이다. 사실 마음챙김을 당신 일상의 한 부분으로 만드는 방법을 배운다면, 그리고 그 실행을 단순히 당신이 화가 나거나 속상할 때 사용하는 '도구'로만 생각하지 않는다면, 당신은 마음챙김 수련으로 매우 큰 성공을 거둘 것이다. 마음챙김하면서 살다 보면 여러 상황에서 어떻게 마음챙김을 실천할지에 관한, 그리고 마음챙김을 하면서 무엇을 알아차리게 되는지에 관한 질문이 생긴다. 마음챙김 수련을 해나가면서 이런 질문들의 해답을 찾아가는 것이 굳건하고 꾸준하게 실행할 수 있는 힘이 되어 줄 것이다.

신경과학의 관점에서 보면, 정식 명상 또는 마음을 모으는 순간을 위해 잠시 멈추는 것(마음챙김, 친절, 연민 명상을 자주, 반복적으로 하는 것)을 포함해서 당신의 규칙적인 매일의 훈련이 당신의 두뇌와 신경 체계에 변화를 가져온다. 그러한 변화는 우리를 잡고 흔드는 분노나 다른 파괴적인 정서의 도전을 이겨낼 수 있게 우리를 준비시키고 보호할 것이다. 당신이 정말 강해지고 싶을 때 규칙적인 운동을 통해 당신의 근육을 강화하는 것과 마찬가지로, 당신이 의도적으로 깨어 있는 마음을 모아서, 친절하게, 연민 어린 시선으로 자신을 바라보는 일을 매일의 습관으로 만든다면, 행여나 분노나 격분의 '태풍'이 닥쳤을 때도 다루기가 훨씬 쉽다는 것을 알게 될 것이다.

당신이 이제부터 보게 될 질문과 걱정은 보편적인 것들이다. 그중에는 당신 자신의 경험과 유사한 것도 있을 것이다. 보통 마음챙김 명상과 다른 명상법들을 실천할 때 질문이나 걱정의 내용에 약간의 개인 차이가 있기도 하다. 이런 질문들은 보편성과 기본적인 인간의 자기 회의, 자기 비판적인 성향, 방황하는 마음, 즐거운 것들을 추구하는 욕망, 그리고 불쾌한 것들에 대한 혐오감과 악감정과 같은 기본적인 경험을 반영한다. 공통적인 걱정을 갖는다는 것은 우리 인간들이 서로 다른 것보다 비슷한 점이 더욱 많다는 뚜렷한 증거이기도 하다.

:: 마음챙김에 관한 질문

마음챙김과 명상의 차이점은 무엇인가요?

이것은 매우 좋은 질문이기도 하고 많은 사람들이 하는 질문이기도 합니다. 이에 대한 단순한 답변은 마음챙김은 판단하지 않는 능력, 기꺼이 받아들이는 능력, 그리고 우리 각자가 기꺼이 닿을 수 있는 반영적 자각을 할 수 있는 능력이라는 것입니다. 마음챙김은 인간으로서 우리가 이용할 수 있는 자질입니다.

만약 당신이 명상을 하지 않는다고 해도 당신은 마음챙김의 순간을 가질 수 있습니다. 마음챙김은 자연스럽게 나타나는데, 당신이 문득 당신 얼굴에 스치는 산들바람의 시원함을 느끼거나 혹은 당신의 마음이 걱정스러운 생각으로 치닫고 있다는 것을 알아차릴 때와 같은 경우가 그렇습니다. 마음챙김은 여기, 현재, 지금 주어진 순간에 무엇이 일어나고 있는지 자각하는 것입니다. 마음챙김은 우리가 '명상'이라고 부르기도 하는 다양한 사색적인 실행을 활용하는 체계적인 훈련을 통해 더 발전되고 더 빛이 날 수 있습니다.

명상은 여러 가지 실행을 가리키는 말이지만, 이를 단순하게 생각하면 명상 수련은 강력한 주의, 밝은 인식, 더 원대한 이해를 길러주는 것을 말합니다.

명상을 실행하는 것은 당신의 마음이 의도를 갖고 주의를 기울이는 것, 그리고 수용하면서 판단하지 않는 태도를 가지는 기술을 훈련하는 데 도움을 줍니다(그리고 당신의 뇌도 바꿉니다!). 그래서, 우리는 마음챙김 명상이 모든 순간을 인식하는 당신의 자연적인 능력―'온 마음을 챙겨 깨어 있는'―을 의도적으로 강화하고 유지하게 해주는 명상 실행의 한 방식이라고 말할 수 있습니다. 만약 당신이 인생에서 더욱 마음챙김 상태가 되고자 한다면, 당신은 대부분의 사람들이 그렇게 하듯, 정규 실행과 비정규 실행 모두에서 명상을 당신의 삶으로 가져와야 한다는 것을 알게 될 것입니다.

마음챙김과 명상에 대해 1장, 3장, 4장에서 더욱 자세히 소개하였고, 물론, 이 책 전체에 명상의 다양한 방법이 소개되고 있습니다.

저는 명상할 시간이 많지 않습니다. 어떻게 해야 하나요?

몇 시간을 해야 한다는 마술적인 숫자는 없습니다. 무엇보다 중요한 것은 당신이 할 수 있는 한 많은 순간에 현재에 존재할 것을―일부러 판단하지 않고 우호적인 방식으로 주의를 집중할 것을―약속하는 것입니다.

삶은 언제나 바로 지금, 이 순간에 일어난다는 것을 기억하면 도움이 될 것입니다. 그래서, 마음챙김을 더욱 성장시킨다는 것은, 명상과 같이 당신이 급하다고 느끼거나 당신이 무언가를 하기에 시간이 부족하다고 생각하는 것까지도 포함하여 지금 발생하는 것이 무엇인지 안다는 것입니다.

우리가 '정식' 명상이라고 부르는 시간을 마련해둔다면―매일 한 번이나 그 이상, 또는 하루 단 몇 분만이라도―시간이 흐르면서, 의지력과 주의력, 그리고 마음챙김 수련을 뒷받침해줄 중요한 태도에 관한 기술을 기르게 될 것입니다. 최소한의 정식 명상을 위한 시간을 만드는 것은 매우 중요합니다.

그래서 명상을 할 시간이 별로 없다는 생각에 사로잡혀 있는 것보다 당신의 인생에 마음챙김 수련을 가져올 좋은 방법은 좀 다르게 질문하는 것입니다―

"오늘 나는 언제 명상을 할 수 있지?" 만약 당신이 스스로에게 얼마의 시간이든 대답을 할 수 있다면, 그리고 실제로 당신이 가진 시간 동안 실행할 수 있는 수련법을 찾는다면 아마도 당신의 마음챙김 수련은 스스로 알아서 진행될 것입니다.

하루 중 어떤 시간이 다른 때보다 명상 실행에 더 좋은가요?

그렇지 않습니다. 중요한 것은 당신에게 가장 좋은 시간이 언제인지 스스로 찾는 것입니다. 정식 명상을 위해 방해받지 않을 수 있는 시간과 당신이 깨어 있고 정신이 명료한 상태에 있는 시간 중의 어느 때가 될 것입니다. 많은 사람들은 일어나자마자, 그리고 잠들기 바로 직전의 짧은 시간(10~20분 정도) 동안 명상을 하는 것이 좋다고 합니다. 하루를 어떻게 경험할지, 그 하루라는 시간에 어떻게 응답할 것인지에 매우 도움이 된다고 했습니다.

마음챙김을 하기 위한 더 적절한 장소가 있나요?

만약 당신이 정식 명상에 대해 질문하는 것이라면, 답은 오로지 당신에게 달려있습니다. 실행하는 장소가 앉기에 편안하고 눕거나 돌아다닐 공간이 있어야 할 것입니다. 방해받지 않고 어느 정도 사적 영역을 누릴 수 있는 환경, 그리고 가능하다면 주변에 집중을 방해하는 것들이 많지 않다면 좋겠습니다. 어떤 사람들은 명상할 때 영감을 주는 물건 몇 가지를 주변에 두기도 합니다. 이건 사람마다 다 다릅니다. 순전히 개인적인 차원인데, 물건은 당신에게 의미가 있는 어떤 것도 될 수 있습니다. 흔히 사람들이 사용하는 물건으로는 사진, 조각상, 의미 있는 유품, 아름다운 꽃이나 돌과 같은 것들입니다.

아무데서나 마음챙김을 할 수 있다는 것을 기억하세요! 그러므로 당신이 어디에 있건 마음챙김할 곳을 찾을 수 있습니다. 마음챙김은 어떤 장소나 특별한 조건에 제한되지 않습니다.

명상을 방해하는 다섯 가지에 대해 좀 더 이야기해줄 수 있나요? 저는 '감각욕구', 또는 악감정이나 혐오감이 방해 요인이라는 것이 정확히 무슨 뜻인지 모르겠습니다. 저는 졸음과 서두름은 약간 이해하겠고, 의심도 많이 갖고 있는 것 같습니다.

핵심을 잘 파악한 훌륭한 질문입니다. 당신뿐 아니라 다른 대부분의 사람들이 많은 의심을 갖고, 또 여러 다른 방해 요인을 만나게 됩니다. 이것은 인간이라는 존재의 한 영역으로 보입니다. 나는 당신이 명명한 것과는 조금 다르게 방해 요인들을 배열해서 얘기해보겠습니다. 그리고 이 답변의 끝에 가까워지면 욕구에 좀 더 많은 주의를 기울이도록 하겠습니다. 졸음과 서두름부터 다루어 보지요.

경험으로 보면, 이런 것들에 대해 너무 분석적일 필요는 없습니다. 졸음, 서두름, 그리고 의심은 종종 드러나고 그래서 비교적 알아차리기도 쉽습니다. 만약 당신이 의심스러움과 졸음 또는 불안정한 기분을 느낀다면, 그것들은 여기 있는 것입니다. 이런 방해 요인들을 알아차렸다는 것을 믿고, 이들을 더 잘 이해하기 위해 더 자세히 들여다봐야 합니다.

이런 에너지들을 '방해 요인'이라고 부르는 것은 이것들이 정신을 산란하게 하고, 지금 여기에 있는 것을 인식하는 데 '방해'가 될 수 있다는 것을 인정하는 방식일 뿐입니다. 방해 요인이라는 것은 일상의 잡무를 할 때, 또는 가족과 시간을 즐길 때처럼 당신이 하려는 모든 것에 개입할 수 있습니다.

그래서, 이 다섯 가지 에너지에 대해 아는 것과 그것들이 일어났을 때 이름을 붙이는 것은 도움이 됩니다. 이것들 하나하나가 당신 삶의 한 순간이나 상황에 등장할 때 더 마음챙김을 한다면 그 또한 큰 동기를 불어넣는 것이 될 수 있습니다. 그것들을 인식하지 못한 채 그 사이에 갇혀버리지 않고, 여기에 있다는 것을 아는 것은, 그것들이 당신 삶을 왜곡하지 못하게 큰 차이를 만들어 낼 것입니다. 당신이 이 방해 요인들의 존재를 알아차린다면, 특정 순간에 그것으로부터 자유로워질 수 있는, 당신에게 미치는 힘을 약화할 수 있는 선택을 하거나, 그러한 행동을 취할 수 있기 때문입니다.

이제 욕구에 대한 당신의 질문으로 돌아가보지요. '감각욕구'는 당신이 하나 또는 그 이상의 감각에 좋은(또는 매우 좋은) 것을 원한다는 뜻입니다. 즐거운 것을 원하는 욕구(감각욕구)가 '있다'는 것을 알아차림으로써, 그것과 어떻게 연결될 것인지에 대해 더 나은 선택을 할 수 있습니다. 예를 들면 진하고 달콤한 과자에 대한 욕구가 생길 때 마음챙김한다면, 당신은 그저 욕구를 마음챙김한 것이고, 배가 고픈지 또는 다른 일이 일어난 것인지에 대해 관찰한 것입니다. 당신은 스스로에게 화낼 필요가 없고(또는 다른 누구에게도!) 자기 비판적이 될 필요도 없습니다. 당신은 그저 "지금 욕구가 나에게 왔네. 이게 어떤 느낌이지? 무엇을 원하는 거지?" 하면서 마음챙김으로 바라보면 됩니다.

또한 당신은 그저 인간일 뿐이라는 것을 기억하세요! 방해 요인들은 대부분 우리 인간의 삶의 일부분인 것들입니다. 욕구를 느끼는 것, 악감정, 졸음, 서두름, 또는 의심은 실수나 실패 같은 것이 아닙니다. 마음챙김, 연민과 어떤 방해 요인들이 만나는 것, 그리고 그것이 무엇인지 이해하는 것은 방해 요인이 일어나는 상황을 더 자세히 볼 수 있게 해주고 그것으로부터 얽매이지 않기 위한 답을 찾는 데도 도움이 될 것입니다.

유감스럽게도, 저는 도저히 명상을 위해 가만히 앉아 있을 수가 없습니다. 어떻게 해야 할까요?

할 수 없는 것입니까, 하지 않는 것입니까?

아마도 당신은 실제로 멈춰서, 앉아서, 당신만의 생각과 기분, 그리고 내재된 경험에 주의를 기울일 때 일어나는 것들에 만족하지 못하고 있는 것 같습니다.

만약 이런 경우라면, 나는 당신에게 명상을 하며 어떤 기대나 주제를 갖지 말라고, 그저 앉아서 무슨 일이 생기는지 바라보라고 조언하고 싶습니다. 무엇이 일어나는지 호기심을 가질 수 있습니까? 좀 더 자세히 살펴보아야 할 당신에 대한, 혹은 명상에 대한 내재된 두려움이나 생각들이 있습니까?

스스로 앉아 있을 수 없다는(또는 나는 명상을 할 수 없다는) 믿음을 바탕으로 자발적으로 만들어낸 정체성을 갖고 있는 많은 사람들의 경우에, 그러한 믿음들을 자각하거나/마음챙김하는 실행은 매우 유익했습니다. 그것들로부터 자유로워질 수 있었습니다. 그래서 나는 실행을 꼭 할 것을 공약하고, 수련을 시작하고, 모든 기대를 버리고, 단지 앉아서 명상을 할 때마다 당신의 경험에 연민 어린 관심을 주라고 제안합니다. 당신 안에 무슨 일이 일어나는지 스스로를 살펴봅시다!

마음챙김 실행을 할 때 속도를 늦추는 것이 도움이 된다고 어딘가에서 얘기하셨는데, 그게 무슨 의미인가요?

마음챙김은 사실 속도 제한이 있는 것은 아닙니다. 하지만, 주의를 집중한다는 것은 그러한 제한이 있는 것 같습니다. 이 말은 보통 어떤 일이 빨리 일어날수록 우리의 주의는 이를 더 적게 받아들이게 되고, 또한 주의는 더 쉽게 분산되어 버립니다.

그래서, 마음챙김 실행을 하고 좀 더 꾸준하고 예리한 주의를 기울이는 데 도움을 주기 위해, 명상과 함께 하는 모든 활동들을 실행할 때 의도적으로 속도를 늦추라고 조언합니다. 예를 들면 걷기 명상에서는 발걸음을 매우 천천히 딛고, 마음챙김으로 식사를 할 때는 한 입 뜰 때마다 수저를 내려놓습니다. 음악이나 다른 방해 요소 없이 마음챙김으로 설거지를 하면서 물의 온도 감각이나 그릇의 단단함, 더러운 그릇에서 음식이 씻겨 내려가며 생기는 시각적 변화에 주의를 기울이는 것입니다.

당신의 주의가 한 초점에 지속적으로 집중될 때(걷거나 설거지를 할 때처럼), 일부러 속도를 바꾸는 것은 즐겁고도 유익한 일이 될 것입니다. 마음챙김으로 바라보면서, 의도적으로 속도를 높이고(걷기를 할 때) 어떤 일이 일어나는지 살펴보세요. 당신 움직임의 속도가 증가함에 따라 당신의 생각에 어떠한 일이 생기는지 주의를 기울여 살펴보세요. 당신 생각과 몸의 관계에 관해 흥미로운 것을 배우게 될 것입니다!

이 책에는 여러 가지 마음챙김 실행이 있습니다. 저는 약간 헷갈립니다. 언제 어떻게 어떤 종류의 것을 사용해야 하나요? 예를 들면 마음챙김 호흡이나 몸의 여러 부위의 감각을 관찰하는 것이나 걷기 명상 중에 어떤 것을 어떻게 결정해야 하나요?

매우 좋은 질문입니다! 나 역시도 같은 의문이 있었습니다. 초기 명상 수련 때 나는 여러 지도자가 제시하는 유사한 것 같지만, 내게는 다르게 보였던 명상 방법들을 들으러 여러 캠프를 기웃거렸던 기억이 납니다. 내가 꼭 따라야 할 정확한 방법이 없다는 것을 알아차릴 때까지 혼란스러웠습니다. '제대로가 무엇인가' 하는 것에 긴장을 풀고, 단순히 당신 스스로가 알아차리고 주의 집중하는 것을 믿는다면, 의심과 질문은 점차 희미해질 것입니다. 또한 실제 경험을 통해서 답변을 얻게 될 것입니다. 혼란이라는 것이, 당신이 진지하게 실행에 임하면서 무엇이 일어나는지, 무엇이 당신의 경험에 주어지는지에 관해 주의를 집중하면서 생기는 것이라면 얼마든지 좋습니다.

사실 마음챙김은 몸과 마음을 이완하고 무엇이 현재 여기에서 일어나는지에 관해 주의를 기울이는 것입니다. 그것이 전부입니다. 마음챙김은 결코 호흡이나 걷기 또는 먹는 것에 관한 것이 아니고, 이 순간에 대한 자각인 것입니다. 방법이나 수행이 다른 것은 주로 강조점의 차이, 예를 들면 주의집중을 지속하는 방법이나 더 마음을 열고 연민 어린 마음을 갖는 방법의 차이에 관한 것뿐입니다. 이 모든 것의 목표는 현재에 더 머물고, 삶의 여러 순간과 상황의 변화에 더 집중할 수 있도록 하는 것입니다.

많은 사람들은 실행을 혼합해서 하는 것이 도움이 된다고 합니다. 예를 들면 정규 명상과 비정규 명상을 어떤 조합으로 수행할 것인지를 선택할 수 있습니다. 또는 마음챙김 호흡이나 걷기처럼 주의력을 강화하고 지속하는 것과, 몸에 대한 자각을 키우고 친절과 연민을 보내는 것 사이에서도 선택할 수 있습니다. 아울러 여러 감정, 인생의 여러 경험에서 변화하는 본성에 관해 지혜를 키우는 것과 다른 것을 조합하는 선택을 할 수 있습니다.

여러 다른 방법들을 통해 수련하는 것이 도움이 되며, 일정 기간 동안, 혹은 여러 세션을 통해서 한 가지 특정한 실행에 집중하는 것도 좋습니다. 이 둘을 혼합하는 것도 가능합니다. 예를 들면 1, 2주 정도는 매일 호흡에 관한 자각을 당신의 주된 실행으로 삼을 수 있고, 그다음에는 마음챙김 호흡 세션을 시작할 때 잠시 동안 자신에게 친절하기 또는 연민 어린 마음 갖기 훈련을 함께 할 수 있습니다. 일정 기간 특정한 실행을 계속하는 것은 (호흡 자각과 같이) 그 훈련이 제공하는 도전과 혜택이 무엇인지를 더 잘 이해할 수 있는 힘을 줍니다.

그래서, 이것은 정말 당신에게 달려있습니다. 각기 다른 실행들이 시간이 지나면서 어떻게 서로를 지원해주는지 알기 위해 마음챙김 수업에 참석할 수도 있습니다. 또는 캠프에 참여하거나, 하루에 단 몇 시간을 혼자서 훈련할 수도 있습니다. 당신이 더 많이 훈련할수록 한 실행의 강조점이 다른 실행에서도 나타난다는 것을 알게 될 것입니다 ― 예를 들면 꾸준한 주의력은 연민 실행에서도 나타나는데, 이는 친절함과 다정함이 마음챙김 호흡의 한 부분이라는 것과 같은 의미인 것입니다.

제가 명상을 통해 어느 길로 가고 있다는 것을 어떻게 알 수 있고, 명상을 한다면 얼마나 열심히 해야 하나요?

질문에 역설적인 답변이 되겠는데, 당신은 어딘가에 도달하겠다는 어떤 의도나 기대 없이 마음챙김 수련을 해야 합니다! 판단하지 말고 분투하지도 않는 핵심적 태도가 이 관점과 연관되어 있습니다.

마음챙김은 무언가를 고치거나 어딘가에 도달하는 것과 관련이 없으며, 실제로 여기 있는 것을 더 잘 인식하는 것과 관련이 있다고 했습니다. 이는 무엇을 알 수 있는지에 관해 아는 것입니다.

그래서, 만약 당신이 조급해하거나 지루해진다면, 더 깊이 들여다봐야 합니다. 당신 머릿속의 어떠한 판단이나 목소리가 당신이 아무데도 닿지 못하고 있다거나 열심히 노력하지 않고 있다고 결정한다면 아주 불편해질 것입니다. 괴로움과 분노, 초조한 생각들을 인식하는 순가에, 무엇이 여기 있는지 단지 명명해보세요—예를 들어 심판하기, 분투하기, 조급해하기처럼—그리고 이것들을 허락하고 호기심을 갖고 관찰하며 마음챙김 호흡을 합니다. 이런 부담스러운 생각과 감정 다음에는 무슨 일이 일어납니까?

저는 이런 실행을 할 때 머릿속에 생각이 너무 많습니다. 이런 생각들을 지워버려야 하나요, 아니면 잘 통제해서 더욱 평화롭게 명상을 잘하도록 해야 하나요?

그렇지 않습니다. 마음챙김 명상에서 우리는 마음이 걱정으로 가득 차 있는 것을 포함하여 모든 경험을 친근하게 받아들입니다. 마음챙김 실행의 중요한 가르침은 어떠한 생각과도 함께하는 방법을 제안하는 것입니다—달려가는 생각, 분노하거나 욕망으로 가득 찬, 혹은 걱정하고 슬퍼하는 등 어떤 것들이어도 좋습니다. 가르침은 이러합니다—"이 명상에서, 당신은 생각을 비우거나 통제할 필요가 없다. 그냥 있는 그대로 두자. 그리고 당신의 생각을 채우거나 그것들과 싸울 필요도 없다. 그냥 있는 그대로 두자."

마음챙김 수련의 역설적인 면은 당신이 더 평화로워지기 위해서 생각을 통제하는 것을 그만두고 있는 그대로 내버려둔다면, 추구하던 평화가 기꺼이 당신을 찾아온다는 것입니다.

명상은 너무 지루합니다. 이게 유일한 방법인가요?

인생이 너무 지루한 것은 아닙니까? 명상은 기본적으로 삶에 일어난 경험에 대한 자각을 키우는 것입니다. 마음챙김은 지금 이 순간이 어떠한지 아는 것입니다. 지금 존재하는 것이 지루함 같이 즐겁지 않은 감정이라면 그것까지도 포함하여 아는 것을 말합니다. 어렵거나 지루한 것들까지도 포함해서, 경험에 대한 우리의 뿌리 깊은 습관적인 반응에 대해 배우고 알게 되는 것이 명상으로부터 얻는 큰 이익입니다. 우리가 점점 마음챙김하게 되면서 자기 자신과 자신의 반응에 대해 깊은 이해를 하게 되는 것은 마음챙김 수련이 가져다주는 치유라는 힘의 큰 원천입니다.

만약 당신이 지루하다면, 당신은 그 감정과 그 감정을 채우는 생각들을 마음챙김 주의의 대상으로 삼을 수 있습니다. 지루함을 벗어나기 위한 방법을 찾는 것보다는 그것을 향해 주의를 기울이는 것입니다. 명상을 위한 장소를 찾는 것에 대한 답변과 유사하게, 지루함을 느끼는 것에 대한 응답은 바로 지루함이 어떠한 감정인지 더 궁금해하고, 명상이 지루하다는 판단을 만들어낸 생각과 기대, 또는 믿음을 조사해보라는 것입니다.

사람들이 지루하다고 불평하는 경우 대부분은, 이 순간의 것에 행복하지 않은 것입니다. 그들은 주의를 분산할 무엇이나, 여기가 아닌 다른 어디로 자신을 데려갈 어떠한 것을 갈망합니다. 마음챙김은 당신에게 다른 반응을 선택할 기회를 줄 것입니다. 다른 감정을 끊임없이 추구하는 것은 안도보다는 고통과 스트레스의 원천이 되지만, 그런데도 우리들 대부분은 지루하지 않기 위해 많은 시간을 쓰고 그렇지 못하면 불평을 합니다. 마음챙김 실행을 하면서, 당신은 외부적인 상황들이 당신을 도와주는 것에 기대지 않아도 됩니다. 당신은 지루함의 감정 그 자체를 호기심과 연민 어린 관심의 대상으로 삼을 수 있습니다. 지루함에 집중함으로써 배우게 되는 것들은 당신을 놀라게 할 것입니다!

:: 친절과 연민의 명상에 관한 질문

명상을 할 때, 저는 제가 느끼는 분노와 두려움의 감정이 싫고 이들로부터 도망치고 싶습니다. 당신은 분노와 같은 어려운 감정을 친절과 연민으로 '똑바로 바라보라'고 얘기했습니다. 당신이 정확히 무슨 얘기를 하는 것인지 모르겠습니다. 이것을 어떻게 해야 하는지 좀 더 설명해주시겠습니까?

매우 좋은 질문이고 또한 중요한 것입니다.

이것이 특히 중요한 이유는, 명상수련을 통한 배움과 치유는 당신이 외면(또는 도망)할 수 없는 것들을 향해, 현재에 남아서 모든 경험을 연민으로, 분노와 두려움같이 고통스러운 감정까지도, 지켜볼 때 발생하기 때문입니다.

그래서 우리가 '어려움을 똑바로 바라보라'고 이야기할 때, 이는 말 그대로 다른 곳을 보거나 도망치고 싶은 충동을 이겨내라는 것입니다. 이런 어려움을 연민과 호기심으로 바라보려는 의도를 갖고, 지금 여기의 어려운 경험을 향해 당신의 주의를 돌려보세요. 이것은 처음에는 매우 이상하게 느껴지고, 그 자체로 두렵거나 혼란스러울 수 있습니다.

어려움을 똑바로 보는 것은 이상하게 느껴질 수 있습니다. 우리는 너무도 오랜 시간 동안 너무도 많은 사람들로부터 어렵거나 고통스러운 감정 또는 상황들을 외면하거나, 또는 그것이 불가능하다면 무시하거나 거부하거나 우리 스스로를 산만하게 만드는 것으로 대응하라고 배워왔기 때문입니다. 그리고 물론, 이러한 전략들이 도움이 되기도 합니다, 적어도 한 번쯤은 그럴 것입니다. 이것들을 하나의 대응책으로 알아두는 것이 좋을 수 있습니다. 하지만 고통이나 불편을 외면하거나 거부하는 것은 언제나 가능하지도 않고, 언제나 도움이 되지도 않습니다. 이것이 당신에게 오는 모든 고통을 대응하는 방식이 된다면 오히려 아픔이 될 수 있습니다. 예를 들면 화난 감정이 들 때, 만성적으로 그것을 거부하거나 없는 척하는 것은 이런 감정들이 당신 내면과 건강에 파괴적인 작용을 합니다. 또한 그것들이 당신의 언어와 태도에 표출되는 모습은 다른 사람들의 눈에는 다 보입니다.

그래서, 어려움을 똑바로 바라보는 것은 마음챙김과 연민 수련이 당신에게 제공할 수 있는 치유와 변화에 있어 결정적인 요소입니다. 이것은 불쾌한 것들을 포함한 모든 것에 주의를 기울이는 기술을 기르는 것의 중요성을 이해하는 것입니다. 또한 당신은—그리고 당신을 필요로 하는 다른 사람들은—당신이 현재에 있음으로써 정말 혜택을 누릴 수 있다는 것을 믿고 마침내 진짜로 아는 것입니다. 또한 당신이 이미 당신에게 필요한 모든 것들을 갖고 있음을 기억하는 것도 도움이 됩니다. 그리고, 만약 당신이 하기로 결정했다면, 어려움을 똑바로 보는 것은 당신의 명상수련이 성장할수록 더 쉬워지고 더 보람 있고 더 자연스럽다는 것을 알게 될 것입니다.

만약 제가 이런 명상에서 아무것도 느끼지 못한다면 어떻게 되나요? 저는 친절과 연민이 실제로 어떤 느낌인지 잘 모르겠습니다! 그게 보통 사람들한테 일어나긴 하나요?

당신이 지금 이 순간 느끼는 모든 것에 열린 상태로 있는 것이—아무것도 느끼지 못하더라도—바로 친절과 연민의 행동입니다. 사실, 당신이 아무것도 느끼지 못함을 알아차리는 것이 더 깊은 자아발견과 치유 여행의 시작일 것입니다. 친절과 연민에 집중된 실행은 매우 강력한 부분이 있는데, 그것들이 당신을 기분의 깊은 단계, 막혀 있던 기분까지도, 깨워줄 수 있기 때문입니다.

많은 사람들은 또한 명상 실행을 할 때 친절이나 연민 대신에 슬픔이나 분노, 혼란이나 두려움, 또는 다른 강렬한 감정들을 말합니다. 만약 이런 일이 당신에게도 일어난다면, 절대 두려워하지 마세요! 괜찮습니다. 연민과 친절의 가치에 대해 집중하는 수련 기간 동안 또는 그 기간 이후 나타나는 강렬한 감정은 당신 안에서 무언가가 일어나고 있다는 징표이고, 이것은 당신의 관심과 스스로에 대한 친절, 그리고 자기 연민을 받을 가치가 있는 일입니다.

자비 실행을 하면서, 저는 제가 사람들에게 용서와 관련해서 무언가를 해야 한다는 것을 깨달았습니다. 이것에 대해 좀 더 얘기해주실 수 있나요?

감사합니다. 깊은 개인적 통찰이 있었던 것처럼 들립니다.

많은 사람들이 다정함과 자비의 감정을 키우는 실행을 하면서 용서의 필요성을 깨닫게 됩니다. 사실 용서는 이런 종류의 명상이 깊은 치유를 촉진하게 하는 한 가지 방법입니다. 이는 딱딱해지고 보살핌이 필요해진 인간 마음의 공간을 드러냅니다.

내가 좋아하는 단순하고도 현실적인 용서에 관한 정의는 바로 이것입니다—용서는 원망을 끝내는 것입니다. 모든 종류의 상처에게 우리 곁에 머무르라고 하는 것은 쉽습니다. 상처를 이고 가는 것은 원망의 번식지가 될 것입니다. 이런 식으로 끌고 가는 원망은 내적인 상처 이후 수년이 지나도 강한 분노의 감정을 색칠하고 유발합니다. 그래서 용서를 실천하는 것의 필요성을 깨닫는 것은 분명 당신이 오래된 상처들을 치유하고, 원망을 끝내고, 덜 분노하기 위한 올바른 방향으로의 한 걸음이 될 것입니다.

6장의 명상 실행 #9에서, 기본적인 용서 명상 실행 방법을 배웠을 것입니다. 물론 이것이 용서를 실천하는 유일한 방법은 아닙니다. 하지만 이 실행은 매우 강력할 것입니다. 이것은 당신이 '세 방향'으로 용서를 할 수 있도록 해줍니다—(첫 번째 방향) 당신에게 해를 입혔던 사람들에게, 그리고 (두 번째 방향) 당신이 해를 입혔던 사람들에게 용서를 구하는 것. 이 훈련의 세 번째 방향은 당신이 의도적으로 또는 아무 생각 없이 스스로에게 끼쳤던 상처에 대해 당신 자신에게 용서를 구하는 것입니다.

내가 처음 이 명상 형식을 터득했을 때, 내 선생님은 내가 수년 동안 매우 도움이 되었다고 생각한 두 가지 포인트를 강조했습니다. 첫째, 우리 안에 또는 다른 사람들 안에 고통을 일으키는 피해는 의도적인 것일 수도 있고 의도적이지 않은 것일 수도 있다. 의도적이든 그렇지 않든, 원망은 만들어질 수 있고 용서는 필요해진다. 둘째, 우리는 용서를 하겠다고 할 수 있을 뿐이다. 그 누구에게도 이를 받으라고 강요할 수는 없다. 이 두 가지입니다.

마지막으로, 기억은 깊게 흘러가고 원망에 대한 생각의 습관들은 매우 강하다는 것을 기억하는 것이 좋겠습니다. 용서라는 작업은 진정한 인내를 요할 것입니다. 이것을 안다면, 당신은 마음을 느긋하게 하고 서두르지 않을 것입니다. 인생의 원망을 치유하기 위해 정확히 어떤 시간에 무엇을 알아야 하고 또 해야 하는지, 그것을 알기 위해서 그저 호기심과 뚜렷한 의도를 가지고 실행하세요. 마음챙김과 당신 마음의 선량함을 단지 믿으면 됩니다.

때로는 자비, 연민이라는 구절들과 그 명상들이 허구의 것으로 느껴집니다. 그냥 세상이 별로 나쁘지 않은 척하는 멍청한 낙천주의자라는 생각이 듭니다. 제가 무엇을 놓치고 있나요?

이것은 매우 좋은 질문이기도 하고, 명상 실행에서 당신에게 무엇이 일어나는지에 대한 훌륭한 마음챙김을 반영하는 것이기도 합니다! 당신에게 잘못된 것은 절대 아무것도 없습니다.

이 질문은 의심이나 자기 비판적인 생각들을 알아차렸다는 것이고, 또 스스로 하고 있는 것과 실제로 연결되어 있지 않은 기분이 든다는 말 같은데, 맞습니까?

이것들은 친절과 연민에 관한 명상수련을 시작하려 할 때 드는 매우 흔한 감정입니다. 당신에게 본래 존재하는 마음챙김이 이런 상황들을 알아차리도록 도와주고, 자기 자각이 커지면서 자비와 연민의 실행을 더 깊게 할 기회를 갖게 되는 것입니다.

친절과 연민에 기반을 둔 이런 실행들은 기본적으로 당신이 이미 갖고 있는 가치와의 연결(또는 재연결)에 관한 것입니다. 친절과 연민은 모든 사람들 안에 있습니다. 다만 당신이 이것들을 느끼는 데 어려움을 느낀다면, 당신만 그러는 것은 아닙니다. 이는 매우 흔한 현상입니다.

마음챙김을 방해하는 부주의와 결핍의 습관들 또한 마음속의 선천적인 선량함과 연결되는 능력을 가로막을 수 있습니다. 이것들은 또한 당신이 연민을 통해 다른 사람들과의 연결성을 깨닫는 것을 막을 수 있습니다. 나아가, 못된 감정의 습관들, 악감정, 혐오감, 그리고 만성적인 분노가 마음속 깊숙이 흐르고 종종 분리, 상처, 그리고 버려짐 같은 보다 기본적인 감정과 믿음들로 채워집니다. 이런 깊은 감정 습관들과 왜곡된 혹은 그릇된 믿음과 생각들은 당신이 표현하는 바로 그 의심들을 계속해서 채울 것입니다.

당신이 시도해볼 만한 것으로, 자비와 연민을 연습하기 위해 한두 개의 구절을 정하는 것이 있습니다. 이 책에서 나는 당신이 사용할 수 있는 가능한 언어의 범위에 관해 아이디어를 주기 위해 다양한 여러 문장을 제시했습니다. 가장 힘 있는 문장들은 당신의 깊은 곳에서 울려 퍼지는 것들입니다. 어떤 경우에는, 특히 당신이 아무 감정도 느끼지 못할 때, 이런 구절의 도움을 받아 감정을 느낄 수 있습니다. 예를 들면 당신은 스스로에게 이러한 소원을 빌 수 있습니다 ―"제가 깊은 평화와 편안함을 경험하게 해주세요." 당신이 정한 문장의 진실성과 울림의 감정이 당신을 이끌 수 있게 합시다.

당신의 명상 수련이 깊어질수록, 단어와 구절들이 당신에게 더욱 완벽하고도 의미 있게 얘기한다는 것을 느낄 것입니다. 그러면서 다른 구절들을 사용하기 시작할 것입니다. 그 깊어지는 과정에서, 분노와 슬픔의 감정들이 더 나타나더라도 놀라지 마십시오. 마음챙김 실행을 통해 깊게 경청하고 솔직하게 마음을 열게 되면 강한 감정들을 뿌리째 풀어놓기도 하고, 오래 가져온 상처를 치유하기도 합니다. 강렬한 감정들이 등장할 때마다 두려워하지 마세요! 치유와 변화가 당신 안에서 일어나고 있다는 뜻입니다.

때때로 스스로에게 자비와 연민을 보낼 때, 저는 그럴 만한 자격이 없다고 느껴집니다. 이 기적인 것 같습니다. 마치, 제 내면 깊숙한 곳에서 스스로 행복해질 가치가 없다고 생각하는 것 같습니다. 제가 정말 뭔가 잘못된 것일까요?

물론 그렇지 않습니다! 당신은 아름답고 가치 있는 한 사람입니다. 마음챙김에 기반한 스트레스 감소 수업에서는 "당신이 스스로를 얼마나 잘못되었다고 생각하든 간에, 우리는 당신에게 잘못된 것보다는 옳은 것이 더 많다는 것을 믿습니다."라는 말을 합니다.

당신에게 있는 굉장히 좋은 것 한 가지가 바로 마음챙김 능력입니다. 다만 마음챙김을 할 때 무가치함, 자기 회의, 그리고 아마도 스스로에 대한 반감 같은 강한 내적 감정들을 갖게 되는 것 같습니다. 그렇습니까?

만약 그러하다면, 공동체와 함께하는 것을 권합니다! 내 수업에서 마음챙김 수련을 하는 사람들의 가장 흔한 공통점 중 하나가 바로, 스스로가 스스로에게 매우 인색하고 비판적이라는 것입니다 ─ 아주 많은 경우에 수업이 진행되다 보면, 누군가가 자기 스스로에게 매정했던 최근의 이야기를 하게 되고, 그럴 때마다 우리 모두는 이미 안다는 듯이 웃게 됩니다. '분명 우리 스스로가 우리의 가장 나쁜 스트레스 요인이 될 것이다'라고 말할 수 있습니다.

그래서, 스스로에 대해 인색하고 무가치하다고 느끼는 깊은 습관을 알아차리는 것은 인생을 바꾸는 치유와 변화의 진정한 기회가 될 것입니다. 자기 회의나 무가치하다는 감정을 알아차릴 때마다 스스로에게 더욱 염려와 연민을 보내는 것부터 시작하십시오. 그런 감정들을 호기심과 친절함으로 바라보고 반기면서, 동시에 그냥 그대로 있게 내버려두고 당신에게 드러날 수 있도록 해주세요. 당신 스스로에 대해 알아차리게 되는 것이야말로 가장 아름답고도 강력한 방식으로 당신의 인생을 바꿀 것입니다.

오랜 시간, 저는 스스로를 별로 착하지 않은 사람이라고 생각해왔습니다. 저는 대부분 화를 내며 사는 사람입니다. 이것을 좋아하지는 않지만, 제가 그냥 그런 사람인 것 같습니다. 제가 바뀔 수 있을까요?

아마도 진실은, 당신도 다른 사람들처럼 자신에 대한 많은 다른 생각과 많은 다양한 감정을 갖고 있는 하나의 인간이라는 점일 것입니다. 당신은 분노와 같은 특정한 감정을 더 자주 느낀다고 생각하겠지만, 그것이 당신이 친절하지 않거나 동정심이 없거나, 또는 현명하거나 인내심이 부족한 사람이라는 것을 뜻하지 않습니다.

또한 우리는 인간의 정신적 습관들과 뇌의 기능이 정신을 어떻게 사용하느냐에 따라 성장하고 강해진다(또는 위축된다)는 것을 알고 있습니다. 그래서, 당신이 변하고 싶다면 당신은 당연히 변할 수 있고 덜 분노하고 더 친절해질 수 있습니다. 그러기 위해서는 해야 할 일이 있습니다. 그 일은 당신이 당신의 분노를 알아차리고 이해할 때, 그리고 그것을 더 낫게 관리하는 방법을 알 때 시작됩니다. 당신의 분노를 친절과 연민으로 다스리는 것은 당신 인생의 다른 부분들에서도 더욱 친절하고 연민 어린 사람이 될 수 있는 강력한 발자국이 될 것입니다. 그리고 이 일은 마음챙김, 친절, 연민을 의도적으로 당신의 인생과 다른 사람들과의 관계에 많이 가져오면서 계속될 것입니다.

분노는 내면의 서술, 스스로가 자신에게 하는 이야기에서 무성해집니다. 정신 습관들과 자신과 타인을 향한 비판적인 이야기들에 더욱 마음챙김할 때, 당신은 그런 이야기에 대해 질문하고 이들을 내려놓을 수 있게 됩니다. 그것들을 다른 생각들, 예를 들면 이해를 성숙시키고 당신 스스로와 다른 이들을 향한 친절과 연민을 기르는 것들로 대신할 수 있습니다. 당신은 당신의 생각, 두뇌, 그리고 인생을 이 책에서와 같은 특별한 명상수련을 계속하면서 바꿀 수 있습니다.

그러므로, 바뀔 수 있습니다! 당신이 당신의 분노에 대해 마음챙김하고, 당신 자신과 타인에 대해 더 친절하게 연민 어린 마음을 갖는다면, 나는 당신이 바뀔 수 있다는 것을 알고 있습니다.

저는 몇몇 명상들을 하다가 깨달았는데, 제가 화난 사람이 되고 싶지 않더라도, 제가 그런 식으로 너무 오랫동안 느껴 와서 이제 그런 감정을 편하게 느낍니다. 저는 제 스스로가 만약 정말 화난 사람이 아니라면 진정 어떤 사람인지 알게 되는 것을 두려워하는 지도 모른다고 생각했습니다. 이런 생각을 하는 제가 미친 걸까요?

전혀 그렇지 않습니다. 당신이 스스로에 대한 매우 중요한 통찰을 하게 된 것이 아닐까 생각합니다.

사람들은 모르는 것보다 아는 것을, 비록 그 아는 것이 별로 기쁘지 않더라도 더 편하게 생각한다는 것은 널리 알려진 이야기입니다. 당신은 아마도 화가 나는 것에서 어떠한 정체성을 찾지 못하는 것에 대해 두려운 마음을 알아챘을 때, 당신 안에서 다양한 모습으로 나타나는 이런 주제들을 감지한 것 같습니다.

분노는 많은 목적들을 충족시킵니다. 이 중에는 우리 자신과 타인이나 세상과의 관계에 관해 더욱 제한된 시각을 갖게 해서 통제와 안전에 관한(거짓된) 감정을 형성시키는 목적도 포함됩니다. 이런 제한된 시각—'나는 화난 사람이다'와 같은—은 오래된 신발처럼 편하게 느껴지겠지만, 당신을 아주 제한시킵니다.

그래서 분노를 넘어서 스스로 어떤 사람인지 알아차릴 가능성을 발견하는 것은 실제로 당신이 상상한 것보다 훨씬 더 복잡하고, 더 큰 일이고, 그리고 훨씬 더 흥미롭고도 생기 넘치는 일입니다. 그렇다면 당신은 화난 사람이 되지 않는 것에 관한 이런 생각이 결코 미친 일이 아님을, 오히려 당신이 지금까지 한 생각 중 가장 현명한 생각임을 알게 될 것입니다.

:: 명상을 통해 분노를 다스리는 것에 관한 질문

저는 이런 명상들을 시도해보았지만 여전히 화가 납니다. 그리고 때때로 집중을 하지 못하거나 잠에 빠져듭니다. 제 생각에 명상은 저에게 효력이 없을 것 같습니다. 다른 것으로 바꿔볼까요?

물론 그것은 당신의 선택입니다. 하지만 당신은 당신 예상대로 되지 않는다는 이유로 스스로 화가 덜 나도록 할 수 있는 시도를 진정 그만두려고 합니까?

대부분의 감정들처럼, 분노 감정은 정신과 신체의 깊은 습관이고, 이것들이 빠른 시간 내에 사라지기를 기대하는 것은 현실적이지 않습니다. 아울러, 명상을 하면서 집중에 어려움을 겪고 잠에 빠지는 것도 매우 흔한 경험입니다. 이런 일들이 발생했다고 당신이 어떤 실수를 한 것은 아닙니다.

명상이나 혹은 스스로에 대해서도, 여전히 분노를 느끼는지, 모든 시간에 집중하는지, 잠에 빠지는지와 같은 것을 기준으로 평가하지 마세요. 그러기 보다는, 당신의 주의를 결과보다 그저 경험 그 자체에 두세요. 이 순간에 무엇이 있든 간에 경험 자체를 당신의 마음챙김과 연민 어린 주의의 초점으로 삼는 것입니다. 여기, 이 순간에 무엇이 있는지, 당신의 반응과 여기에 무엇이 있는지에 관한 생각들을 모두 바라보고 아는 것, 이것이 결국 진정한 마음챙김입니다.

만약 당신이 분노가 여기 있음을 알아차린다면, 계속 화가 나 있다는 생각과 회의에 사로잡히기보다는 그저 분노의 생각과 감정에 더 깊은 주의를 기울일 수 있습니다. 마음챙김 호흡을 하면서 경험하고 바라보는 것입니다. 분노 모델의 구조를 기억하면서(2장을 보세요), 자극이나 두려움에 대한 신체 감각이나 분노 감정 밑에 깔린 생각과 믿음에 관심을 기울이세요. 그러면 무엇을 알게 될까요? 또는, 만약 당신의 주의가 방황한다면, '자분하지 못함'이라고 이름 짓거나, 또는 당신이 졸린 상태라면 '졸음'이라고 부르고, 그런 상태들이 당신에게 어떤 영향을 끼치는지 더 잘 이해하기 위해 지켜봅니다.

당신은 원한다면 마음챙김 수련을 그만둘 수 있지만, 당신의 질문에서 이제 모든 것들이 점점 흥미로워지는 것처럼 느껴집니다.

저는 제가 언제 화가 나는지 모르는 것 같아요. 친구들은 제가 때때로 화를 낸다고 하지만, 저는 그 감정이 제가 긴장하거나 흥분했을 때의 상태라고 생각합니다. 당신은 어떻게 생각하나요?

얼마나 많은 사람들이 비슷한 경험을 하는지 알게 되면 놀랄 것입니다. 분노에 관한 만성적인 감정에서 치유되고 자유로워지는 것을 막는 주요한 장애물은 바로 사람들이 분노가 실제로 어떠한 느낌인지 잘 모른다는 것입니다.

이런 질문을 한다는 것은 당신이 대단히 좋은 통찰력을 가지고 있다는 뜻입니다. 당신은 이런 호기심의 감정을 기반으로 하여 마음챙김을 당신의 몸과 생각에 더 자주 가져올 수 있을 것입니다. 화가 난 것 같다고 생각될 때, 또는 다른 사람들이 당신에게 화가 나 보인다고 얘기할 때, 잠시 멈추어 마음챙김 주의를 그 순간의 당신의 몸과 내면 세계로 가져가세요. 마음챙김 호흡을 하며 무슨 일이 일어나는지 스스로 알 수 있게 하는 것입니다. 아마도 당신은 몸의 어디에 정서가 놓여 있는지 느낄 수 있고, 생각의 소리를 들을 수 있고, 그 머릿속 생각들이 화가 났는지, 남을 판단하고 있는지, 비판하는지, 싫어하고 있는지 알 수 있을 것입니다.

그리고, 매우 중요한 것은, 자신에 대한 인내와 연민을 훈련하는 것입니다. 화가 난다는 것은 실패가 아닙니다! 분노는 인간의 기본적인 감정이자 경험입니다. 그 감정에 마주 서는 법을 배우고, 마음챙김을 통해 당신 스스로의 경험을 조사하는 법을 배우면서, 당신은 당신이 무엇을 알아야 하는지 정확히 배우게 될 것입니다.

때때로 저는 명상을 할 때 더 화가 나고 기분이 안 좋아집니다. 제가 뭘 잘못하고 있는 건가요?

아무것도 잘못하지 않았습니다. 오히려 당신이 어느 단계에 이르고 있는 것처럼 들립니다.

마음챙김에 근거한 스트레스 감소 강연 오리엔테이션에서, 우리는 사람들에게 "스트레스를 덜 받게 되기 전에 아마도 스트레스가 더 생길 것입니다."라는 경고를 합니다. 이는 우리가 매일의 일상에서 명상 실행과 비정규 실행을 통해 마음챙김을 더욱 많이 할수록, 더 즐겁고 더 기쁘고, 또한 그만큼 어렵고 스트레스 받는 일들에 대해서도 더 많이 깨닫게 된다는 것입니다.

우리들 대부분에게 분노와 같은 감정은 매일 왔다 가지만, 우리는 이런 감정들을 알아차리거나 느끼는 것으로부터 피하는 여러(때로는 영리한) 방법들을 배워왔습니다. 더 많이 마음챙김한다는 것은 자신의 감정을 더욱 정확하고 더 자주 느끼게 된다는 것을 뜻합니다. 이는 자신의 스트레스와 힘든 감정들을 관리하는 방법을 찾고자 하는 이들에게도 정확히 들어맞습니다. 증가한 자각은 분노나 원망과 같은 힘든 감정들을 뒷받침하는 원인과 조건에 대한 이해의 증가로 이어집니다.

우리가 7장에서 구름은 구름이 아닌 요소들로 만들어지고 분노는 분노가 아닌 요소들로 만들어진다고 얘기한 것을 기억합니까? 마음챙김이 분노와 나쁜 기분들을 더욱 잘 보고, 더 잘 감지할 수 있게 한다면, 그것들에 더 잘 집중하고 그것들을 형성하고 유지하는 요소들이 무엇인지 관찰하게 됩니다. 그러한 이해가 당신이 분노, 원망, 악감정, 그리고 다른 나쁜 감정과 같은 만성적인 감정들을 치유하고 변형시키게 도울 것입니다.

저는 화를 내는 것이 약함의 한 모습이라고, 이것은 고쳐야 할 결함이라고 들으며 자라왔습니다. 그래서 저는 제 스스로가 분노를 느끼지 않도록 하는 법을 배웠습니다. 이것이 문제가 되나요?

이런 생각이 지금까지 당신에게 어떻게 작용하고 있습니까? 스스로 분노를 느끼지 못하게 하는 것이 당신 삶에 어떤 문제를 가져오지는 않았습니까?(많은 사람들이 알고 있고 여러 조사에서 드러나는 것은, 분노라는 것이 오해를 받고 있으며, 만성적으로 분노의 감정을 무시하는 것이 개인의 건강과 인간관계에 매우 해롭다는 것입니다.) 만약 당신이 분노가 약함의 한 모습이라고 믿는다면, 화나는 감정이 생길 때 스스로에 대해 어떻게 느낍니까?

어린 나이부터 분노를 외면하라고 배워왔고, 분노는 결함이고 유약함의 한 모습이라는 깊게 뿌리박힌 믿음을 여태 유지하고 있다는 것을 알아차렸다는 것으로 보아 당신은 매우 통찰력이 있는 사람입니다. 우리가 가지고 있는 많은 것들에 대한 핵심적인 믿음들은 다른 사람들이나 우리 자신들에 대해 지금 행하고 있는 너무도 많은 반응들의 기초가 됩니다. 그래서 어떤 사람의 무엇에 대한 핵심적인 믿음을 확인하는 것은 아주 강력한 일입니다.

그러니 만약 당신이 그 믿음에 대해 의문을 품는다면 어떨까요? 만약 당신이 분노를 느끼는 것이 결코 약함의 한 형태가 아니라는 것, 오히려 사실상 모든 인간이 경험하는 것이고, 반드시 이해하고 그것과 잘 지내는 법을 배워야 하는 것이라는 명제를 스스로 받아들인다면 어떠할까요?

만약 당신이 분노에 대해 다른 시각을 가져본다면 어떨까요? 분노에 대해 조금은 긴장을 풀고 그것이 무엇인지 그리고 당신에게 어떤 의미인지 더 호기심을 갖게 되지 않을까요? 만약 이런 시도를 해볼 수 있다면, 이 책의 명상법들이 분노의 영역을 더 깊이 탐험할 수 있도록 도와줄 것입니다. 그러고 나면 당신은 분노가 약함의 한 형태인지─당신이 배웠던 것처럼─또는 분노가 실은 이 인간 세상의 미스터리와 의미를 더욱 이해할 수 있게 해주는 강력한 수

단인지 스스로 결정할 수 있을 것입니다.

아주 예전에 저는 만약 어떤 사람이 저를 화나게 한다면, 이는 그들의 문제지 제 문제가 아니라고 결정했습니다. 저는 화를 낼 자격이 있고 이는 그들의 잘못이고, 그들은 응당한 대가를 받는 것이라고요. 이것에 대해서는 어떻게 생각하시나요?

당신의 입장에 다소의 지혜가 있지만, 스스로를 조금 과소평가하는 것 같기도 합니다.

지혜라고 보는 것은, 타인은 그들이 할 일을 할 것이고, 이는 대부분 통제할 수 없는 것이라는 점입니다. 그래서 그들이 자기 할 일을 하고 당신이 화가 난다면, 그들이 한 일을 개인적으로 받아들이지 않았으면 합니다. 예를 들어 만약 어떤 사람이 슈퍼에서 당신이 보고 있던 물건을 앞에서 낚아채간다면, 그 사람은 당신에게 개인적으로 어떠한 손해를 주려던 의도는 없었을 것이고, 그러니 이를 기분 나쁘게 받아들이지 않아야 한다는 말입니다.

하지만 당신은 '그들은 응당한 대가를 받는 것이다'라고 얘기하는데, 이것은 어떠한 단계에서 당신의 한 부분은 상처를 받거나 존중받지 못했다는 느낌을 받았고, 어떤 분노가 생겼으며 당신에게 그 상황이 실제로 문제가 되었다는 것을 의미합니다. 그래서 '응당한 대가'를 준다는 당신의 생각을 다시 봅시다. 이를 당신이 더 깊이 바라보고, 더 마음챙김한다면, 상처받거나 분함을 느끼는 당신 내부의 부분들을 바라보고 더욱 연민 어린 마음으로 들어줘야 한다는 것을 떠오르게 하는 단서로 만들 수 있겠습니까? 만약 당신이 그것을 할 수 있다면, '당신을 화나게 하는' 모든 상황이 자기 인식과 이해심을 기르고 변화와 인생의 깊은 평화의 가능성을 받아들이는 기회로 만들 수 있을 것입니다.

만약 제가 분노의 폭풍에 잡혀 있다면, 빠져나오기 위해 어떻게 해야 하나요?

그것은 분명 어려운 순간일 것입니다. 여기 분노의 폭풍에 응답하는 몇 가지 기본적인 원칙이 있습니다. 무슨 일이 일어나는지 알아차리고 명명하기, 가능한 자신을 최대한 보호하기, 몸과 마음의 분노하는 생각과 감각의 흐름에서 멈추고 빠져나오기 위해 마음챙김 실행─예를 들어 마음챙김 호흡이나 걷기와 같은─을 활용하기 등입니다. 당신이 마음챙김 호흡을 하거나 걸을 때, 무엇이 분노이고 무엇이 아닌지 기억해보세요─분노는 일시적인 것이고 분노가 아닌 요소들로 만들어졌습니다. 분노는 당신이 아닙니다. 그런 다음에 당신에게 펼쳐진 경험을 마음챙김으로 대하고 연민 어린 주의를 기울이는 것입니다. 친절과 연민에 바탕을 둔 마음챙김 수련을 통해 현재에 머물고, 분노에 초점을 맞추고, 어떠한 불편한 감정도 다루는 실험을 할 수 있습니다. 스스로를 지치게 하지 마세요. 때때로 화가 나는 것은 자연스러운 것입니다. 인내와 믿음이라는 핵심 태도들을 연마하고, 당신 스스로를 깊게 바라볼 수 있도록 허락하고, 신체나 소리에 주의를 기울이며, 그런 경험을 가지고 마음챙김 호흡을 하면서 바라보는 것입니다.

마지막으로, 분노의 '폭풍'에서 도망치는 것에서부터 분노를 이해하는 것까지 당신의 반응에 대한 기본적인 의도를 바꾸는 데 도움을 줄 만한 것이 있습니다. 만약 탈출하려고 시도한다면 아마도 혐오감을 느낄 것이고 분노의 폭풍에 오히려 더 분노를 느낄 수 있습니다. 이것은 물론 꽤나 자연스러운 일이지만 또한 매우 불쾌한 경험이기도 합니다. 바로 이런 순간을 경험하는 것이 혐오스럽다면, 그러한 혐오감에 마음챙김과 연민을 가져오는 것입니다.

여기 놓여 있는 분노와 당신 스스로 느끼는 모든 반응에 대해 친절한 호기심으로 태도를 바꿈으로써 스스로에게 더 많은 공간과 이해할 수 있는 기회를 주는 것입니다. 이것은 매우 유익할 것입니다. 깊이 바라봄으로써 무엇을 알아차리게 될까요?

이런 명상들을 통해 궁극적으로 결코 어떠한 분노도 느끼지 않을 것이라고 기대하며, 만약 분노를 적게 느낀다면 진전이 있다는 표시로 보아도 될까요?

위대한 스승 달라이 라마께서는 이런 말씀을 하셨습니다. "나도 물론 분노를 느끼지만 그것은 문제가 되지 않습니다." 지금까지 여러 명상 지도자들로부터 그들에게 분노가 찾아왔던 이야기를 들었고, 명상으로 이를 어떻게 극복했는지에 대한 말씀도 들었습니다. 그래서 나는 당신이 이러한 명상(또는 다른 어떤 명상이든)을 실행하면서 결코 분노를 느끼지 않을 것이라고 예상하지 않습니다. 분노를 느끼는 것은 인간으로서 우리 모두의 한 부분인 것 같습니다. 만약 당신이 명상하는 법을 '제대로' 배운다면 분노를 느끼지 않을 것이라는 현실적이지 못한 기대를 갖고 있다면 그런 생각은 진짜 장애물이 될 수 있습니다. 또 다른 의심과 분노의 원천이 될 수 있습니다. 그러니 그런 기대는 하지 말기를 바랍니다.

오히려 더 도움이 되는 접근은 분노가 생겼을 때 그 감정을 어떻게 대하는지에 대해 관심을 갖는 것입니다. 당신이 선택하는 반응이 치유와 진정한 배움이 일어날 수 있는 지점입니다.

어떤 심리치료사도 그렇게 증언할 것이라고 보는데, 우리 모두가 분노의 감정을 포함한 인간의 감정들을 정확히 인식하는 법을 배우는 것은 매우 중요합니다. 우리가 이 책에서 때때로 언급했듯이, 많은 사람들은 그들이 느끼는 것이 분노라는 것을 잘 깨닫지 못합니다. 만약 이것들이 언제 자신을 덮치는지 모르고 있다면 어떻게 스스로 만성적인 또는 관리되지 않은 분노의 유독한 영향들로부터 자유로워질 수 있겠습니까?

명상이 당신의 앞길에 찾아올 분노를 인식하고 관리할 수 있는 능숙한 방법들이 되어주는 만큼, 명상은 분노의 감정을 갖는 것과 결코 단절되어 있지 않습니다. 그런 방법들을 익히게 되면서, 그리고 내면 깊숙이에 있는, 또는 인생에 걸친 분노의 뿌리를 더 잘 이해하게 되면서, 당신이 실제로 적은 분노를 느끼고 더 많은 행복을 경험하게 될 아주 좋은 기회를 잡을 것입니다. 만약 이런 일이 명상수련을 해나가는 시간이 쌓이면서 일어난다는 것을 알아차린다면, 이는 분명한 진전의 조짐일 것입니다.

하지만 명상에서의 진전에 관한 어떤 생각을 갖는 것에 대해 조심하는 것이 좋습니다. 다시금 여기에는 모순이 있습니다. 진정한 진전은 대부분 당신이 무언가를 얻거나 이루려고 하는 것을 멈출 때 나타납니다. 그러니 여유를 가져도 좋습니다. 분노가 그곳에 있는 것을 허락하고, 그곳에 마음챙김을 가져오고 연민에 찬 주의를 기울이세요. 우리가 이 책에서 탐구했던 많은 명상법을 사용하면서 말입니다.

당신의 분노가 나타날 때 호기심을 갖고, 마음챙김하며, 지속적으로 관찰하는 것은 분노와 당신의 관계를 바꿔줄 것이고, 분노가 당신에게 발휘하는 힘을 약화시킬 것입니다. 그렇지만, 당신이 앞으로 절대 화가 나지 않을 것이라고 생각하는 것은 현실적이지 않습니다. 때로는 분노할 줄 아는 상태로 남아서, 마음챙김과 분노가 함께 인간 삶의 미스테리를 계속해서 가르쳐줄 수 있게 된다면, 그것이 가장 좋은 일일 것입니다.

제 **3** 부

분노하는 마음을 넘어서

9

당신은 세상에서 버려지지 않았다

자연은 인간, 벌레, 새들에게 동일한 사랑을 준다.
-존 뮤어(John Muir)

분노는 최고의 마술사이다. 화, 적개심, 경멸하는 마음은 당신이 다른 사람들이나 생명체로부터 영원히 고립되었고, 다시는 돌아갈 수 없다는 생각을 믿게 만든다. 다른 사람들에 대한 원망과 비호감으로 가득 찬 생각은 스스로 존중받지 못하고, 심지어 내가 남들에게 보이거나 들리지도 않을 것이라고 착각하게 만든다. 더 문제가 되는 것은, 당신이 고립되었고 보이지도 들리지도 않는다는 믿음은 당신의 분노에 찬 반응을, 전혀 해를 끼칠 생각이 없는 다른 이들에게 투사하게 된다는 것이다. 그 결과 당신은 사람들을 당신 주변에서 쫓아버리게 되고, 고립감은 더 심해진다.

아주 고통스러운 방식으로 당신 안에 있는 분노의 목소리(뿌루퉁하고, 열을 내고, 지루하고, 짜증나고, 혹은 다른 악감정과 혐오감이라는 감정이 내는 목소리)는 당신이 진정 있어야 할 곳, 거미줄 같은 삶 속에서 당신의 역할을 잊어버리게 하고 흐릿하게 만든다. 분노에 찬 마음이 만들어내는 왜곡 현상은 숨 쉬는 순간마다 당신이 다른 사람들과 연결되어 있는 것을 막고, 매 순간 다른 생물체와 상호 관련성 속에서 사는 인간의 섬세함을 흐리게 만든다.

　마음챙김의 가르침은 분노가 가져오는 고립과 소외의 정반대이다. 마음챙김은 우리 모두가 각자의 삶을 가지고 있으며 내부에 있는 의심, 하찮음, 소외감, 그리고 이것들을 촉진하는 분노와 친구가 될 수 있도록 해준다. 마음챙김은 지금 이 순간 당신이 마주하고 있는 것들에 깊고 정확하게 닿을 수 있는 가능성을 열어준다. 마음챙김의 안정적인 의식에 빠져들어, 매 순간 변화하는 분리감, 혹은 소외감이나 감정을 있는 그대로 의식에 포함시킨다면 분노의 마술로부터 자유로워질 것이다. 당신이 이 세상에서 떨어져 나가지 않을 것(그리고 떨어져 나가지 못한다는 것)이라는 사실을 새삼 확인하게 될 것이다!

　이 장에서는 마음챙김으로 더 잘 관찰할 수 있는 지속적으로 이어지는 소속감과 상호 의존의 현실을 살펴보고, 이 진실이 분노와 악감정이 불타오르는 순간으로 인해 흐려질 수 있다는 것을 알아볼 것이다. 끝으로, 분노의 환상과 다른 사람들에 대한 오해와 단절을 이겨낼 간단한 마음챙김 명상법과 숙고를 제시하겠다.

∷ 소속감과 상호 연결성

어떤 근원에서 시작되었건, 고립감과 외로움은 인간으로서 우리가 느끼는 현실과 상황에 대한 왜곡이고 오해이다. 사실 세상은 상호 관련성, 상호 연결성, 상호 의존성에 의해 특징지어지는 역동적인 곳이다. 여기에 모든 사물이 매 순간 상호 연결되어 있다는 시각에 대한 여러 논의가 있다. 당신 생각의 단초로 삼아도 좋을 것이다.

과학과 마음챙김 입장에서 본 관계

현대 신경과학은 인간의 뇌와 신체가 실제로 다른 이들과의 지속적인 이해, 동조, 그리고 염려와 같은 상호작용을 강화하는 방향으로 진화해 왔다고 결론지었다. 이 연구에 의하면, 인간은 생존하기 위해 협력해야 했다. 그리고 이 협력은 공격성보다 생존에 있어서 더 중요한 역할을 담당했다.

대니얼 시겔(Daniel J. Siegal) 박사는 정신과 관련 과학 분야의 저명한 학자이며 대인 간 신경생물학(interpersonal neurobiology)이라는 흥미로운 분야에 지대한 관심을 보여 왔다. 이 용어는 사람들 사이의 정신(뇌)의 연결과 우리 삶의 의미를 탐구하는 분야를 지칭한다.

여기에 시겔 박사의 인간 상호작용의 본질에 대한 시각을 간략하게 제시해 보겠다. "**관계(relationship)**는 에너지와 정보의 흐름을 공유하는 것이다. **통합적 소통(integrative communication)**은 다양성이 존중되는 개인의 내적 세계에서 오는 에너지와 정보의 공유와 그것들 사이의 연민의 연결이 길러지는 것을 말한다. 통합적 소통은 다양성과 연결을 통한 건강한 관계의 발전을 도모한다"(Seigel, 2012, 125; 강조체는 시겔의 논점)

예를 들어 만약 당신이 누군가 슬퍼하며 울고 있는 것을 보면 감정, 기억, 자기 자각과 관련한 다양한 뇌의 회로가 작동한다. 이 회로를 통해 비슷한 감정을 내부에서 경험하게 되고, 그 사람에 대해 더 깊은 의미에서 연결되고 그가 누구인지를 알게 된다. 바로 그 직후, 아마 당신은 자신의 얼굴에서 눈물이 흐르는 것을 알게 되거나 가슴 속 답답함을 느낄 것이다. 이렇게 다른 사람과 마주하는 경험이 주관적 정보를 풍성하게 채워서 더 큰 연민을 만들어내는 것이다. 이것은 인간이 가지고 있는 대인 간 신경생물학의 회로 때문이며, 이 회로는 관계의 양쪽에 있는 사람들의 내적 세상에서 오는 에너지와 정보의 공유를 가능케 하는 신경 작용과의 연결을 의미한다.

마음챙김의 관점과 영원히 펼쳐지는 현재 순간이라는 관점에서 볼 때, 우리는 이미 언제나 여기에 있고 변화하지 않는 견고한 '나'라는 인식은 틀리다는 것을 알아보았다. 단순히 명상 중에 당신 내부의 생각과 감각의 형태가 변화하는 것만 보더라도 나, 자신이라는 인식이 고정되어 있다는 생각에 의문을 던지게 될 것이다. 대인 간 신경생물학 또한 '나'라는 인식은 고정된 것이 아니며, 다른 사람이나 주변과 매 순간 맺는 관계에서 오는 정보와 에너지의 공유에 따라 변화한다고 제안한다.

시겔 박사는 자신에 대한 인식의 상호 의존성에 대해 언급하면서 "'나'는 내재되어 있으면서도 구현되어야 하는 것이다. 이것은 서로 다른 경험의 차원이 아니고, 당신의 내부, 그리고 다른 사람과의 에너지와 정보의 흐름에서 정신이 생겨난다는 것이 핵심이다"(Siegel, 2012, 134, 강조체는 시겔의 논점)라고 강조했다.

주어진 순간에 '나'에 대한 주관적 인식(분노가 떠올랐을 때처럼 굳건하고 강렬해 보이는 자기 자신에 대한 인식)은 사실 엄청난 속도로 변화하면서 연속적인 것이어서 '나'라는 인식은 강력하고 불변하는 것이란 인상을 준다. 사실 마음챙김을 통해 얻게 되는 관계와 의식에 관한 가르침은 '나'라는 인식은 신체 경험에서 발생하여 매 순간 변화하는 경험, 정보, 에너지의 흐름 속에 있다고 이야기한다('구현되는' 나). 또한 '나'라는 인식은 자신, 주변 사람들, 그리고 이 세상에서 흘러들어 오는, 변화하는 정보와 에너지의 흐름에 좌우된다. 즉 그 흐름에 '내재'되어 있다는 것이다.

다시 말해 자기에 대한 인식을 구성하는 요소들에 대한 과학적 이해는 특히 분노나 악감정이 당신을 휩쓸어버리려고 할 때 도움이 된다. 언제든지 당신의 감정이 고통스럽고 혼란스러워지며, 고립되고 혼자라는 생각이 커지면 현대 신경생물학의 영역에서는 이 고통, 외로움, 고립감을 느끼는 '당신'은 불변하는 것이 아니라고 이야기하는 것이다. 그 '당신'이라는 인식은 날 그대로 숨을 쉬는 매 순간마다 에너지와 정보의 흐름, 이 순간 잠시 존재하며 당신의 내·

외부에서 끊임없이 변화하는 생각과 느낌들을 통해서, 계속해서 만들어지고 유지되는 것이다! 그러므로 우리는 이런 질문을 던져볼 수 있다.

- 현재 화가 나 있고, 슬프고, 분개하고 있고, 상처받은 '나'는 누구인가?
- 당신이 더 이상 화가 나지 않고, 슬프지 않고, 분개하지 않고, 상처받지 않을 때 아까 존재하던 '나'는 어디에 간 것인가?
- 화가 난 '나'를 지탱하고 강화하는 에너지와 정보의 흐름에는 무엇이 있는가?

마음챙김으로, 더 깊이 관찰하면서, 분노에 찬 '당신'을 유지하는 고통을 변화시킬 수 있다. '당신'이 화가 나고, 두렵고, 멈춰 있고, 소외감을 느낄 때 아마 마음챙김, 연민, 지혜가 '당신'이 소속감의 경험을 갖도록 도와주고, 이 세상에서 누구도 떨어져 나갈 수 없다는 것을 알려줄 것이다.

소속감과 상호 연결에 관련한 지혜와 믿음

물론, 믿음과 지혜의 전통은 이러한 연결성, 소속감, 상호 의존의 진리, 즉 각자의 삶에서 고유한 형태로 계속되고 삶에 필수불가결한, 상호 간에 주고받는 관계에 대해 이야기해왔다. 여기에 여러 종교 전통에서 제시하는 몇 가지 경구가 있다.

> 준다면, 당신도 받을 것이다. 당신이 주는 방식으로 당신도 받을 것이다.
> − 누가복음 6 : 38

> 상냥하게 세상을 대한다면 상냥함을 받을 것이다.
> − 코란 39 : 10

> 어머니가 자기 자식과 자기 자신을 보호하듯이, 경계가 없는 마음은 모두를 소중히 여긴다.
> − 자비경(불교)

다른 사람들이 당신에게 믿음이 없는 것은 당신이 다른 사람들에게 믿음이 없는 경우에만 존재한다.

－도덕경 17

누가 명예로운가? 인간에게 명예를 주는 사람이 명예롭다.

－미슈나, 아봇 4：1

소속감과 상호 연결에 대한 시적 관점

충분히 깊게, 근접해서 가까이 본다면, 마치 직물을 구성하는 실오라기 같이 수없이 많은 사람들이 만들어내는 관계와 셀 수 없는 순간(매 순간 변화하는 풍성하고 복잡한 직물 같은 인생)이야말로, 매 순간 당신을 고유하게 규정하는 아름다운 독특성을 만드는 본질이라는 것을 알게 될 것이다. 만약 당신이 마음을 충분히 모으고, 주의를 안정되게 유지한다면, 이 중 단 몇 개의 실오라기라도 구별해낼 수 있을 것이고, 과거의 사람들과 장소들이 어떻게 현재의 경험에 영향을 미치는지 볼 수 있을 것이다.

예를 들어 어떤 음식의 냄새는 어린 시절 가족과 함께 보낸 기념일에 대한 기억을 불러올 수 있다. 다른 여러 요소의 영향을 받겠지만, 그 특정 음식이 주는 냄새로 인해 나타난 기억은 음식에서 따뜻한 고향을 느낄 수도 있고, 아니면 다른 고통스러운 기억과 불안한 감정을 불러오기도 하며, 더 나아가 두려움과 고통을 수반할 수도 있다. 긍정적 기억이든 고통스러운 기억이든, 그것에 수반한 당신의 마음과 몸이 보인 반응은 다른 사람들과의 관계와 지금 앞에 있는 음식을 통해 갖게 될 경험을 결정할 것이다. 냄새와 관련해 갖고 있는 기억들을 현재와 어떻게 관련지을 것인지 결정하는 일은(그 기억이 당신이 누구이고, 어떤 사람인지 결정짓는 요인이라는 것을 알고) 당신이 치유되고, 변화하고, 행복한 삶을 살기 위한 중요한 질문이다. 인간으로서 우리는 지금껏 살아온 영향을 받으며, 그 삶을 현재에 계속 이어간다. 현재 순간 변화하고 경험하는 것들을 새로이 인생에 추가하는 방식으로 삶을 수정해가는 것이다. 부디 나를 참이름으로 불러다오의 저자인 틱 낫 한(Thich Nhat Hanh)은 비통한 어조로 인간이 어떻게 상호 연결과 상호 관련성을 안고 살아가는지 보여준다.

부디 나를 참이름으로 불러다오

나는 12살 소녀이고, 작은 배 안에 있는 난민이다,
해적에게 강간당한 후 바다로 뛰어들고 있다,
그리고 나는 그 해적이다, 나의 마음은 아직 바라보고 사랑할 줄 모른다.

나는 공산당 위원이고, 권력을 쥐고 있다,
그리고 나는 사람들에게 '피의 빚'을 갚아야 한다.
강제 노동 캠프에서 서서히 죽어가고 있다.

나의 즐거움은 봄과 같아서, 그 따스함이 인생의 걸음마다 꽃을 피우게 한다.
나의 고통은 눈물의 강과 같아서, 4대양을 채울 만큼 넘친다.

그러니 부디 나를 참이름으로 불러다오,
나는 나의 울음과 웃음을 동시에 들을 수 있고,
나는 그 즐거움과 고통이 하나라는 것을 안다.

부디 나를 참이름으로 불러다오,
그러면 나는 깨어날 것이고,
그리고 나의 마음의 문은 열려 있을 것이고,
그 문은 연민이다.

인간으로서 우리의 완전함은 수많은 다른 사람들과 자신의 고통과 괴로움이 주는 영향과 실타래 속에 있다. 우리 속에는 거대한 지혜, 선량함, 그리고 연민과 긍정적 삶을 느끼게 하는 반응들도 있다.

소속감과 상호 의존성에 대한 이렇게 다양한 입장은 많은 사람들에게 생소한 것이 아닐 것이다. 우리가 바쁜 일상을 살아가면서 맞닥뜨리는 많은 어려움들은 새로운 사상과 영감을 주는 단어에서 시작해서 이 원칙을 적용하고 원칙을 반영하는 생각, 단어, 행동을 만드는 실제 삶의 경험으로 옮겨가는 일이다.

이 장의 후반부에는 좋은 사상에서 시작하여 실제로 당신을 자유롭게 하는 경험과 가르침에 따른 행동을 하는 방향으로 전환할 수 있도록 몇 가지 간단한 마음챙김 명상법을 제시할 것이다. 이를 통해 현실을 왜곡하고 당신을 불분명하게 만드는 것으로부터 빠져나오고, 분노를 잠재울 수 있을 것이다. 이 명상을 실행하기 전에, 분노와 악감정이 어떻게 소외의 그릇된 메시지를 강화하는지 보도록 하자.

∷ 분노와 악감정은 사람 사이의 연결을 희미하게 한다

단 한순간에 분노와 악감정과 혐오의 감정은 당신을 현재 당신을 지지하고 있는 사람 사이의 연결, 관계, 그리고 현실로부터 눈멀게 만든다. 여기에 던의 사례가 있다.

● 던의 이야기 ●

던은 45년 평생을 사는 동안 인생의 쓴 맛을 볼 만큼 보았다. 어린 시절에는 행복한 순간도 있었는데, 특히 애완견 제이크와 함께 들판에 나가 놀고, 아버지와 함께 가는 낚시 여행을 좋아했다. 안타깝게도 그의 부모님은 그가 14살 때 이혼했고, 아버지와도 헤어지게 되었다. 아버지가 다른 주로 이사하여 직장을 잡고 생활하다가 그곳에서 자동차 사고를 당해 세상을 떠났기 때문이다. 던은 그 이후 학교에서 자주 말썽을 일으켰으며, 졸업도 겨우 할 수 있었다. 고등학교에 진학하고 나서 던은 '나와 나의 동료들만 신경 쓰고 살 수 있는 새로운 세상'을 시작한다며 군에 자원입대했다. 던은 군대에서 분노와 잦은 싸움으로 몇 번 문제를 일으켰지만 계약된 복무 기간을 성공적으로 마치고 명예롭게 제대했다. 그 후 그는 대학에 진학했고, 졸업 후 좋은 직장을 잡았다. 그는 자신의 능력과 성실함, 그리고 '사람들을 돕고 가족을 부양하기 위한' 강한 동기부여를 무기로 사회적 성공과 성장을 이루었다. 그러나 때때로 직장 상사들과의 관계에서 '분노조절 문제'를 겪었으며, 부하 직원들에게 너무 엄격하다며 비난을 받기도 했다. 이런 일들은 주로 그가 스트레스를 많이 받고 있거나 마감기한이 다가왔을 때, 혹은 많은 일을 떠맡았을 때 발생했다.

던은 결혼을 했고 아내와 아들 하나, 딸 하나, 네 명의 식구가 함께 살았다. 자식들이 자라고 독립적으로 변하면서 던은 고립감이 심해졌으며, 집에서도 분노를 느끼기 시작했다. 그는 결국 심리치료사와 시간을 갖기로 했고, 그 치료사는 던에게 마음챙김을 일러주었다. 그 치료사는 또한 던의 가장 깊은 곳에 있는 두려움과 의심들을 나눌 수 있는 사람이 되어 주었다. 그 치유의 공간에서 던은 아주 오랫동안 그와 함께한, 청소년기 이후부터 부모에게 갖고 있던 의심과 분노, 슬픔을 마주할 수 있었다. 던은 이제 그가 청소년기에 경험한 것들이 어떻게 계속된 내적 대화, 특히 그가 스트레스를 받았을 때 반복되던 자신의 취약함, 불쾌함, 부족함에 대한 이야기들을 만들어내는 기반이 되었는지 알 수 있었다. 그는 스스로 아무도 믿을 수 없는 세상을 만들어내던 내면의 오래되고 깊은 두려움을 마주할 수 있었다. 그의 마음챙김 수련과 심리치료는 계속되었고, 던은 그의 분노 폭발과 싸움, 그리고 상사와 부하 직원들과의 '불화', 그리고 부인과 아이들과의 문제들이 그가 갖고 있던 왜곡된 현실 인식과 기분에서 오는 고통을 견뎌내기 위한 방어수단이었다는 것을 깨달았다.

심리치료와 마음챙김을 통해 길러낸 자기 자각을 통해 던은 자신에게 연민과 용서를 보내기 시작했고, 다른 사람들로부터 용서를 구하는 용기를 얻게 되었다. 그는 분노와 고통의 영향 때문에, 타인을 비난과 판단의 자세로 대하고 행동했던 것이 어떻게 자기 자신에 대한 통제를 잃게 만들었는지, 세상에 대한 믿음과 소속감(어렸을 적에는 갖고 있던)을 잃게 만들었는지 알게 되었다. 마침내 던은 다시 긍정적인 감정들을 갖고 가족의 사랑을 온전히 경험하고 돌려줄 수 있게 되었다.

분노와 악감정은 여러 방면에서 해로운 결과를 가져오며 사람 사이의 연결을 망가뜨릴 수 있다. 던의 이야기를 기억하며, 분노와 악감정이 어떻게 현실을 왜곡하는지 살펴보자.

분노는 당신을 혼란스럽게 만들고 눈 멀게 한다

분노를 느끼면 정지-투쟁-도주 반응으로 인해 과도한 각성효과가 나타나고 주의를 빼앗는 몸과 마음의 반응이 지속된다. 분노로 인해 발생한 내면의 인식과 생각(비난과 판단)은 당신의 생각을 흐트러뜨리는 것은 물론 분노의 표적이 될 만한 외부 대상을 만들어낸다. 이것은 결과적으로 고립되어 혼자 있다는 주관적 느낌을 강화하고 유지하는 결과를 낳는다. 이렇게 분노로 인해 촉발되는 복잡한 경험들은 매 순간 당신을 혼란스럽게 하고, 당신 앞에 놓인 현재 순간을 보는 눈을 멀게 한다.

예를 들어 던의 이야기에서 우리는 그가 일터에서 스트레스를 받고 집에 돌아왔을 때 분노나 그와 관련된 기억 속에 빠져들어 제대로 생각할 수 없는 상태였을 것이라고 짐작할 수 있다. 그 결과 그는 온전히 현재에 있을 수 없었고, 부인과 아이들이 주는 사랑과 애정을 온전히 받아들일 수 없었다.

분노는 다른 사람에 대한 인식을 왜곡한다

당신이 현재 이 순간의 무엇에 대해 화가 나고, 풍해 있고, 열을 내고, 혹은 악감정과 혐오감에 차 있다면 타인을 오해하기 쉽다. 예를 들어 당신이 직장에서 생긴 일에 대해 뿌루퉁해 있거나 열을 내고 있다고 생각해보자. 당신이 집에 돌아왔을 때, 당신의 사춘기 아이가 친구와 집을 나서면서 "어른들은 정말 몰라!"라고 말하는 것을 우연히 들었다고 하자. 당신은 즉각적으로 이 말이 자신에 대한 이야기라고 생각하겠는가? 그 대화는 당신을 예의 없이 대하는 내용인가? 나중에 아내가 이야기하기를, 아까 함께 나섰던 당신 아이의 친구가 부모님에게 혼이 났고, 당신 아이는 다른 어른에 대해 이야기한 것이라고 말한다면 당신 기분은 어떠하겠는가?

또는 분노에 차 있을 때, 다른 사람이 무언가를 부탁한다면 극도의 과민반응을 보일 수 있다. 예를 들어 배우자가 쓰레기를 밖에 내놓아 달라고 하거나 직장 동료가 몇 분 일찍 퇴근할 테니 뒤를 좀 봐달라고 부탁한다고 하자. 당신이 그 부탁을 받았을 때 화가 나 있는 상황이라면, 당신은 내부에서 '어떻게 다른 사람들은 나를 전혀 존중하지 않지?' 혹은 '어떻게 주변 사람들은 나에게 너무나 당연하게 부탁을 할 수 있지?' 하며 극히 자기중심적인 이야기를 만들어 나갈 것이다. 그러나 당신의 배우자와 직장 동료는 그저 조금의 도움을 바랐을 뿐이다. 당신의 삶에서 비슷한 경험을 한 적이 있는지 생각해보자.

분노는 당신을 고립시킨다

화가 난 사람이 당신에게 소리를 지를 때 어떤 기분이 드는가? 혹은 어떤 가까운 사람이 당신이 한 일에 대해서 비판적인 말을 하면서 목소리를 높인다면 기분이 어떤가?

많은 사람들은 가능한 빨리 그 사람에게서 멀어지고 싶을 것이다. 그리고 어떤 사람들은 자신에게 화를 낸 그 사람에게 화가 날 것이다. 물론 그 화는 상대방이 자신에게 화를 내기 전에는 없었던 분노이다.

만성적으로 화가 나 있고, 다른 사람들에게 비판적이며 판단적인 사람들이 사회적으로 고립된다는 느낌을 받는 데는 당연한 이유가 있다. 많은 경우에 그들은 그들의 분노에 찬 (가끔은 무의식적으로) 적대적 언어와 태도를 가지고 스스로 남들을 쫓아내기 때문이다.

분노는 자신에 대한 의식을 왜곡한다

다른 사람에게 분노를 투사하는 것은 매우 건강하지 못하고 능숙하지 못한 분노 처리 방식이지만 많은 경우에 우리는 내부의 고통스러운 감정에 대한 방어로서 그렇게 한다. 우리가 본 것처럼, 분노 밑에는 두려움의 감정이 있고, 그 밑에는 자기 자신과 타인에 대한 잘못되고 가혹한 생각과 믿음이 깔려 있다. 분노의 감정이 타오르고 경멸하는 속삼임이 타인과 외부의 상황에 대해 비난을 하기 시작하면 그 순간 당신이 스스로에 대해 갖는 경험과 자각(자신의 내적 반응을 포함한다 — 예를 들어 생각, 감정, 몸으로 구현되는 자신)은 왜곡되고 무시당하기 쉽다.

만성적으로 분노와 악감정이 있는 경우에 그것은 불가항력적으로 자기 자신이나 다른 사람을 향하게 되어 있다. 많은 사람들은 자신이 스스로에 대해 '가장 가혹한 비평가'라고 이야기한다. 내부의 목소리와 속삭임이 비판의 소리를 낼수록 자기 연민과 자기 돌봄의 여유는 사라진다. 비판하는 것과 피곤함, 고통, 좌절에 대해 거부하는 마음이 고통스러운 감정에 대한 첫 반응이 되기 시작하면, 자신의 신체와 감정에 대한 연결이 끊기고 자신을 볼 수 있는 눈이 머는 결과를 낳는다.

우리가 앞서 이야기했던 던은 수년간 고통을 겪어왔으며 그를 사랑한 주변의 사람들도 고통을 감내해야만 했다. 왜냐하면 그가 내부적으로 세상은 믿을 수 없는 것이며 자기는 사랑과 애정을 받을 가치가 없다고 믿었기 때문이다.

제대로 된 대인관계를 맺을 수 없을 것이라는 그의 두려움을 뒷받침하고 있던, 스스로 무가치하다는 믿음을 이해하게 되었을 때 던은 자기 인생의 분노의 뿌리를 볼 수 있었다. 그 이해를 바탕으로 그는 자기 자신을 치유하기 시작했고 다시금 인생의 관계들을 믿게 되었다.

:: 분노의 왜곡을 바로잡기

앞서 언급한 왜곡들은 모두 고칠 수 있다. 당신은 고립되었다는 환상과 소외당한다는 느낌으로부터 자유로울 수 있고 매 순간 삶의 상호 연결의 진실을 경험할 수 있다. 앞으로 소개할 내용들은 분노, 악감정, 그리고 그와 관련된 감정이 삶의 관계 속에 가져올 수 있는 왜곡을 고칠 수 있는 간단한 명상법을 담고 있다.

분노가 지금 이 순간에 당신을 방해할 때

인생은 오로지 지금 순간에 가능한 것이다. 그러나 분노는 비판적인 생각, 고통에 찬 내부의 속삭임, 부정적 해석을 키우는 습관 에너지를 통해 더 커질 수 있기 때문에, 당신이 현재 순간에 집중하는 것을 방해하고 삶에 대한 소속감을 느끼지 못하게 만든다. 분노와 악감정과 혐오의 감정들은 아주 효과적으로 당신을 비판적인 생각과 속삭임에 찬 과거나 미래로 데려간다. 분노는 '해야 할 것과 해서는 안 될 것'을 만들고 비난하는 판단을 만들어 우리 안에 기생한다. 그 결과로서, 분노는 당신을 빼앗아가 현재 순간을 과거와 미래에 대한 기억과 두려움으로 채우고, 몸과 정신에 강렬한 반응을 만든다. 그리하여 다시금 당신이 살고 있고 경험하고 있는 현재, 지금 순간에 영향을 미친다.

나는 저명한 명상 지도자로부터 감동적인 이야기를 들은 적이 있다. 그 분은 명상 캠프 중에 참가자로부터 캠프에 대해 분노에 찬 평가와 질문을 받은 적이 있었다고 한다. 그는 잠시 시간을 갖고 그 질문들에 대해 생각해봐도 되겠냐고 물었다. 그 후 그는 두 시간을 통째로 걷기 명상을 실행하여 현재 자신이 느끼고 있는 고통을 더 깊이, 더 잘 이해하게 되었다. 또한 질문을 던진 상대방의 고통도 이해하고자 하였다. 그러한 심사숙고 후에 훨씬 더 현명하고 연민과 이해에 근거한 대답을 할 수 있었다고 한다.

이 이야기의 교훈은 저명한 명상 지도자일지라도 분노의 손아귀에서 벗어나 마음챙김과 연민을 실천하는 데 두 시간씩이나 걸린다는 것이다. 당연히 나도, 당신도 그만큼 시간이 걸릴 수 있다. 왜 나는 인내심을 키우기 위해, 더 현명해지기 위해 수련할 필요가 없다고 생각하는가? 분노와 비난의 습관은 굉장히 깊고 강하다. 인내심, 현명함, 그리고 분노에 지배당하지 않고자 하는 의도는 놀라운 헌신과 용기를 통해 키워질 수 있다. 여기에 이것을 도울 수 있는 간단한 명상법을 소개하고자 한다.

분노에 의해 짜증을 느끼거나
방해받고 있을 때 할 수 있는 간단한 명상법

어떠한 방식으로든 분노나 짜증을 느끼게 되면 잠시 멈추고 현재 일어나는 일에 이름을 붙인다. "이것은 분노다. 분노가 지금 내 안에 있다."

마음챙김 호흡이나 마음챙김 걷기를 시행하면서 주의를 다시 현재 순간으로 가져온다. 마음속에 분노의 생각을 위한 공간을 만들어주고, 분노가 하는 이야기를 듣되, 스스로나 다른 사람을 판단하거나 비난하지 않도록 한다. 듣는 것만으로도 충분하고, 계속해서 마음챙김 호흡을 하고 걷는다. 혼자서 훈련을 하면서, 분노를 떨쳐버리거나 고치려고 시도하지 말자. 그저 있는 그대로 두되 당신 머릿속 생각과 신체의 감각을 더 자세히 바라보도록 한다. 그리고 분노가 현재 순간에 당신의 몸과 머릿속에서 어떻게 움직이고 다니는지 알아차린다.

스스로에게 한두 개의 어구를 반복하면서 연민을 보낸다. "나는 연민으로 분노를 조절할 수 있다.", "나는 현재에 머물고 현재 순간을 온전히 받아들일 수 있는 나의 능력을 찾을 것이다."

분노가 다른 사람들에 대한 인식을 방해할 때

어떤 인디언들은 이런 환영인사를 한다고 한다. 다른 사람을 만났을 때 "나는 당신을 봅니다."라고 이야기하는 것이다. 그러면 상대방은 "제가 이곳에 있습니다."라고 대답한다.

당신이 불편한 순간이나 관계 속에 있거나 상대방의 의견에 반대하고 있는 상황 속에서 분노나 분함에 빠져 있다면 "나는 당신을 봅니다.", "제가 이곳에 있습니다."라고 이야기를 주고받는 인사나 반응을 하지 못할 것이다! 철저히 자기중심적이고 좁은 인식 속에 빠져들어 특정 생각이나 주장을 놓지 못하고 방어하고 있다면, 우리는 큰 그림을 보거나 내 의견에 반대하는 상대방의 입장을 볼 수 있는 능력을 사용하지 못한다. 그러나 마음챙김 수련을 배운다면 이렇게 당신을 제한하고, 방어적으로 만들고, 현 상황에 부정적으로 대응하게 만드는 분노의 습관 에너지를 끊어낼 수 있다. 또한 현재와는 다른, 더 나은 상황을 만들어낼 가능성을 찾게 된다. 마음챙김의 도움을 받아 당신은 현재 내 앞에 누가 있는지, 그가 이야기하고 있는 것은 무엇인지, 내가 다음에 취해야 할 행동이나 말은 무엇일지 더 정확히 볼 수 있을 것이다. 나아가, 마음챙김으로 행동하면 상대방이 당신을 필요로 할 때 더 나은 방식으로 도울 수 있을 것이다. 여기에 어려운 대인관계의 순간에 이용할 수 있는 간단한 마음챙김 명상법이 있다.

분노가 다른 사람에 대한
인식을 왜곡할 때 할 수 있는 간단한 명상법

당신이 다른 사람에 대해 분노하거나 혐오하는 반응을 하고 있다는 것을 알아차린다면, 잠시 물러서서 멈추고, 마음챙김 주의를 신체 감각과 호흡으로 옮기도록 한다.

인내심을 갖고 주의를 반복적으로 한 초점에 머물게 한다. 부드럽게 듣고 분노의 생각에 대해 어떠한 것도 더하려 하지 말고 어떤 방식으로도 통제하지 말자. 당신 앞에 펼쳐지는 경험에 대해서 마음챙김 호흡을 하며 받아들이고, 생각을 있는 그대로 두고, 감각들을 가게 두고, 다시 인내심을 갖고 주의를 신체 감각과 숨 쉬기 감각에 되돌려 놓고 가만히 관찰한다.

준비가 되면, 친절함과 지혜에 주의의 초점을 둔다. 다음 구절들을 떠올리며 마음챙김 호흡을 하면서 친절함, 연민, 지혜의 어구들을 반복한다. "나는 평화로 차오르고 상처로부터 나를 보호할 수 있다.", "이 순간이 나에게 삶의 본질에 대한 교훈을 줄 것이다.", "지금 여기 있는 것이 무엇인지 정확히 보고 현명하게 대응할 수 있다."

스스로에게 몇 번의 마음챙김 호흡과 어구를 반복하고, 조용히 다른 사람에게로 주의를 옮겨 그 사람이 고통에 빠진 어린아이라고 상상해보자. 그 고통이 그 사람으로 하여금 그렇게 말하고 행동하게 만든다고 상상하는 것이다. 그 사람에게 연민을 보내줄 수 있는가? "당신이 평화를 찾고 고통에서 자유로워지면 좋겠어요." 단 몇 번의 숨 쉬기 동안만이라도 그들이 잘 되기를 바라는 것은 당신을 취약하게 만드는 것이 아니고, 당신이 약자가 된다는 의미가 아니다. 당신이 원하는 만큼 길게 명상하도록 한다. 무엇을 알게 되었는가?

분노가 당신을 고립시키고 소외감을 느끼게 할 때

자비 명상법에서 오랫동안 사용된 어구들은 안전의 감정에 주목한다. 예를 들어 어떤 사람은 명상 도중에 "나는 안전해질 수 있다. 당신도 안전해지길 바란다."라고 이야기할 수 있다. 이 명상법을 가르치면서 나는 학생들의 반응을 물어본 적이 있다. 어떤 사람은 "브랜틀리 박사님, 인생을 살면서 이렇게 안전하다고 느낀 적은 처음이에요!"라고 하였다.

우리가 상처받을 수 있는 방식은 너무나도 많다. 그리고 우리는 쉽게 그 고통을 기억하고 갖고 있기 때문에, 안타깝게도 사랑받고 보살핌을 받는 경험이나 안전함의 느낌은 많은 사람들에게 아주 적거나 완전히 없을 수 있다. 이러한 깊은 상처는 분노의 초석이 되어 계속해서 고립감과 소외감을 만들어낸다.

그러나 어린 시절에 받은 상처는 치유될 수 있다. 그 상처들은 당신이 행복해지거나 안정감을 느끼는 데 방해물이 될 수 없다. 로우(Lou) 수녀님은 전쟁의 고통을 겪은 나라의 고아원에서 일한 적이 있다. 그녀는 마음챙김 모임에서 다음과 같은 이야기를 들려주었다.

● 어떤 고아의 이야기 ●

우리 고아원에 온 아이들은 정말 다양한 트라우마를 겪은 아이들입니다. 어떤 어른으로부터도 어떤 좋은 것도 경험해보지 못한 경우가 많습니다. 아이들이 우리에게 올 때는 스스로를 완전히 폐쇄한 상태로 오지요. 부모가 학대를 했거나, 아예 부모를 기억하지 못하기도 합니다. 아이들이 경험했던 모든 어른들이 그들을 상처 입히고 가혹하게 대했기 때문인 경우가 많습니다. 저는 아이들에게 굉장히 조심스럽고 부드럽게 접근하는 방법을 알게 되었고, 이것은 특히 아이들이 우리에게 온 초기에 중요했습니다. 저는 말 그대로 그 아이들을 소생시키는 일을 하고 있다고 생각합니다. 제가 아이들에게 스스로의 내면에 있는 행복과 선량함을 찾으라고 이야기하면, 처음에는 전혀 알아듣지 못합니다.

그런데 마침 고아원 건물 뒤편에는 아름다운 꽃들이 자라고 있었는데, 그곳은 우리의 주방이자 식당이기도 했습니다. 저는 아이들을 데리고 나가서 꽃 주위를 걷고 함께 꽃을 봅니다. 우리는 꽃의 냄새를 맡고, 부드럽게 만져줍니다. 저는 아이들에게 그 아름다움은 물론 자연의 어떠한 아름다움으로부터도 영감을 받을 수 있고 편안함을 느낄 수 있다고 이야기해줍니다. 자연의 아름다움은 평화로움이 잠자고 있는 것이고, 아름다운 자연을 볼 때에는 너희들도 이 아름다움의 일부라는 것을 늘 상기시켜 줍니다. 그 후에 아이들은 가족에 대해 그림을 그리거나, 울음을 터뜨리거나, 저나 다른 선생님을 먼저 찾아와 치유받기 시작합니다.

결핍과 무시의 감정과의 관계를 바꾸는 방법을 배우는 것은 고립감과 분리된 느낌을 만드는 분노의 힘을 크게 줄일 수 있다. 이 명상법이 도움이 될 것이다.

분노, 외로움, 소외감을 느낄 때 할 수 있는 간단한 명상법

분노, 고립감, 무기력함, 외로움 혹은 비슷한 강도의 악감정과 혐오감에 사로잡히면, 그 기분을 느낀 즉시 잠시 멈추고 마음챙김하며 걷거나 호흡하도록 한다.

당신의 생각들을 그저 있는 그대로 두고, 가도록 하며, 인내심을 갖고 주의를 다시 자신의 몸으로 돌려놓는다. 주변의 세상에 대해 마음챙김하며 주의를 기울이고, 자연의 아름다움이 다시 당신 내부의 아름다움과 선량함을 불러오도록 한다. 이 아름다움이 당신을 지지하도록 한다.

자신에게 친절과 연민의 말들을 보내준다. "나는 내부, 외부의 상처로부터 보호받을 수 있다.", "나는 내 주위의 아름다움을 알 수 있고 내 안의 선량함을 기억해낼 수 있다." 원한다면 주변의 아름다움을 찾아보거나 당신이 다른 사람에게 선량함을 갖고 한 행동을 생각하는 것도 좋다.

마음챙김하며 걷고 호흡하면서, 분노와 고립감의 감정이 어떻게 변하는지 느끼고 그것들이 영원불멸한 상태나 인격이 아니라는 지혜를 얻으며 명상을 마친다. 당신의 내적 생각이 무슨 말을 하든, 이 세상에서 떨어져 나갈 수 없다는 지혜를 얻자.

분노가 자신에 대한 경험을 왜곡할 때

어린아이가 자신의 어머니에게 흥미로운 질문을 던지는 오래된 이야기가 있다. 소개하자면 이렇다.

> **아이** 엄마, 엄마가 괴물들에게 둘러싸여 있다고 상상해보세요. 정말 무서운 괴물들인데 엄마는 그들과 싸울 수 있는 방법이 없어요. 엄마라면 어떻게 하겠어요?
>
> **엄마** (잠시 멈추었다가) 이런! 정말 어떻게 해야 할지 모르겠어. 너라면 어떻게 하겠니?
>
> **아이** 저라면 상상하는 것을 멈추겠어요!

분노의 감정이야말로 이런 괴물들이라고 할 수 있다. 분노는 당신이 상상하거나 인식하는 상처와 위협으로부터 힘을 얻으며, 분노의 감정은 더 큰 분노를 낳고, 이것은 당신의 주의의 초점을 스스로의 몸과 현재 순간에 두지 못하게 만든다. 일어날지도 모르는 일들, 일어났던 일들에서 받았던, 계속되는 상처에 대한 상상들로 가득 차면 당신은 정말로 몸이 터져버리거나 어떠한 감각도 느낄 수 없는 지경이 될 정도로 현실감을 잃어버리게 된다. 하지만 좋은 소식은 당신은 달라질 수 있다는 것이다.

분노, 연결되지 못함, 스스로에 대해
무덤덤함을 느낄 때 할 수 있는 간단한 명상법

무언가를 느끼고 감지하는 것(자기 몸에서 오는 감각을 포함하여)이 어려워졌다는 것을 느끼면, 멈추고 혼자서 시간을 갖자.

편안한 자세를 취하고, 무언가를 고치거나 바꾸려는 노력을 버린다. 판단하지 말고, 아무것도 갈구하지 말고, 신뢰와 인내심의 태도를 잊지 말고, 자각 속으로 들어간다.

조용히 주변의 소리들을 알아차리면서 시작한다. 소리가 당신에게 오고, 주변에서 흐르고, 현재 순간에서 빠져나가도록 둔다. 긴장을 풀고 단순히 소리를 알아차린다. 소리들에 대해 어떤 생각이 생긴다면 있는 그대로 두고, 가도록 한다. 그리고 다시 소리로 주의를 돌린다.

원한다면, 당신의 신체로 주의를 돌리고, 당신에게 오는 어떠한 감각도 모두 느껴본다. 어쩌면 그것은 신체의 특정 부위가 무거워지는 느낌일 수도 있고, 공기나 옷이 당신의 피부에 닿는 느낌일 수도 있다. 그저 긴장을 푼다. 당신이 주변에서 일어나는 일들을 알아챌 수 있다고 믿고, 이 마음가짐이 명상을 위해서 충분하다고 믿는다.

∷ 새로운 눈으로 바라보기

현재 순간에 우리가 살아있다는 경험은 연속적으로 이어지는 내적 삶의 상호작용으로 만들어진다. 신체 감각, 기억, 사상, 인식, 믿음, 그리고 의식 세계는 물론 매 순간 주변 상황과 사람들에게서 새롭게 흘러 들어오는 정보의 흐름이 모두 작용하여 살아있다는 경험을 만드는 것이다.

비슷하게, 어떤 사람이 자신이 살아있다는 경험을 하기 위해서는 그들과 우리의 상호작용에서 오는 경험이 필수적이다. 그들이 보고, 듣고, 느끼는 마치 직물을 짜는 것 같은 지금 이 순간 현실 경험의 실들에는 우리의 행동과 언어도 포함된다.

놀라우리만치 다양한 방법으로, 우리는 매 순간 변하는 현재 순간에 상호작용을 한다. 이를 통해 살아있다는 현실을 상대방에게 만들어주기도 하고, 상대방이 나의 현실을 만들기도 하는 것이다. 산소와 이산화탄소가 매 숨 쉬기에서 교환되는 것에서부터 에너지를 만들고 소비하는 방식, 그리고 우리의 사상, 인식, 느낌의 생산과 분배 과정까지 우리는 절대로(물리적, 전기적, 디지털 등 다양한 방식으로) 다른 사람과의 상호작용에서 배제될 수 없다. 다른 사람들과 연결되어 있다는 것을 부정할 수 없으며, 우리는 서로와 서로의 세상에 영향을 미치고 있다.

프랑스의 작가인 마르셀 프루스트(Marcel Proust)는 진정한 발견을 위해서는 새로운 지형을 찾아나서는 것이 아니라 새로운 눈을 찾는 것이 핵심이라고 하였다. 만약 우리가 삶에 새로운 눈을 갖고 임할 수 있다면 어떨까? 우리는 무엇을 보게 될까?

겹겹으로 되어 있는 상호 연결을 직접 눈으로 볼 수 없고, 우리가 주관적으로 스스로가 분리되어 있거나 소외되었다고 느낀다고 해서, 실제로 존재하는 다양한 연결들이 존재하지 않는 것은 아니다. 진짜 문제, 그리고 많은 사람들이 자주 겪는 이 문제는 세상을 분노, 두려움, 슬픔, 그리고 고통의 필터를 가지고 선택적으로 받아들인다는 것에 있다. 이것은 현재 존재하는 것을 받아들이는 것을 방해할뿐더러 거기서 오는 감정을 제대로 느낄 수 없게 한다.

선택적 지각과 '과거의 시각'인 분노, 비난, 그리고 고통의 눈으로 세상을 보는 것이 너무나 익숙해서, 강렬한 감정들이 당신의 눈을 멀게 만들 때 당신을 다시 이곳 현재로 데려오기 위한 중요하고도 효과적인 질문은 "여기에 또 뭐가 있지?"이다. 또 다른 두 개의 중요한 질문은 "내가 보는 것을 막는 것은 무엇인가?", "이것은 나의 연민 어린 주의가 필요한 일인가?"이다.

우리의 모든 것이 우리를 만든다

당신이 세상에서 떨어져 나가지 않았다는 것을 기억하게 해줄 좋은 방법은, 아무 의미가 없다고 생각한 연결과 소속감에 대해 지금까지와는 다른 관점을 갖는 것이다. 즉 우리의 모든 것이 우리를 만든다는 이야기다.

고통스러운 과거와 상처를 받았던 언어와 행동들을 어떻게든 '내가 아닌' 것으로 치부하는 것은 쉽고 간편하다. 사람들은 가끔 창피함, 고통, 자신의 과거와 행동 중 없었으면 하는 것들에 대해서 놀라울 만큼, 가끔은 극적으로 거리감을 유지한다. 그러나 스스로의 일부분을 선택적으로 받아들이는 것은 정확하지 않고 진실이 아닌 인식이며 후회, 창피, 죄책감을 느끼는 자신의 일부분을 부정하거나 숨기려는 시도는 그만한 대가를 치르기 마련이다.

당신의 내면세계의 흐름에 대한 마음챙김 관찰에서 보듯이 모든 생각, 모든 행동, 모든 언어는 일시적인 것이다. 각각의 것들은 그것의 원인이 있고, 각자의 결과를 만들어내어 삶의 다음 순간을 이루어간다. 이것은 일생을 살면서 진행해온 방식이고, 우리 모두가 겪는 삶이 이어지는 방식이다.

당신이 있는 현재 이 순간이 어디든, 당신의 실재가 무엇이든, 당신을 이 순간 완전하게 만드는 것은 모든 삶의 경험들, 즉 내면세계의 직물을 구성하는 생각, 느낌, 기억, 그리고 관련된 의미들을 포함하는 것에서 온다고 말할 수 있다. 이것이 모든 것을 말한다! 당신이 지금 이 순간 누구냐는 것은 당신의 실수는 물론 모든 성공들에서 나오는 것이다. 당신이 이곳에 있는 것은 당신의 통찰력은 물론 당신이 통찰력을 갖지 못하는 부분을 포함하며, 당신의 아름다운 부분과 그렇지 못한 부분을 포함한다. 당신의 더 많은 부분들, 그리고 당신 삶의 사람들과 사건들이 지금 이 순간 당신을 만들어내는 것이다. 그 모든 것 중 어느 것 하나가 없었어도 당신은 현재 당신이 아니며 지금 여기 있는 당신이 아니다. 스스로를 이런 관점에서 보는 것은 굉장히 멋진 일이면서 당황스럽기도 하다. 확실한 것은 이런 시선은 우리에게 생각할 거리를 던져준다는 것이다!

던의 이야기로 돌아가보자. 그의 고통스러운 유년기 경험과 지속되어온 무가치함과 남들에 대한 불신이 없었다면, 그는 삶에서 그런 어려움을 겪지 않았을 것이다. 또한 그는 심리치료를 찾을 만큼 고통스럽지 않았을 것이다. 그리고 그의 가족과 나눈 사랑과 그에게 이미 내재된 용기와 지성이 없었다면 던은 적극적으로 도움을 구하고 이 문제를 해결하지 못했을 것이다. 그가 앞서 말한 상태와 상황들을 겪지 않았다면 이 치유의 순간에 도달할 수 있었을까?

마음챙김과 지혜로움의 시선을 갖고 이렇게 삶을 통째로 보면서 우리는 마르셀 프루스트가 언급한 '새로운 눈'을 우리만의 방식으로 찾은 것이다. 깊이 생각해보면, 자기 자신의 모든 것을 수용하고, 스스로에게 열린 마음을 갖는다는 것은 무엇을 의미하는가? 만약 당신이 이미 당신 안에 내재되어 있는 거대한 충만함의 관점에서 시작한다면 당신에게 어떤 영향을 끼칠 것인가?

마음과 정신

당신이 마음(heart)에 대해 갖고 있는 생각은 무엇인가(조금이라도 그런 생각을 한다면)? 아니면 당신의 정신(mind)에 대해 어떤 생각을 갖고 있는가? 수피교에는 '정신은 마음의 표면이고, 마음은 정신의 깊이를 말한다'는 가르침이 있다.

이 관점에서 이야기할 때, 마음이라는 것은 정신이 두개골 속에 있는 뇌만을 뜻하는 것이 아니듯, 물리적 장기를 말하는 것이 아니다. 이 시각은 정신과 마음이 깊이 상호 연결되어 있으며, 사실상 분리된 것이 아니고, 마음의 깊이는 친절함과 연민, 지혜와 즐거움을 포함하는 우리의 의식을 말한다. 마음과 정신은 우리가 삶의 신비와 삶 속에서 맺는 관계와 연결될 수 있도록 함께 우리를 돕는다.

마음챙김을 수련한다는 것은 고통, 분노 혹은 두려움을 억누르지 않는다는 것을 의미한다. 마음챙김은 포괄적인 것이다. 즉 의식 속에 떠오르는 것이 무엇이든 그것을 껴안으려는 마음가짐이다. 마음챙김의 능력은 마음과 정신 모두에 달렸다. 스스로가 이미 갖고 있는 마음-정신에서 오는 지성과 친절함을 믿는 것은 연결과 소속감을 만들어낼 수 있다.

나는 삶의 어려운 순간에 마음-정신이 서로 의지가 되고 정보를 주고받는 힘에 의지한 적이 있다. 그 이야기를 하고자 한다.

● 집중치료실 이야기 ●

몇 달 전 오후에 나는 평소에 가깝게 지내던 친척의 집중치료실 병동에 가족들과 함께 있었다. 그는 삶과 죽음의 경계선에 있었다. 물론 나는 대단히 강렬한 감정에 사로잡혔었는데, 두려움, 회의감, 그리고 분노마저 느끼고 있었다. 나는 마음챙김으로 호흡하면서 그 감정들에 더 자세히 주의를 기울였고, 나와 이 방에서 일어나는 일들을 더 자세히 살펴보았다. 내가 점차 안정을 취하고 현재에 있게 되면서 내가 사랑하는 사람들의 얼굴에 떠올라 있는 괴로움을 더 완전히 느낄 수 있었다. 또 나의 내적 좌절도 더 잘 볼 수 있었는데, 주변에 심박 측정 기계가 작동하고 산소호흡기가 돌아가는 소리가 나는데도 확실히 그것들을 알 수 있었다. 주변에서 일어난 일들과 내 안의 감정들 사이에서 한 가지 생각이 내 정신에 떠올랐다. "이 주변 사람들이야말로 내가 인생이라는 여행을 함께 하는 사람들이다. 우리는 많은 순간들을 함께해왔다. 그 순간들 속에서 우리는 여러 종류의 감정과 사랑을 나누었다. 현재 우리는 이 순간에 함께 있고, 삶과 죽음의 경계에 서서 생사의 진실을 보고 있는 것이다." 이 깨달음이 생기자, 나의 주의의 초점은 그 즉시 안정되었고, 나의 마음이 부드러워지는 것은 물론, 어디에서 온지 모르는 힘이 나를 채우고 지탱해주었다.

마음-정신의 측면에서 우리 인간이 가지고 있는 지성과 선함의 정수(精髓)는, 우리가 스스로 분노, 두려움 혹은 다른 종류의 어려움을 새로운 눈으로 볼 수 있는 힘을 준다는 데 있다. 또한 우리는 마음-정신을 통해 악감정과 혐오감을 호기심과 연민으로 받아들일 수 있으며, 이 순간의 연결과 소속감에 대한 더 깊은 이해를 하면서 왜곡된 신념과 두려움을 거대한 의식을 통해 바꿔나갈 수 있다.

∷ 기억할 것

- 분노, 악감정, 혐오감과 그와 관련된 감정들은 외로운 소외감을 만들고 과거의 기억이나 상처를 들춰내 매 순간 우리 앞에 펼쳐지는 놀라운 상호 연결과 소속감을 볼 수 없게 만든다.
- 스스로와 다른 사람들을 위해 마음챙김, 연민, 그리고 지혜를 실행하는 것은 소외감의 망상을 부수고 매 순간 펼쳐지는 경험들 속에서 소속감의 진실을 실현할 수 있게 해준다.

10

여러 가능성 –
당신이 선택하는 것은 무엇인가?

증오는 절대로 증오로 끝낼 수 없다.
증오는 오로지 사랑으로 멈출 수 있다.
이것은 영원불멸한 법칙이다.
– 부처(the Buddah)

매순간은 놀라울 만큼 다양한 가능성을 담고 있다. 어떤 일이 발생하고 당신은 거기에 반응한다. 그리고 당신이 선택한 그 대응 방식이 일어날 수 있었던 수없이 많은 가능성 중 하나의 가능성을 나타나게 만들고 실현시킨다. 그리고 다른 가능성들은 실현되지 못하고 우리가 보지 못한 채 사라진다.

실제로 발현되는 것만이 현재 순간으로 흘러 들어오는 경험의 직물의 일부분이 되고, 당신과 당신의 행동에 영향을 받은 주변 사람들의 그 이후 반응, 발현, 표현을 만들어낸다. 그리고 이는 계속해서 이어진다. 연속적으로 변하는 상태들은 당신의 현재 순간으로 흘러 들어온다.

이 장에서는 매 순간마다 결정할 수 있는 자유에 대해 더 알아보고, 우리가 선택할 수 있는 자유는 우리가 현재 순간에 가져올 수 있는 의식과 친절함, 연민(혹은 두려움, 분노, 그리고 비난)에 영향을 받아 더 커지거나 작아질 수 있다는 사실을 알아볼 것이다.

:: 선택과 행동 : 각자의 인생

당신과 당신 주변에서 일어나는 일들에 대해 어느 정도의 자각과 진정성을 가지고 임하는가 하는 것이 당신의 반응과 그로 인해 만들어지는 세계를 좌우한다. 마음챙김을 실행함으로써, 한 사람 한 사람이, 그리고 다른 살아있는 생물들이 아름답고, 무섭고, 멋지고, 상호작용한다는 것, 모두가 상호 연결된 삶의 과정에서 지속적으로 수신자이자 동시에 발신자라는 것, 수혜자이며 기여자라는 것을 많은 방법을 통해 알게 될 것이다.

예를 들어 복잡한 거리에서 줄을 서거나 걸어야 한다면, 아마도 화가 나거나 짜증이 날 것이다. 그리고 어떤 사람이 실수로 당신에게 부딪쳤다면, 당신은 어떻게 할 것인가? 그 사람을 무시하고 계속해서 걸어가되, 안으로는 화가 나고 부루퉁할 것인가? 뭔가 날카롭게 한마디 하거나 나도 다시 그 사람에게 부딪칠 것인가? 당신이 어떤 사람이나 사물에 대해서 선택하는 반응은 단순히 매 순간 나타나며 표현을 변화시키면서 현재 순간에 들어오고 나가는 커다란 삶의 직물의 부분일 뿐만 아니라, 전반적이고 전체적인 모양을 만들어가는 것이다.

생각해보면, 당신이 현재, 지금 의식적으로 혹은 무의식적으로 어떤 언어를 쓸지 어떤 행동을 할지 결정하는 것은 타인의 진행 중인 현실의 일부분이 된다. 다른 사람들의 내부에 영향을 미치며 그들이 할 행동을 결정하고 그것은 또다시 그 사람의 주변에 있는 제3자에게 영향을 미친다. 예를 들어 어떤 사람이 실수로 당신에게 부딪쳤을 때 그 사람에게 화를 내며 욕을 하고 물리적으로 쳐낸다고 해보자. 그로 인해 생겨나는 세상은 당신은 물론 그 사람에게도 당신의 반응으로 인해 달라진 것이다. 당신이 공격적이지 않았거나 겉으로 표현하지 않았더라면 세상은 굉장히 달랐을 것이다.

그러나 당신이 겉으로 표현하지 않았더라도, 내부에는 화난 마음과 그런 반응을 가지고 있을 수 있다. 계속해서 열을 내고, 비난하고, 속으로 조용히 부루퉁해 있다가 나중에 그것을 표출하면, 새로운 사람이 당신이 아까 부딪친 것에 대한 대가를 받게 된다. 당신이 정말로 화가 많이 났다면, 그 새로운 사람은 굉장히 강한 대가를 받게 될 것이다! 어찌 되었거나 그 새로운 사람은 당신이 잠시 눌렀던 분노와 짜증이 이글거리다가 결국은 표출되었을 때 그 분노를 받은 것이다.

다른 사람이 당신에게 부딪친다는 이 상황(혹은 이 사람에게 받은 부딪침을 다른 사람에게 전달하는 상황)은 우리가 인생의 매 순간 갖게 되는 상호 연관성과 연결을 나타내는 또 다른 의미심장한 예시이다. 우리는 비의도적인 부딪침들(비단 물리적인 것뿐만 아니라 언어적이거나 다른 방식을 포함하여) 속에서 분노를 느낀 적이 많고 결과적으로는 그것을 다른 사람에게 전가하는 경우가 많다. 아니면 거꾸로, 당신이 발휘한 친절로 인해 다른 사람도 친절한 사람이 되기 시작하는 경우도 많을 것이다.

마음챙김을 통해서 당신은 실제로 복잡한 연결의 네트워크가 생겨나는 것을 관찰할 수 있다. 그 연결이 매 순간의 상호작용 속으로 흘러 들어왔다가 나가는 것을 볼 수 있으며, 우리가 흔히 '만 개의 행복과 만 개의 슬픔'이라고 부르는 우리 삶에 대한 신랄한 서술에서 보듯이 매 순간을 채워 나가는 것을 알 수 있다.

겸손과 조심이라는 말을 덧붙이고 싶다. 우리 중 그 누구도 자신 혹은 타인의 삶이 어떠한지 혹은 어떻게 진행될지에 대해서 통제력을 가진 사람은 없고, 또 가져본 적도 없다. 당연하게도, 인생은 통제력을 갖기에는 너무나 복잡하다. 그런데 가끔 우리의 자아와 인격이 용감하게도 마치 통제력을 갖고 있는 것처럼 행동한다. 하지만 인간은 서로 깊이 연관되고 연결되어 있으며, 우리의 개인적인 선택이나 그 선택에 따른 행동들은 다른 이들에게 복잡하고도 연속적인 방식으로 영향을 미친다.

:: 삶 : 선물이자 창조

"우리에게는 두 개의 삶이 있다. 하나는 우리에게 주어진 것이고, 하나는 우리가 만들어가는 것이다."라는 말을 들어본 적이 있을 것이다. 우리가 스스로에 대한 또는 타인에 대한 분노, 악감정, 혐오감, 그리고 적개심의 노예가 된다면, 우리가 내린 그러한 선택들로 인해 그야말로 자신과 타인의 삶을 필요 이상으로 힘들게 할 것이다. 우리는 또한 악감정과 적대감 때문에 현재 자신과 함께 하는 것들이 무엇인지, 어떤 가능성들이 있는지, 어떻게 삶을 더 아름답고 생기있게 만들 수 있을지를 자각하는 능력을 잃어버린다. 여기에 역경, 용기, 그리고 가능성에 대한 놀라운 이야기가 있다.

● 조슈아의 이야기 ●

화가 난 동네 주민이 조슈아의 얼굴에 염산을 뿌려 실명하게 만들고 얼굴을 무너뜨렸을 때 그는 그저 4살짜리 꼬마였다. 뉴욕타임스 기사(Jamieson, 2013)에 의하면, 그는 수차례 재건 수술을 거쳤지만 시력을 되찾을 수는 없었다. 그가 겪은 트라우마는 그의 가족에게도 영향을 미쳤고 그의 부모님은 그가 그런 일을 겪은 후 이혼을 했다. 의사들은 조슈아의 얼굴을 재건하기 위해 몇 번의 수술을 더 하고자 했다. 그러나 조슈아는 마침내 "이만하면 됐어요."라고 선언하였다.

뉴욕타임스 기사에 의하면, 조슈아는 자신의 가족에게 "이제 내 실명과 무너진 얼굴을 받아들일 때가 되었고, 나 또한 새로운 삶을 살 시간이 되었어요."라고 말했다고 한다. 조슈아가 이 말을 한 것은 그가 12살 때였다.

그 이후 조슈아는 학교에서 우수한 성과를 보이며, UC버클리 음향심리학 분야에서 박사학위를 취득하였다. 그는 NASA에서 일했으며 스미스-케틀웰 (Smith-Kettlewell) 눈 연구소 연구자로 재직하였고, 결혼을 하고 두아이를 낳았다.

이러한 성공 외에도 조슈아는 시각장애를 앓고 있는 사람들의 처우 개선과 삶의 질 향상을 위해 많은 노력을 했다. 그는 샌프란시스코와 이스트베이를 연결하는 전철 시스템을 점자로 개발하였다. 그는 또한 실명한 사람들이 컴퓨터를 사용할 수 있도록 프로그램을 만들기도 하였다. 그는 현재 시각장애인들을 위해 영화나 영상 매체를 소리로 들을 수 있는 프로젝트를 진행하고 있으며, 박물관 관람을 위해서도 열심히 노력하고 있다.

조슈아의 이야기는 우리가 처한 현 상태에서 매 순간 만들어가는 관계와 선택이야말로 삶을 좌우하는 것임을 다시 한 번 보여준다. 우리는 거부할 것인지 받아들일 것인지를 선택할 수 있다. 우리가 어떤 결정권을 가지고 있는지 아는 것은 우리를 더 의식적으로 행동하게 한다. 마음속 깊은 가치들과 소통하고, 자신을 받아들이고 내가 누구든 이 세계를 구성하는 한 가닥 실이며, 스스로의 선택으로 만들어진 것임을 깨달을 수 있는 힘을 준다.

우리는 삶의 주어진 조건에 대해 어떤 관계를 맺을지 어떻게 결정하는가? 이 방식 대신 저 방식을 선택하는 우리의 자유는 무엇으로 결정되는가? 우리는 어떻게 도전과 장애물을 이겨낼 힘을 갖는가?

마음 속의 오랑이를

어떤 마을의 지혜로운 노인에 관한 유명한 이야기가 있다.

어떤 마을에 나이가 많고 현명하여 그 지역에서 매우 존경받는 노인이 있었다. 어느 날 한 무리의 낯선 사람들이 음식과 선물들을 가지고 와서 노인에게 질문을 하나 해도 되겠냐고 물었다.

"물론이죠." 노인은 말했다. "뭐든지 물어보세요."

"존경받는 선생님," 그들은 말했다. "당신은 친절하고 행복한 것으로 유명합니다. 당신을 아는 사람들은 당신을 존경하고 현명하다고 말합니다. 어떻게 이렇게 될 수 있었나요? 이렇게 될 수 있는 데는 어떤 비밀이 있습니까?"

노인은 웃으며 대답했다. "굉장히 간단합니다. 그러나 쉽지만은 않죠. 오래전, 저는 제 마음속에 두 마리의 호랑이가 있다는 것을 깨달았답니다. 하나는 분노와 증오심의 호랑이였고, 다른 것은 보살피고 사랑하는 마음의 호랑이였습니다. 모든 것은 날마다 제가 어떤 호랑이에게 먹이를 주었느냐에 달렸습니다."

마음챙김의 기술을 다시 기억해보자. 이 기술은 3장에 언급된 명상 훈련을 통해 기를 수 있다. 이 기술들은 의도(intention), 주의(attention), 태도(attitude)였다. 이 이야기에서, 노인은 자신의 두 마리 호랑이에 대해 마음챙김으로 접근하였고, 각각의 호랑이에게 먹이를 주었을 때 어떤 효과가 있는지 마음으로 깨달았다. 이를 통해 그는 그가 키우고 크게 만들고 싶은 호랑이가 무엇인지 의도를 가질 수 있었다. 그가 두 마리의 호랑이를 보게 된 후에 그의 삶은 완전히 변하였다. 그가 보살피고 사랑하는 호랑이를 키우고자 의도를 설정했을 때, 그의 주의는 그 호랑이에게 가서 안정되었고, 그 호랑이를 키우고자 하는 태도(방식)와 의도(방향)는 사랑과 보살핌의 가치들이 갖는 힘을 더욱 크게 해서 주변사람들도 알아볼 수 있었던 것이다.

마음챙김에 기반을 둔 스트레스 감소 수업에서 우리는 '존재하되 아무것도 하지 않음'을 연습한다고 자주 이야기한다. 이것은 부산스러움과, 무엇인가를 하고, 하고, 또 하는 습관적인 에너지로부터 거리를 두고 잠시 멈추어 의식 속에 이완하여 관찰하고, 수용하고, 현재 당신이 경험하는 모든 것과 그저 함께 존재하는 법을 배우는 것이다.

수업에서 우리는 또 '존재하는 것은 행동할 것을 알려준다'고 이야기한다. 즉 마음챙김을 실행하는 것은 스트레스에 대해 (상처를 주고, 비효과적인) 반응하는 것에서 스트레스에 (효과적이고 건강한) 응답하는 방식으로 변하게 해준다는 의미이다. 다시 말해 당신이 마음챙김을 할수록 마음속 정글에 사는 호랑이에 대해 통제력을 갖지는 못할지라도 어떤 호랑이에게 먹이를 줄 것인지는 선택할 수 있다는 의미이다!

:: 어려움 : 도전 그리고 기회

마음챙김 수련의 관점에서 볼 때, 세상의 모든 것은 우리가 현재 상태와 현재 순간을 얼마나 자각하는지, 그 삶의 상태들과 어떤 관계를 맺는지에 달려있다. 변화하는 상태에 주의를 유지하느냐 그렇지 않느냐, 친절함과 연민의 열린 마음을 유지하느냐 그렇지 않느냐, 그리고 어려움과 도전이 닥쳤거나 다가올 때 계속해서 관찰하고 수용하느냐 그렇지 않느냐가 우리가 실제로 분노의 반대편에 서 있을 수 있는지, 그렇지 않은지를 결정하는 기술이다.

어려울 때와 힘든 순간을 아는 것

폴리 영-아이젠드래스(Polly Young-Eisendrath)는 저명한 정신분석가이자 선(禪)과 위파사나 전통에 기반을 둔 마음챙김 명상 지도자이다. 그녀는 우리가 통상 하는 생각들, 즉 삶의 고통이 찾아왔을 때는 피하거나 제거해야 한다는 생각에 대해 다음과 같이 말하고 있다.

어려움은 변화와 발전을 위한 주요 촉매제이다. 삶의 어려움들은 우리가 현재 가지고 있는 의도와 태도, 행동과 관계가 어떻게 괴로움을 만들어내는지 일깨워준다. 우리가 겪는 괴로움의 많은 부분은 스스로가 갖고 있는 불만에서 출발하며, 이 불만은 스스로가 세상과 맺는 (잘못된) 관계로부터 스스로를 보호하기 위해 생긴 태도와 평가로부터 발생한다(Young-Eisendrath, 2009, 117-18).

삶의 어려움이 우리에게 줄 수 있는 가르침을 막는 것은 스스로 갖고 있는 두려움, 욕망, 스트레스, 그리고 피로이다. 사실상, 고통이 줄 수 있는 가르침이야말로 우리 내부의 스트레스와 좌절을 인식하게 해주는 것이다. 아래의 이야기는 자기 방치와 소진이 어떤 대가를 치르는지 보여준다.

● 모니카의 이야기 ●

두 명의 청소년기 아들을 둔 55세의 모니카는 응급실 간호사로 매우 바쁘게 살고 있다. 부모님은 근처에 있는 노인 주택 단지에 사신다. 다른 가족들과도 원만한 관계를 유지하고, 남편인 톰과도 좋은 관계를 유지하고 있다. 그런데 그녀가 자기 돌봄과 스트레스 관리를 위해 하는 일은 한 달에 몇 번 친구들과 일과 후나 점심 시간에 잠깐 만나는 일이 전부였다. 근래에는 아버지의 건강이 나빠지면서 어머니를 도와 아버지 건강을 챙기는 시간이 점점 늘어났다. 그리고 최근 몇 달 동안, 큰 아들은 대학 지원을 하느라 바빴고, 톰과 함께 큰 아들과 작은 아들의 학비를 어떻게 마련할지에 대해 고민하였다.

늘어난 할 일과 걱정 속에서 모니카는 자신의 모든 시간과 에너지를 부모님의 건강 문제와 아들의 대학 결정에 쏟아부어야 한다는 의무감에 휩싸였다. 그 후로 잠을 잘 자지 못하고, 잘 먹지 못하며, 스트레스를 크게 받으면서, 가끔은 짓눌리는 기분이 든다는 것을 알게 되었다. 어느 날 몹시 바빴던 교대 근무 시간이었는데, 그녀는 자신이 어떤 환자에게 화를 내면서, 응급실 의사에게도 높고 분노에 찬 목소리로 이야기하고 있다는 것을 알게 되었다. 그녀는 몹시 놀랐다. 그녀의 표현을 빌리자면 응급실이야말로 그녀의 삶에서 유일하게 '덜컹거리지 않는' 부분이었는데, 내면의 분노의 목소리가 "넌 망치고 있어." 하면서, "정신 차리란 말이야."와 같은 힘든 요구를 하고 있다고 느꼈다. 응급실에서 그런 일이 일어난 후에, 그녀는 자기가 얼마나 스트레스를 받고 있으며 피곤한지 알게 되었고 그것을 바꾸고자 하였다. 그녀는 병원 내의 직원 지지 프로그램 담당자와 만나 이야기를 하였고, 그 후 가족의 지지를 받으면서 마음챙김에 기반을 둔 스트레스 감소 강의에 참가하게 되었다. 연민과 자각을 통해 스트레스를 인식하고 관리하는 법을 배우는 강의였다. 그녀는 일주일에 몇 시간만이라도 '자기만을 위한 시간'을 갖는 것을 최우선으로 하였다. 시간이 지나면서 모니카는 자기 자신을 돌보는 것이 다른 사람을 돌보는 것만큼 중요하다는 것을 깨달았다. 그녀는 나중에 자신의 친구에게 "마음챙김과 자기 연민이 내 삶을 바꿔 놓았어!"라고 전했다.

피로를 느끼고 짓눌리는 기분이 들 때야말로 당신이 마주한 어려움에 대해 명확한 의도를 갖고 대할 수 있는 가장 힘들면서도 중요한 순간이다. 그러나 당신이 어려움에 대해서 피하지 않고 맞선다면, 연민과 자각을 당신을 도울 수 있는 방향으로 활용할 수 있을 것이다.

어려운 시기에 기회를 찾는 것

모니카는 우리 주변 누구나의 모습일 것이다. 요구가 늘어나고, 자기 돌봄이나 지지는 줄어든다. 그리고 내면의 '고등 법원(초자아)'에서 스스로에게 내리는 실패와 무력함의 판결에 사로잡히는 것은 오늘날과 같은 바쁜 세상에 너무도 흔한 일이다. 이런 어려움과 주변의 요구들이 모니카로 하여금 결과적으로 보살핌과 사랑의 호랑이가 아닌 분노와 증오심의 호랑이에게 먹이를 주게 만들었다고 할 수 있다.

모니카가 잠시 멈추어 그녀의 인생이 얼마나 어려워졌는지 정확하게 인식하고 깨달았을 때, 자각과 연민에 기반을 두고 자기 자신을 바꾸는 것에서부터 그 어려움에 대응할 수 있었다. 먼저, 일단 멈추고 '존재하기', 그리고 스스로를 면밀히 살펴보고 나니, 이렇게 어려운 순간 속에서도 성장과 변화의 계기가 될 수 있는 새로운 가능성과 기회가 있다는 것을 깨달았고 그것을 선택했다.

어려운 순간들은 도전과 기회를 동시에 던져준다. 분노, 악감정, 무력감, 그리고 주어진 조건 때문에 피해자가 되는 대신에, 지금 이 순간 직면한 어려움을 현재에 머물며 바라보는 능력을 키운다면, 매 순간 존재하는 가르침과 현명한 선택이 주는 이득을 취할 수 있을 것이다.

:: 납득이 가는 유일한 반응

그러나, 결과적으로 우리는 인간일 뿐이다! 어려운 때에 길을 잃고 좋지 않은 해로운 선택을 하는 것 또한 자연스럽다.

이것을 기억하는 것이 굉장히 도움이 될 것이다. 당신은 그저 인간일 뿐이며, 그러니까 늘 스스로를 인내하고 용서하며, 친절하게 대하도록 한다. 왜냐하면 치유와 변화의 과정은 어려운 것이기 때문이다. 마음챙김을 실행하는 모든 순간은 결국 친절함과 연민의 순간이라는 것을 기억하는 것에서 출발하자. 마음챙김을 실행하는 것은 돌보는 관심을 표현하는 것이고, 마음을 풍성하게 하는 부드러움과 사랑의 행위이다.

마음챙김은 당신을 현재 순간으로 다시 데려온다. 이 현재 순간이야말로 당신이 실제로 어려움에 대해 반응을 선택할 수 있는 유일한 시간이다. 발생하는 일(폴리 영-아이젠드래스에 의하면 '세상과 맺는 관계')에 대해 현재에 머물며 열린 마음을 갖는 것이다. 현재에 머물며 관찰하는 것이 매 순간 우리와 함께 존재하고 있는 삶과 죽음의 큰 맥락을 잊지 않게 해준다.

나오미 시합 나이(Naomi Shihab Nye)의 유명한 시 친절함(kindness)을 보면, 슬픔은 친절함 말고 또 다른 '가장 깊은 것'이라고 작가의 관찰을 표현하고 있다(1995). 그녀는 삶의 구석구석 존재하는 슬픔을 깨닫는 것에서 출발하여 어떻게 슬픔이 자신은 물론 타인에게도 영향을 미치는지 아름답게 서술한다. 작가는 슬픔에서 오는 고통에 대해 오로지 합당한 대응방법은 친절함일 뿐, 우리가 흔히 하고 있는 거부하고, 혼란에 빠지고, 둔감해지는 것은 아니라고 하였다.

우리는 이러한 형태의 주의를 자기 돌봄 혹은 자기 충만(self-fullness)이라고 한다. 이러한 관심은 이기적이거나 방종이 아니다. 스스로를 마음챙김과 자기 관심에 포함시키기 위해서는 의도가 있어야 하고, 에너지가 필요하다. 그 에너지는 자기 돌봄, 자기 연민에서 자연스럽게 키워지는 것이다.

그 에너지는 휴식과 운동, 그리고 자기 자신이나 좋은 사람들과 갖는 시간을 통한 적정한 자기 돌봄에서 온다. 스스로를 마음챙김 관심의 범위에 넣는 것은 당신이 누구인지 정확하게 볼 수 있는 용기와 의도를 필요로 한다. 여기에는 당신이 갖고 있는 도울 수도 있고 상처 입힐 수도 있는 능력, 성공할 수도 실패할 수도 있는, 장점도 있고 단점도 있으며, 취약하지만 결국 죽을 것이라는 사실을 연민 어린 눈으로 직면할 수 있는 지혜도 포함된다.

우리 인생에 있을 수 있는 외로움과 고통을 가늠하는 것은 타인에게 고통을 야기하는 복잡한 원인들을 보는 것을 포함한다. 다른 사람의 고통과 괴로움을 보는 것이 어려운 일인 만큼, 그들이 괴로움에 대한 반응으로 당신에게 공격, 위협, 도전할 때 그것을 연민으로 받아주는 것은 진정한 용기, 투지, 그리고 이해가 필요한 더 어려운 일이다.

다른 사람들로부터 공격받은 상황에 처했을 때, 그 순간에 연민을 갖고 임

한다는 것이 타인의 상처 주는 언어와 행동을 묵인하고 인정하는 것이 아니라는 점을 기억하자. 연민을 선택함으로써 우리는 스스로의 고통과 괴로움에 대해서 새로운 관계를 가질 수 있는 가능성을 갖게 되고, 이러한 현명하고 친절한 반응을 통해 타인은 물론 자신과도 기존과는 다른 경험을 할 수 있다.

스스로를 인식하고 나와 친해지는 것

나오미 시합 나이의 시는 우리 마음속에 사는 두 마리 호랑이(보살핌과 사랑의 호랑이와 분노와 증오심의 호랑이) 이야기가 주는 의식에 관한 교훈을 예술적이면서 문학적인 방법으로 표현한 것이다. 예술가와 시인들 말고도, 심리학자, 심리치료사, 신학자, 철학자, 그리고 영적 지도자들은 인간으로서의 모든 욕망, 두려움, 악감정에 대해 의식을 갖고(거부하는 것에 머무르는 것이 아니라), 소유하고, 이해하고, 받아들이고 사는 것의 중요성을 역설한다. 달라이 라마(2009)는 이렇게 말했다.

> 현실에서, 우리는 모두 함께 살아야 한다. 우리는 모든 다른 존재들을 파괴할 수 없다. 동네 주민이 싫더라도, 우리는 같이 살아야 한다. 경제학에서는 우리의 적대국마저 의존할 수 있는 대상으로 본다. 이것이 현실이다. 이런 상황에서는 조화롭게, 친근함을 갖고 사는 것이 부정적인 태도를 유지하는 것보다 항상 더 낫다. 세계는 점점 더 작아지고 있고 상호 의존적으로 변하고 있다. 공감과 이타주의야말로 행복의 핵심이다(14).

과거로부터 오는 고통을 무시하거나 거부하는 것은 더 큰 고통을 불러온다. 여기에 고통을 무시하고 거부했던 남자의 삶이 어떻게 되었는지 살펴보자.

● 제리의 이야기 ●

제리는 32세의 남자로서 큰 도시의 소방관으로 근무하며 생명을 위협하는 순간들을 자주 만난다. 그는 용감하며 믿음직스러운 소방관으로서, 수많은 공로훈장을 받았고 대중 매체에도 출연했었다. 제리는 소방관이 되기 전에 전쟁지역에 두 번이나 파견되었었는데, 자신이 '도움을 줄 수 있는 진정한 남자'라는 것을 계속 증명해야 한다고 생각했다. 제리의 유년기는 잦은 이사로 점철되었는데, 늘 '터프한' 동네 주민들과 지내야 했으며 집안에 무엇이든 잘못되면 자기와 동생들을 때리던 폭력적인 알코올 중독 아버지와 살아야 했다. 제리가 12살일 때, 그녀의 어머니는 아버지와 이혼했고 제리와 동생들은 노동자들이 주로 거주하던 외가 동네에 맡겨졌다. 제리는 그곳에서 고등학교를 마치고 곧 입대했다.

그 후로, 제리는 두 번의 결혼을 하고 이혼을 했는데, 그 원인은 주로 스스로를 고립시키는 경향과 자기 감정을 숨기다가도 어느 순간, 벽을 치고 가구를 부수는 등 폭력적인 행동을 분출했기 때문이다. 이제 자기 삶에 아름다운 여인 샌디를 들이면서 그는 다른 삶을 살기로 하였다. "나는 또다시 나를 사랑하는 누군가를 잃고 싶지 않아요!" 제리는 샌디와의 관계가 진지해지자 이렇게 말했다. 그는 직장 담당 치료사를 만났고, 분노조절 수업도 신청했다. 몇 주간의 상담과 수업 후에 제리는 치료사에게 이렇게 말했다. "제 인생 처음으로, 저는 제 안에 있는 분노를 눌러버리거나 치워버려야 할 필요가 없다는 것을 알았어요. 저는 분노와 고통을 느끼는 것이 저를 죽이는 행위가 아니라는 것을 알았어요. 고통과 분노를 느끼는 것은 나를 취약하게 만들지 않아요. 저는 더 관심을 갖고 분노를 이해함으로써 조절하려고 노력하면 돼요. 그렇게 할 수 있으면, 저는 비로소 제가 되고 싶은 남자가 될 수 있을 겁니다."

우리가 오래도록 가지고 사는 내적 고통, 그리고 다른 사람들과 세상을 아프게 만드는 오래된 습관과 또 그럴 수 있는 가능성, 그러한 나의 역사를 받아들이고 인식하는 것은 아마도 굉장히 힘든 일일 것이다. 또한 스스로를 치료하는 용기와 자비심을 갖는 것도 매우 어려울 수 있다. 그러나 세상은 계속되고, 움직이고 변화하며, 항상 새로운 고통과 괴로움의 직물을 만들어낸다. 또한 동시에 모든 사람의 삶의 매 순간마다 더 큰 친절함과 자각이라는 직물의 가능성과 표현이 아름다운 방식으로, 또 셀 수 없는 순간들로 드러나고 있는 것도 맞다. 우리가 진정 스스로에게, 사랑하는 사람들에게, 그리고 이 세상에게 무언가 더 나은 삶을 주고자 한다면, 우리가 스스로 구할 수 있는 단 하나의 삶, 즉 자신의 삶에 마음챙김의 관심, 연민, 그리고 이해심을 가져오는 것이 어떠한가?

:: 용기, 지혜, 안정감, 그리고 존재하기

어떤 어려운 순간이나 상황 혹은 관계에도 언제나 선택지가 있다. 당신은 친절함과 연민으로 대응하는가? 아니면 거부, 경멸, 적개심으로 대응하는가? 혼란, 분노 혹은 슬픔의 순간은 당신이 호기심과 자비심, 마음챙김 관찰과 듣기를 통해 자기 자신과 다른 사람, 혹 다른 상황의 고통까지도 포괄할 수 있는 가능성을 준다. 연민에 찬 관심을 갖고 매 호흡마다 반응하기로 결정하는 것은 바로 그다음 순간의 세계를 완전히 다른 것으로 만드는 시작점이다.

분노와 악감정에 대한 급진적이면서 긍정적인 변화는 어느 순간에나 일어날 수 있다. 현재에 존재하며 그러한 변화를 만들기 위해서는 결심과 인내, 그리고 에너지가 필요한 것이 사실이다. 유머, 인내심, 용서(스스로에 대한 용서를 포함하여)를 기르는 것이 큰 도움이 될 것이다.

오래된 분노와 적개심의 습관에 빠져든다고 해도, 실패한 것은 아니다. 당신은 그저 인간일 뿐이다. 마음챙김은 '판단하지 않음'과 '추구하지 않음'에 기반을 둔다는 것을 기억하자. 마음챙김은 지금 여기에 있는 것이 무엇인지 인식하는 것이다. 마음챙김 수련은 당신이 상황을 더 잘 이해할 수 있게 해주고, 그 이해는 믿을 만한 진짜의, 그리고 오래 지속되는 치유와 변화, 변형의 기반이 되는 것이다.

마음챙김으로 대하지 못하거나 연민과 친절함을 발휘하지 못했다고 용기를 잃거나 스스로를 탓하지 말자. 시간을 갖고 긴장을 푸는 것이 도움이 된다. 당신이 분노와 거부의 마음으로 가득 차 있다면, 그것을 마음챙김으로 알아차리고 명명하는 것이야말로 분노에 대해 마음챙김으로 다가가고 있는 것이다.

분노를 잠재우고 당신 삶의 선량함을 키우는 가장 중요한 방법은 항상 자각이 알려주는 방향을 따르며 마음챙김 정신을 키우려고 노력하는 것이다. 여기에 마음챙김, 친절함, 그리고 연민에 기반을 둔 새로운 가능성을 분노와 혐오, 비난이라는 곤란한 순간에 선택할 수 있도록 도와주는 간단한 명상법이 있다.

용기와 지혜는 친절함과 연민을 지원한다

데이비드 스타인들-라스트(David Steindl-Rast) 수사처럼, 용기와 지혜가 당신으로 하여금 친절함과 연민을 선택하도록 하자. 미국의 9·11 테러에 대해 영적 지도자들이 이야기를 한 적이 있는데, 베네딕도회 수사인 그는 이렇게 말했다.

> 폭력성은 모든 사람의 마음에 뿌리를 두고 있습니다. 두려움, 짜증, 차가움, 소외감을 인식하고 맹목적 분노의 충동을 알아차리는 것은 우리 마음의 몫입니다. 우리의 마음에서 두려움을 용기에 찬 믿음으로 바꿀 수 있고, 짜증과 혼란을 안정감으로 바꿀 수 있고, 외로움을 소속감으로 바꿀 수 있고, 소외감을 사랑으로 바꿀 수 있고, 비이성적 반응을 상식의 반응으로 바꿀 수 있습니다(Steindl-Rast, 2001, 257).

인생의 경험을 토대로, 스타인들-라스트 수사는 만약 우리가 스스로의 마음과 자각을 깊이 들여다본다면 우리 안에 있는 두려움과 고통을 바꿀 수 있는 잠재력을 발견할 것이라고 말한다.

어떠한 어려움이나 고난을 맞닥뜨렸을 때, 특히 분노가 당신에게 행동을 취하라고 부채질할 때, 충동적으로 행동하지 않도록 스스로를 막는 것은 진정한 용기와 지혜를 필요로 한다. 강렬한 분노와 고통의 스트레스 및 그러한 상황을 모면하여 고통에서 벗어나려는 내적 욕구를 정면으로 바라보는 데는 용기가 필요하다. 이러한 용기는 분노와 고통은 영원한 상태가 아니며 충동적으로 행동하는 것은 더 큰 고통을 불러올 것이라는 사실을 이해하는 것에서 온다.

용기있는 자기 제한의 순간 마음챙김을 하면서 많은 것이 명료해진다. 깊이 바라본다면, 당신은 스타인들-라스트 수사의 가르침을 받아들이고 스스로 실천할 수 있다. "두려움, 짜증, 차가움, 소외감을 인식하고 분노를 가리려고 하는 충동을 알아차리는 것은 우리 마음의 몫이다." 분노, 두려움, 그리고 관련된 감정이 나타날 때 용기와 지혜라는 도구를 기억하자.

용기와 지혜를 기르는 간단한 명상법

어떠한 순간이든 분노나 좌절을 느끼거나 그런 감정과 맞닥뜨렸다면, 잠시 멈추고 그 불편한 감정을 인식하면서 마음챙김 호흡을 한다.

계속해서 마음챙김 호흡을 하면서, 용기와 지혜의 어구로 스스로를 지탱한다. "이 순간에 필요한 힘을 찾을 수 있게 해주세요.", "이 순간에 가장 도움이 되는 반응을 할 수 있도록 지탱해주세요.", "이 상황이 나에게 삶의 진정한 모습을 가르쳐주기 바랍니다."

친절과 연민을 위한 안전과 보호

스스로를 안전하게 보호하는 것이 자신에게 친절과 연민을 보낼 수 있게 할 것이다. 연민에 찬 행동을 하거나 친절을 보이는 것은 수동적으로 반응하는 것이고 잘못된 상황을 허용하는 것이라는 오해가 있다. 이는 사실이 아니다. 연민은 강력하고 보호적인 측면이 있어서 당신 삶의 고통스럽고 어려운 순간에도 현재에 존재하도록 도와준다.

명상 지도자인 샤론 살즈버그는 그녀 자신이 스스로 연민에 대한 이해가 어떻게 성장했는지 이야기한다. 샤론은 인도에 있을 때 연민과 친절에 기반을 둔 명상을 훈련하고 공부했던 것을 기억하고 있다. 인도의 한 마을에서, 몸이 크고 술에 취한 한 남자가 샤론을 잡았다. 다행히 그녀의 친구가 그 남자와 싸우는 동안 그녀는 도망칠 수 있었다. 그 후에 샤론은 자신의 지도자에게 그 이야기를 했고, 지도자는 이렇게 말했다. "오 이런 샤론, 너의 마음속에 있는 모든 자비를 동원하여 그 남자의 머리를 우산으로 내려쳤어야지!" 그녀는 이 경험을 통하여 연민이 가진 강인함에 대해 알게 되었다. 어떻게 연민이 '정의롭지 않음에 주저 없이 이름을 붙이고, 모든 능력을 동원하여 강력하게 그에 대항하게 해주는지' 알게 되었다고 했다(Salzberg, 1995, 103).

샤론의 이야기는 우리도 위협적인 상황에서 친절과 연민으로 반응할 수 있으며 동시에 스스로를 보호할 수 있다는 것을 알려준다. 그녀의 지도자는 그 남자를 분노에 차서 때리거나 그를 상처 입히려는 목적으로 때리라고 말하지 않았다. 그 지도자는 그 남자를 친절의 정신에서 내려치라고 이야기해주었다. 그 가르침을 통해 지도자는 샤론(그리고 우리)이 위협적인 상황에서 분노나 두려움에 사로잡힌 채 과잉 대응을 하거나 상처를 입히기 이전에 그 상황을 충분히 강한 힘으로 물리칠 수 있는 가능성을 제시한 것이다.

안전하며 편안한 느낌에 닿을 수 있는 간단한 명상법

분노, 두려움, 좌절감을 느끼면, 잠시 멈추고 마음챙김 호흡을 한다.

계속해서 마음챙김 호흡을 하면서, 인내심을 갖고 스스로를 안전하게 보호할 수 있도록 소망한다. "내가 안팎으로 안전하게 느끼고 보호받을 수 있도록 해주세요.", "내가 이 순간 안전할 수 있게 행동하도록 지혜와 용기를 주세요.", "내가 스스로를 중요하게 생각하고 나를 보호할 수 있게 해주세요."

마음챙김 주의는 친절과 연민을 포함한다

마음챙김 주의가 바로 이 순간 친절과 연민을 택하도록 하자. 인생은 현재 순간에 벌어지고 있다. 삶은 우리 모두에게 이 순간 일어나는 일이다.

어떠한 순간이든, 어쩌면 지금 이 순간, 당신은 분노와 혼란을 실천하고 있지 않은가? 아니면 그런 습관들을 멈추고 분노와 혼란으로부터 벗어나고 변화하고 있는가? 당신은 더 안정적이고 세심한 주의를 통해 자각하고 보살피고 연민 어린 마음을 키우고 있는가? 승려인 조셉 골드스타인은 이렇게 말한다.

> 그저 사랑이 좋은 사상이라고 여기는 것으로는 충분치 않습니다. 여기에는 조금 더 작업이 필요한데, 바로 주의를 기울이는 것입니다. 다른 사람들과 관계를 맺을 때 바로 이 주의를 기울일 필요가 있습니다. 이 모든 것은 연습이 필요합니다. 우리는 스스로 솔직하지 못하고, 부드럽지 못하고, 말하기 싫을 때가 있다는 것을 알아차려야 합니다. 그리고 다만 몇 순간만이라도 방어와 두려움의 벽을 거두고, 분리의 긴장을 내려놓았을 때 어떤 일이 생기는지 알아차려야 합니다(Goldstein, 2002, 109).

수많은 가능성들! 어떠한 순간에 무엇을 선택할 것인가? 그 선택은 무엇을 발현시킬 것인가? 그 선택은 당신을 어떻게 만들 것인가? 당신과 당신 주변의 세상은 당신이 만드는 각각의 선택으로 어떻게 달라질 것인가?

지성, 선량함, 삶의 깊은 가치와 목적에 주의를 돌리면서, 친절과 연민을 선택하는 능력과 가능한 많은 긍정적 행동을 할 수 있는 능력을 키우도록 하자.

선량함과 당신의 깊은 가치를 고려하는 간단한 명상법

분노나 좌절을 느끼지 않는 순간에, 잠시 멈추고 마음챙김으로 호흡한다.

당신이 갖고 있는 삶의 이유의 근원과 깊은 가치에 대해 생각하자. 당신의 가장 깊은 소망은 무엇인가?

마음챙김으로 계속 호흡하면서 당신의 가장 깊은 소망, 당신과 공명할 수 있는 소망의 어구를 말한다. "내가 행복해질 수 있길, 건강하길, 평화롭길, 그리고 안전하길.", "이해하는 마음을 키우고 평안하며 안녕하게 살아가길.", "삶의 진정한 목적을 찾을 수 있길."

∷ 기억할 것

- 매 순간에 우리는 현재에 존재하는 것들에 대해 어떤 반응을 하고 어떻게 관계를 맺을지 선택의 가능성을 갖고 있다. 분노와 두려움의 오래된 습관들은 우리를 빠르게 한 방향으로 몰아간다. 매 순간, 매 상황, 매 호흡마다 마음챙김과 연민을 실행하면, 삶의 어려운 관계들을 바꾸어갈 가능성은 얼마든지 있다.
- 더 마음챙김하면서 더 연민을 갖는 데는 노력이 필요하다. 이것은 수동적이 되거나 상처 받기 쉬워진다는 의미가 아니다.
- 당신의 삶과 스스로와 관계하는 방식으로 마음챙김과 연민의 힘에 기대는 것은 분노와 악감정, 그리고 혐오감이 당신의 삶과 관계에 갖던 영향력으로부터 치유되고 급진적으로 변화할 수 있는 기반이 될 것이다.

11

두려움 없는 삶의 선물

당신은 당신이 세상에서 보고 싶은 변화가 되어야 한다.

– 마하트마 간디(Mahatma Gandhi)

이 책을 통해서 우리는 당신의 생각과 뇌와 신체의 관계, 그리고 삶과의 관계를 알아보았다. 우리는 분노, 공격성, 그리고 두려움과 같은 강한 감정들의 본질에 대해서, 그리고 이런 감정들이 당신 자신 및 타인과의 관계, 그리고 삶 자체에 대한 당신의 경험을 왜곡하고 영향을 미치는 다양한 방식에 대해 자세히 알아보았다.

마음챙김이라는 렌즈를 통해 인간은 현재 순간에 대한 지각에 따라 흘러가며 변화한다는 경험의 본질을 목격할 수 있다. 또한 숨을 쉬는 순간마다 실제로 우리 인생의 구조가 매 순간 나타나고 사라지고 변화하는 것을 관찰할 수 있다. 만약 당신이 한 번의 마음챙김 실행만이라도 경험했다면, 당신은 당신 안의 생각과 경험의 흐름을 목격했을 것이며, 분노와 같은 강한 감정들이 어떻게 당신을 지배하고 당신의 인생을 물들이는지 알아차렸을 것이다. 당신은 또한 그 안에 분노의 폭풍을 가라앉히기 위한 아마도 예상하지 못했던 힘을 경험하며, 어떤 순간에는 지금까지와는 다른 선택들을 할 것이다.

더 마음챙김하면서, 자신의 삶에 대해 더 이해하면서, 그리고 타인의 인생을 좀 더 연민과 용서로 바라봄으로써 당신은 그 누구도 혼자 행동하지 않는다는 것을 알아차렸을 것이다. 우리 각자의 행동은 결과를 낳고, 그 결과는 타인과 우리 세상에 영향을 미친다. 실제 장면에서, 우리 모두는 우리가 공유하는 삶이 마치 그물처럼 변화하는 조건들로 연결되어 펼쳐진 지금 이 순간에, 역동적인 한 요소인 것이다. 마지막 장에서는 마음챙김과 연민의 수련을 통해 우리 자신을 정비했을 때 두려움이 없는 선물 같은 세계, 우리의 상호 연관성의 의미와, 수련의 결과가 타인에게 미치는 강력한 긍정성의 영향을 숙고할 것이다.

:: 공격성은 우리의 것이다

시인 릴케는 세상에 대해 이렇게 말한 바 있다 "세상에 테러가 있다면, 이는 우리의 테러이다." 그리고 슬프고도 아프게, 우리 인간들은 우리 세상을 날마다 두려움과 폭력으로 채우고 있다.

세계보건기구(WHO)는 폭력을 '물리력 또는 힘의 의도적인 사용, 상해, 사망, 심리적 손상, 발달저해 또는 박탈의 결과를 낳거나 그러한 결과를 낳을 가능성이 있는 자신, 타인, 집단 또는 단체에 대한 위협 또는 그러한 위협의 실재'라고 정의한다(WHO, 1996). WHO의 폭력과 건강에 관한 세계 보고서(WHO, 2002)의 저자들은 가해자가 위해의 발생을 알거나 의도하지 않고 힘을 사용하더라도(예를 들면 화난 부모가 우는 아이에게 조용히 하라고 흔들어서 두뇌 손상을 일으키는 경우) 폭력이 발생한 것이라고 설명하고 있다. 그리고 그들은 이러한 정의는 공적이거나 사적이거나, 반응적이거나 주도적이거나, 범죄가 되거나 되지 않거나, 모든 폭력의 행동들을 포함하는 것이라고 하였다.

　WHO는 폭력을 세 가지로 분류한다―자신에 대한 폭력, 사람 간의 폭력, 그리고 집단을 통해 이루어지는, 특정한 정치·경제·사회 문제 해결을 목적으로 하는 집단 폭력이다. 이러한 폭력의 분류에 대한 자료에 의하면, 자신에 대한 폭력은 세계적으로 폭력에 의한 사망의 가장 큰 비율을 차지하는데, 2000년 설문조사에 의하면 모든 폭력의 약 50%를 차지했다. 학살이 약 31%를 차지했고, 전쟁과 관련된 폭력에 의한 사망이 세계적으로 폭력에 의한 사망의 약 19%를 차지했다(WHO, 2002). 보고서는 이어서 이러한 폭력에 의한 세계의 죽음의 수치들이 거의 확실히 과소집계된 것이고, 세계적으로 죽음에 이르지 않는 폭력에 대한 수치―예를 들면 신체적이거나 성적인 폭력들―는 사회적, 문화적 자원의 다양성과 다른 보도상의 한계로 인해 매우 부정확할 것으로 보고 있다.

　이런 폭력의 발생률과 비용에 관한 놀랄 만한 수치에도 불구하고, 보고서의 저자들은 희망적이다. 그들은 "폭력은 예방할 수 있고 그 영향은 감소될 수 있다. … 폭력적 반응에 영향을 주는 이러한 요소들은 그것들이 태도나 행동이거나, 혹은 더 큰 사회적, 경제적, 정치적 그리고 문화적 요건들과 관련이 있더라도 변할 수 있다"(WHO, 2002, 3)고 서술하고 있다.

:: 폭력은 우리로부터 시작한다

폭력의 원천에 대한 공중보건 관련 이해를 위해 정신건강 분야와 다른 분야 전문가의 견해를 나란히 놓고 보는 것이 타당할 것이다. 두 분야 모두 각 개인에게 존재하는 요인을 지적하고, 사람 사이의 그리고 사회적 관계의 본질과 질을 꼽고 있다. 이웃이나 학교, 직장과 같은 사회적 맥락의 수준, 그리고 보다 넓은 사회적 요소라고 할 수 있는 폭력에 관한 부모와 자녀의 권리에 대한 사회적 규범, 여성과 아동의 역할에 대한 규범을 들 수 있다. 아울러 정치적 또는 다른 형태의 제도적 갈등의 존재와 이에 대한 표현과 같은 사회적 요소들도 주목하고 있다. 이러한 폭력에 대한 견해 중에는 우리의 삶에 마음챙김을 가져오면서 생겨나는 지혜도 한몫을 한다. 지금 여기에 존재하는 것들에 반하여 분노와 반감이 공공연히 터져 나오는 상황에서 마음챙김을 실행했을 때 우리는 폭력에 대한 새로운 생각을 갖게 될 것이다.

폭력, 혐오감, 그리고 내적 삶

마음챙김의 관점에서, 우리는 '폭력'이라고 이름붙은 태도는 사실 폭력적이게 행동하는 인간의 내면생활과 깊이 연관이 있다고 본다. 그러한 내적 삶은 해를 끼치려는 계산된 의도의 원천이 되거나, 앞에서 말했던 부모의 경우처럼 무력을 사용하는 사람이 피해자를 해하려는 의도가 없는 경우에도—내면의 분노로 인해 아이를 흔들다 뇌 손상을 끼치는 경우—폭력의 형태를 발생시킬 수 있다.

마음챙김 수련으로 깊게 들여다본다면—무력을 사용하되 피해자를 해할 의도가 없었던 후자의 예에서도—유쾌하지 않은 상황에 대한 깊고도 강력한 혐오감이 희생자를 해치게 된 물리적 표현의 연료가 되었다는 것을 알 수 있다. 이러한 시각에서, 두 유형의 피해자가 나타날 수 있다. 이는 강압적인 행동의 피해자와 그러한 행동을 범한 자다. 이 둘은 불쾌감, 반응성 분노, 그리고 혐오감과 반감의 강력한 표현으로 현재 순간에 깊이 관련되어 있고, 현재 주어진 상황에 대한 거부는 두 희생자 사이의 상호 연결과 상호 의존을 모두 반영한다.

폭력의 형태는 거의 제한이 없지만, 그것들은 모두 내적인 믿음, 감정, 그리고 외부세계나 그 안의 사람들과의 상호작용의 역동에서 발생한다. 위협이나 실제 거대한 물리력을 발생시키는 명백하게 극적인 형태의 폭력 외에, 덜 드러나지만, 내면의 분노와 두려움의 불길에서 비롯된 해를 가하려는 충동과 의도의 표출도 있다. 이 또한 매우 해롭기는 마찬가지다.

예를 들어 WHO 분석에서 지적하듯이, 폭력의 큰 분류 하나는 자기 자신에 대한 폭력이다. 이러한 폭력은 어디서 오는 것이 아니다. 분노, 고통, 그리고 자기 혐오가 '난 내 자신이 너무 싫고 나는 죽어야 돼.'와 같은 생각을 불러일으키면, 그러한 생각을 한 사람이 이후 그 생각으로 인해 자해를 범하게 된다는 것은 놀랍지 않다. 실제로, 사람들의 생각과 감정세계를 포함한 내면세계가 타인이나 자신으로부터 오는 두려움과 분노, 위협 또는 위험의 감지에서 시작해서 해를 입히겠다는 의도에 사로잡히지 않는다면 어떻게 폭력적으로 행동할 수 있을 것인가? 분노와 두려움에서 시작해서 '이 사람들은 매우 멍청하고 욕심쟁이야. 그들은 정말 나와 다른 종류야. 그들은 진짜 사람도 아니야!'와 같은 생각에 사로잡힌다면, 표적이 된 그룹을 향해 더욱 폭력적인 행동을 하게 되리라는 점도 놀랍지 않다.

마음챙김 견지에서 보면, 해를 끼치려는 의도 뒤의 힘은 주로 두려움, 혹은 강한 신념을 통해 부채질된 공포에서 만들어진 분노에서 시작한다는 것을 알 수 있다. 그러한 분노의 구조에서, 폭력적으로 해칠 의도를 지지하면서 생각과 계획의 세계는 더욱 정교화된다. 이러한 구조와 의도, 그리고 해치려는 계획이 있는 곳에서, 표적은 어떠한 것도 될 수 있다―자기 자신, 다른 사람, 다른 부류의 사람, 또는 반감을 갖고 있는 강한 믿음 체계를 상징하는 건물과 국기 같은 무생물도 해당될 수 있다.

두려움과 분노 밑의 강한 신념의 층들이 외부로 표현된다는 의미에서, 어떠한 폭력도 우리에게 속해 있고 또한 우리로 인해 발생했다고 말할 수 있다. 이러한 관점을 더 잘 이해하기 위해, 내적 삶과 외부로 향한 행동, 특히 공격적이거나 폭력적인 행동의 관계에 대해 더 자세히 살펴보자.

내적 고통과 외부 폭력

마음챙김 관점에서, 폭력적이거나 해를 입히려는 의도는 두 가지 상태에 기초한다고 본다. 하나는 내면의 자기 몰입이며, 다른 하나는 내면의 고통, 혹은 그 고통을 일으키고 기쁨을 막는다고 생각하는 외부의 요소를 제거하겠다는 맹목적인 마음이다.

고통, 절박함, 짜증, 의혹, 또는 다른 무수히 많은 기쁘지 않은 생각들, 감정들, 그리고 신체 감각들로 가득 찬 내면세계에서 길을 잃으면, 외부세계는 그 순간 말 그대로 사라지고, 다음 순간에 나타나는 행동들은 나중에 후회할 것들이 된다. 특히 그것들이 우리가 관심을 갖고 있는 누군가의 두려움과 거절을 가져온다면 분명하다. 다음과 같은 예를 생각해보자.

● 슈퍼마켓 이야기 ●

30대 중반의 케니는 매우 바쁘게, 열심히 일하는 기혼남이다. 그에게는 데릭이라는 6살 된 아들이 있는데, 아빠를 매우 존경하고 어디든 따라가려고 한다. 어느 날 오후 케니는 데릭을 데리고 슈퍼마켓에 갔다. 케니는 스트레스를 느끼고 있었고 바빴으며 직장에서의 여러 일들로 짜증이 나 있었다. 음료수 코너에서, 케니가 다른 것들을 보고 있을 때, 데릭은 아빠를 도우려고 커다란 음료수 페트병을 카트에 담으려고 했다. 그것은 데릭에게 너무 무거웠고, 그는 페트병을 바닥에 떨어뜨렸고, 그건 요란한 소리를 내며 튕겨 굴러갔다. 이미 짜증과 조바심, 비판적인 생각들로 가득 차 있던 케니는 돌아서서 카트 옆에 널브러진 음료수 병을 바라보았다. 그의 분노는 초점이 맞춰졌다. 케니는 데릭을 화난 얼굴로 바라보며 소리쳤다. "네가 만든 이 엉망인 상태를 봐. 이제 저 페트병은 온통 흔들려서 우리가 뚜껑을 열 때 분명 폭발할거야. 널 집에 두고 왔어야 했어." 케니가 보지 못했던 것은 아들의 사랑과 아버지를 돕고자 하는 마음이었다. 그는 데릭이 그를 위해 하고자 했던 일에 그의 도움이 필요했음을 보지 못했다. 그는 또한 데릭이 어떤 기분이었을지 그리고 어떤 기억을 간직하게 될지 보지 못했다 – '아빠에게 실망했어, 아빠는 화를 냈어. 그리고 아빠는 나와 함께 아무것도 하고 싶어 하지 않으셨어.' 그런 기억 말이다.

당연히, 물론 우리의 행동과 말도 해를 가할 수 있다. 우리가 다른 사람에게 해를 끼칠 의도가 없었다고 하더라도 그 사람에게는 폭력의 한 형태로 경험될 수 있다. 만약 우리가 비난하거나 해를 가하는 것이 가능하다고 알고 있다면, 우리는 곁에 있는 사람들에게 두려움의 짐을 지게 하고 있는 것이다. 우리의 분노의 말들과 행동들은 다른 이들을 위협하고 그들은 두려움을 느끼게 된다. 두려움 대신, 우리는 어떻게 두렵지 않음의 선물을 줄 수 있을 것인가?

:: 두렵지 않음의 선물을 주는 것

당신이 두려움을 느낄 때는, 당신이 어떤 종류의 위협을 느낄 때이다. 어떠한 일이 발생하고, 당신은 그 순간에 안전하지 않다고 느낀다. 당신이 다시 안전하다고 느끼게 된다면, 이는 당신이 더 이상 위협받는다고 느끼지 않기 때문이다.

우리들 대부분이 안전함을 느끼는 것은 기본적으로 삶이 인정되고 존중받는 환경, 또는 그러한 관계와 연관이 있다. 우리의 필수적인 욕구들이 제공되고, 타인으로부터 위협받거나 학대받지 않는 것이다. 세상과 관계 속에서 존재하는, 그리고 인생을 살아가는 이러한 긍정적이고 정중한 방식은 우리가 우리 자신과 지내는 방식 또한 포함한다. 안정감을 느끼는 것의 시작은 가정이다!

상호작용하며 상호 연관되어 있는 우리 삶의 본질 때문에, 삶을 긍정하고 존경하던, 혹은 부정하고 부인하던 간에 내적세계를 반영하는 외부 행동들은 타인과 우리 자신에게 안전감이나 두려움의 감정을 떠올리게 하는 힘을 가지고 있다. 이 놀라운 '두렵지 않음의 선물'은 자신과 타인의 인생을 부정하고 거부하는 말과 행동을 중단할 때 나타난다. 우리는 그렇게 함으로써 불안감을 없애려는 시도를 해 왔을 수 있다. 두렵지 않음의 선물은 우리가 긍정적이고 존경스러운 삶의 깊은 가치를 긴밀하게 배열할 때 나타난다. 그리고 우리는 현재 여기에서 안전감과 행복을 자연스럽게 촉진할 수 있는 방식으로 말하고 행동한다. 당신은 아마 두렵지 않음의 선물을 주면서 당신 스스로를 '평화유지자'로 생각할 것이다. 어떠한 순간이나 상황에서도 당신의 인생을 그런식으로 접근할 수 있다.

어려운 상황에서 마음챙김, 연민, 그리고 이해를 하는 것과 두렵지 않음의 선물이 두 방향으로 간다는 것을 기억하는 것은 매우 도움이 될 것이다. 첫째는 당신 스스로를 향한 방향이다. 당신 스스로의 두려움을 유지하고 관리하는 방법을 배우는 것은 당신이 이를 이해했다는 것이고 더 이상 두려워하지 않는다는 것을 의미한다. 당신은 당신 스스로에게 두렵지 않음의 선물을 언제든지 줄 수 있다—그것은 당신 자신과 당신의 두려움, 그리고 그 원인에 대해 연민어린, 흔들리지 않는 관심을 기울이는 것에서 시작한다. 두렵지 않음의 선물이 향하는 두 번째 방향은 타인과 세상인데, 이는 첫 번째 방향에 따라 결정된다. 당신의 내적 삶과 행동들이 더 이상 큰 분노와 적개심에 깔려 있는 두려움에 좌우되지 않는다면, 타인에 대한 두렵지 않음의 선물은 세상 속에서 삶을 긍정하고 보호하는 것으로 나타날 것이다.

의미를 찾는 것, 목적을 갖고 행동하는 것

무엇이 우리 인생에 의미를 주는가? 어떠한 것들이 우리 행동에 목적을 가져오는가? 우리는 우리 자신을 위해 이러한 실분에 반느시 대답해야 한나.

많은 사람들에게 이런 질문에 대한 호기심은 살면서 어떤 비극이나 생명을 위협하는 경험을 했을 때 일어날 수 있다. 하지만 일단 우리가 의식하게 되면, 우리 인생에 대한 의미와 목적에 관한 질문은 마음챙김과 연민이 지지하는 그 해답을 향한 여정의 한결같은 나침반이자 신뢰할 수 있는 동지가 된다.

당신은 어떻게 당신의 가치와 의도를 구체화하는가? 생각과 관점이 모든 의도의 기본이 된다 하더라도, 당신의 실제 행동이 중요하다.

아야 케마(Ayya Khema)는 독일에서 태어나 스코틀랜드와 중국에서 교육을 받고 후에 미국 시민이 되었다. 부유하고 바쁜 세속적인 삶 이후에, 그녀는 1979년 스리랑카에서 비구니가 되었다. 1982년에는 스리랑카에 다른 비구니들과 함께 사색적인 삶을 살고자 하는 모든 국적의 여성들을 위한 수련센터를 세웠다. 아야 케마는 자비의 가치와 그와 관련된 행동들에 대해 명확하게 이야기하고 있다.

> 자비는 수행이다 — 우리는 이게 무슨 뜻인지 다 알고 있다. 아픈 사람을 돌보고, 다른 사람의 건강을 묻고, 그들의 병원에 방문하고, 그들이 정상적인 생활을 하지 못하거나 스스로를 돌볼 수 없을 때 음식을 갖다 주고, 다른 사람에 대해 염려하고, 그들을 도우려고 하는 것. … 이것이 자비가 이끄는 것이다. 자비의 수행은 작은 집단에 한정되어서는 안 되고 스스로를 모든 곳에 드러내야 한다(Khema, 1987, 73-74).

당신의 행동과 언어들이 당신의 가장 깊은 가치들과 연결되어 있을 때 통합의 경험이 일어난다. 이것은 어려운 상황이나 힘든 시간에 대한 누군가의 응답에서 깊게 느껴질 것이다.

리처드 스트로치-헤클러(Richard Strozzi-Heckler)는 합기도 6단 검은 띠를 갖고 있는 심리학 박사이다. 그는 샌디에이고 주립대학교에서 미국을 대표하는 육상 선수였고, 체화된 리더십과 통달을 위한 센터(Center for Embodied Leadership and Mastery)의 회장이었다. 지난 30년간 스트로치-헤클러 박사는 기업, 정부, 군대, 비영리단체, 건강단체, 교육기관에서 자각훈련과 체화된 리더십의 원칙에 대해 가르쳤다.

그의 책 전사의 영혼을 찾아 : 군인을 위한 자각훈련 교육(In Search of the Warrior Spirit: Teaching Awareness Disciplines to the Military)에서, 그는 특전부대 대원들과 데이비드 스타인들-라스트 수사 사이에 있었던 깊은 가치에 관해 주고받은 이야기를 소개하고 있다. 한 병사가 데이비드 수사에게 질문하였다. "신이라는 게 무엇입니까? 당신은 당신이 영적인 삶을 이끌고 있다는 것을 어떻게 압니까?"

데이비드 수사는 영성을 사람, 자연, 사회, 내적 감정과 소속되어 있다는 의식 또는 유대감이라고 정의했다. 수사는 "당신은 이런 것들 중 어떤 것을 느낍니까?" 하고 물었다.

그 병사가 자신은 그의 갓난 아들과 동료 병사들과 연결되어 있음을 느낀다고 대답하니, 데이비드 수사는 "나는 이것이 영적인 삶이라고 봅니다. 당신은 영성을 충분히 갖고 있다고 여겨집니다."라고 말했다.

함께 있던 엘리트 병사들에게, 그는 "당신들의 직업은 영적인 것들을 숭배하는 수단이 될 수 있습니다. 그대들이 원한다면 그대들이 선택한 직업은 그대의 가장 높은 영적 가치를 표현하는 것이 될 것입니다"(Strozzi-Heckler, 2007, 271-72)라고 말했다. 우리는 우리 인생에서 무엇을 의미하는가? 우리는 어떻게 우리 삶을 더욱 긍정하고 존중하는 방식으로 행동할 것인가? 어떻게 그런 행동들이 우리와 다른 이들에게 두렵지 않음의 선물이 될 수 있겠는가?

마음챙김과 연민을 필수적인 동지로 함께하면서 자기 자각을 하는 일은 분명 어렵지만 '두렵지 않음'의 목적을 향해 가는 좋은 방법이 될 것이다. 그리고 자각의 작업을 행하는 것이 전사의 길과도 같아 보인다. 이것이 무슨 의미인지 이해하기 위해서, 리처드 스트로치-헤클러가 전사들에 대해 뭐라고 얘기하는지 들어보자. 세계의 전쟁터에서 병사들과 함께한 그의 경험과 관점으로부터, 그는 "우리는 필히 성별, 신체 사이즈, 힘, 또는 전투를 통해 명예를 얻는 것과 같은 선입견을 넘어서서 전사들을 상상해야 한다. 전사들의 전쟁터는 우리들 인생의 모든 순간을 포함하기 위해서 전쟁과 파괴의 문자 그대로의 해석을 넘어서 확장되어야 한다. 온전함을 갖고 진정으로 살아가기 위해서, 우리는 특정한 종류의 용기를 갖고 있어야 한다. … 우리가 더 이상 우리 스스로가 누구인지에 대해 두렵지 않을 때 우리는 온전함과 진정성으로 행동할 수 있다"(2007, 243).

무엇을 알 수 있는지 아는 것

수년 전 길고 고요한 마음챙김 수련에서, 나는 나 자신이 잠시 삶의 의미, 이 지구에서의 나의 목적에 대한 질문들과 학설들, 그리고 관련된 철학적이고 신학적인 아이디어들에 대한 생각에 정신이 팔려 있었음을 깨달았다. 이런 질문들에 대한 답을 찾고자 갈망하며, 간절한 마음으로 수련을 진행했던 스님을 찾아갔다. 그에게 나의 생각과 질문들에 대해 이야기하고 나는 기대하는 마음으로 답변을 기다렸다. 그는 매우 친절하고도 현명하게 대답해주었다.

"그 모든 것이 매우 흥미롭군요." 그는 부드럽게 이야기하였다. "하지만 저는 당신이 알 수 있는 것에 당신의 주의를 기울였으면 좋겠다고 조언하고 싶군요. 더 세밀하게 주의를 기울이고, 이곳과 현재에 주어진 것이 무엇인지 똑바로 바라보세요. 명상수련이 당신에게 해줄 수 있는 것이 바로 이런 것입니다. 이것은 직접적인 경험을 통해 당신이 스스로를 위해 무엇을 알 수 있는지 알게 해줄 것입니다. 당신이 그것을 할 수 있다면, 당신은 당신의 질문들에 대한 대답을 찾을 수 있을 것입니다."

나는 이 대답을 해준 수도승에게 평생토록 감사할 것이다. 한순간에, 친절하고도 침착하게, 그는 생각(고무적인 것들일지라도!) 속에 빠져들려는 나를 끌어내주었고, 나의 주의를 현재 순간으로 다시 가져다주었다. 내가 알 수 있는 것이 무엇인지 알아낼 수 있는 나의 내재된 역량―흥미를 갖고 주의를 기울이고 나 스스로의 경험에 열려 있고 그 경험들을 허락하도록 하는―을 내가 신뢰하도록 격려해줌으로써, 그는 내가 깊게 사로잡혀 있던 중요한 질문들에 뭐라고 대답해야 하는지 이미 알고 있음을 일깨워주었다.

두려움과 부정적인 사고를 넘어 넓어지고 커지는 것

종교적 전통과 모든 시대에 걸친 영적 스승들은 폭력과 위해에 대한 우리의 충동을 다스리는 것의 중요성에 대해 강조하면서 이를 위한 방법들을 알려주었다. 마음챙김, 친절함, 그리고 연민과 이해는 분노의 세력과 위해의 충동―스스로를 해하는 것이든 다른 사람을 해하는 것이든―을 다스리는 방법으로 널리 추천하는 명상법이다.

이러한 묵상 훈련들은 실제로 우리 안에 긍정적인 감정들을 기르게 하고, 이러한 긍정적인 감정들은 가치 있고 지속적인 방식으로 우리를 변화시킬 수 있다. 긍정성은 정서적 경험 중 삶을 인정하고 풍요롭게 하는 요소이다. 긍정성이라는 팔레트는 기쁨, 감사, 맑음, 흥미, 희망, 긍지, 재미, 영감, 그리고 경외감으로 구성되어 있다. "긍정성은 우리를 열리게 한다. 긍정적인 감정의 첫 번째 핵심적인 진실은 그것이 우리의 마음과 생각을 열리게 하고, 우리를 수용적이면서도 더욱 창의적으로 만들어준다는 것이다"(Fredrickson, 2009, 37; 21). 긍정성, 자각, 현재에 존재함은 또한 오래된 고전적인 지혜이기도 하다. 다음 진술에도 그런 생각이 반영되어 있다.

> 은총받은 자들은 욕심을 넘어서 성장한 남자와 여자이고, 미움을 끝내고 더 이상 환상을 키우지 않는 사람들이다. 그들은 오히려 있는 그대로의 것들에 기뻐하고 그들의 마음을 밤낮 없이 열어두는 자들이다.
>
> ―시편 |

:: 모든 것이 당신을 기다리고 있다

책을 마치면서, 분노에 대한 우리의 시각을 다시 떠올려보는 것이 도움이 되겠다―분노는 당신이 아니다. 무지개나 구름의 출현이 다른 조건들에 좌우되는 것처럼 다른 여러 상황에 따라 결정되는 일시적인 상태일 뿐이다. 분노는 실제로 '외부 어딘가'에서 오는 것이 아니라 당신이 만나는 자극이나 상황이 당신 안에 있는 여러 종류의 복잡한 조건들―신념, 두려움, 지각, 신체적 반응들과 같은 조건들―을 촉진할 때 나타난다. 그리고 당신의 분노와 그 원인들에 대해 이해와 연민으로 대한다면, 또한 분노의 감정이 덮고 있는 다른 고통을 다스리는 방법을 알게 되면서 생긴 힘을 사용할 수 있다면, 이를 분노에 적용할 수 있다. 분노를 보다 정확하게 알아차리면서 그 감정에 대응할 선택지를 넓히고 구축할 수 있다. 분노와 고통에 대해 친절과 지혜를 바탕으로 꾸준히 관심을 기울이는 것이 분노 앞에서 당신이 선택할 수 있는 가장 현명하고, 가장 믿을 수 있고, 그리고 가장 효과적인 대응일 것이다.

이 작업을 위한 모든 것을 당신은 이미 다 갖추고 있다고 믿는다. 마음챙김을 통해서, 기술적으로 분노와 다른 강렬한 감정들에 다가갈 수 있을 것이다. 아울러 그 과정에서 이런 감정들에 대해 이해하며, 이것들이 갖고 있는 인생을 망가뜨릴 수 있는 세력을 근본적으로 바꿔버릴 수 있을 것이다. 시인 데이비드 화이트(David Whyte)가 노래하듯이, 커다란 혜택은 그러한 변화에서 온다.

모든 것이 당신을 기다리고 있다

당신 혼자밖에 없는 것처럼 연극을 하고,
보이지 않는 작은 잘못을 해도 보는 사람이 없으면서,
인생은 점점 더 교활해지는 범죄인 것처럼

연기를 한다면 당신은 큰 실수를 범하는 것이다.

당신이 버려진 느낌을 받는다면

그것은 당신이 주변과 친밀해지기를 거부하기 때문이다.

물론, 당신도 가끔은 거대해지는 존재들과

당신의 독창 소리를 덮어버리는 합창단에서

웅장한 정렬을 느낄 것이다.

비누받침이 당신에게 어떻게 힘을 주는지,

창문 걸쇠가 당신에게 어떻게 자유를 주는지

주목해야 한다.

경계심은 친밀감의 보이지 않는 훈련이다.

계단은 앞으로 다가올 일에 대한 당신의 멘토이며,

항상 제 자리에 서 있는 문들은 당신을 두렵게 하면서, 초대한다.

그리고 전화 속의 작은 목소리는

신성함에 도달하는 당신의 꿈의 사다리이다.

이제 당신의 고독감의 무게를 내려놓고, 편안하게 대화하라.

주전자는 당신에게 한 잔의 음료를 따라줄 때도 노래하며,

냄비들도 거만한 무관심을 내려놓으면서,

드디어 당신 안에 있는 선함을 본다.

세상의 모든 새와 피조물들은

형언할 수 없는 고유한 그들 자신들이다.

모든 것이 당신을 기다리고 있다.

마음챙김은 당신 삶에 있어 가장 우주적인 표현의 꽃이 될 것이다. 마음챙김을 통해 당신 마음의 경계가 없어지는 것, 존귀함과 용기를 발견할 것이다. 현

재에 존재하며 연민과 친절, 그리고 흔들리지 않는 기쁨과 지혜를 찾을 것이며 이런 성향들이 날마다 당신에게 정보를 주고 지지할 것이다. 이 세계에 당신의 마음의 소리와 행동을 투입할 때 당신은 자기 자신과 타인에게 두려움 없는 삶이라는 선물을 주게 될 것이다.

calming your angry min

참고문헌

Baer, R. 2003. "Mindfulness Training as Clinical Intervention: A Conceptual and Empirical Review." *Clinical Psychology: Science and Practice* 10: 125–43.

Baer, R. A., G. T. Smith, J. Hopkins, J. Krietemeyer, and L. Toney. 2006. "Using Self-Report Assessment Methods to Explore Facets of Mindfulness." *Assessment* 13: 27–47.

Baer, R. A., G. T. Smith, E. Lykins, D. Button, J. Krietemeyer, S. Sauer, E. Walsh, D. Duggan, and J. M. Williams. 2008. "Construct Validity of the Five Facet Mindfulness Questionnaire in Meditating and Nonmeditating Samples." *Assessment* 15: 329–42.

Barbour, C., C. Eckhardt, J. Davison, and H. Kassinove. 1998. "The Experience and Expression of Anger in Maritally Violent and Discordant, Non-Violent Men." *Behavior Therapy* 29: 173–91.

Barefoot, J. C., W. G. Dahlstrom, and R. B. Williams. 1983. "Hostility, CHD Incidence, and Total Morbidity: A 25-Year Follow-Up Study of 255 Physicians." *Psychosomatic Medicine* 45: 59–63.

Bateson, G. 1941. "The Frustration-Aggression Hypothesis and Culture." *Psychological Review* 48: 350–55.

Baumeister, R., E. Bratlavsky, C. Finkenauer, and K. Vohs. 2001. "Bad Is Stronger than Good." *Review of General Psychology* 5: 323–70.

Benson, H. 1975. *The Relaxation Response.* New York: William Morrow.

Berkman, L., and S. L. Syme. 1979. "Social Networks, Lost Resistance, and Mortality: A Nine Year Follow-Up Study of Alameda Residents." *American Journal of Epidemiology* 109: 186–204.

Biaggio, M. K. 1980. "Anger Arousal and Personality Characteristics." *Journal of Consulting and Social Psychology* 39: 352–56.

Boorstein, S. 2007. *Happiness Is an Inside Job: Practicing for a Joyful Life.* New York: Ballantine Books.

Brown, K. W., and R. M. Ryan. 2003. "The Benefits of Being Present: Mindfulness and Its Role in Psychological Well-Being." *Journal of Personality and Social Psychology* 84: 822–48.

Brown, K. W., R. M. Ryan, and J. D. Creswell. 2007. "Mindfulness: Theoretical Foundations and Evidence for Salutary Effects." *Psychological Inquiry* 18: 211–37.

Cardaciotto, L., J. D. Herbert, E. M. Forman, E. Moitra, and V. Farrow. 2008. "The Assessment of Present-Moment Awareness and Acceptance: The Philadelphia Mindfulness Scale." *Assessment* 15: 204–23.

Carlson, L. E., M. Speca, P. Faris, and K. Patel. 2007. "One Year Pre-Post Intervention Follow-Up of Psychological, Immune, Endocrine, and Blood Pressure Outcomes of Mindfulness-Based Stress Reduction (MBSR) in Breast and Prostate Cancer Patients." *Brain, Behavior, and Immunity* 21: 1038–49.

Carson, J. W., K. M. Carson, K. M. Gil, and D. H. Baucom. 2004. "Mindfulness-Based Relationship Enhancement." *Behavior Therapy* 35: 471–94.

Crockenberg, S. 1987. "Predictors and Correlates of Anger Toward and Punitive Control of Toddlers by Adolescent Mothers." *Child Development* 58: 964–65.

Davidson, R. J., with S. Begley. 2012. *The Emotional Life Of Your Brain: How Its Unique Patterns Affect the Way You Think, Feel, and Live—and How You Can Change Them.* New York: Hudson Street Press.

Dalai Lama, H. H. 2009. "Looking Deeply at Despair." In *In the Face of Fear: Buddhist Wisdom for Challenging Times,* edited by Barry Boyce and the editors of the *Shambhala Sun.* Boston: Shambhala Publications.

Deffenbacher, J. L., M. E. Huff, R. S. Lynch, E. R. Oetting, and F. Natalie. 2000. "Characteristics and Treatment of High-Anger Drivers." *Journal of Counseling Psychology* 47: 5–17.

Dentan, R. K. 1968. *The Semai: A Nonviolent People of Malaya.* New York: Holt, Rinehart & Winston.

Feldman, C. 1998. *Thorson's Principles of Meditation.* London: Thorsons.

————. 2001. *The Buddhist Path to Simplicity: Spiritual Practice for Everyday Life.* London: Thorsons.

Feldman, G., A. Hayes, S. Kumar, J. Greeson, and J. P. Laurenceau. 2007. "Mindfulness and Emotion Regulation: The Development and Initial Validation of the Cognitive and Affective Mindfulness Scale–Revised (CAMS-R)." *Journal of Psychopathology and Behavioral Assessment* 29: 177–190.

Fredrickson, B. 2001. "The Role of Positive Emotions in Positive Psychology." *American Psychologist* 56: 218–226.

————. 2009. *Positivity: Groundbreaking Research Reveals How to Embrace the Hidden Strength of Positive Emotions, Overcome Negativity, and Thrive.* New York: Crown Publishers.

————. 2013. *LOVE 2.0: How Our Supreme Emotion Affects Everything We Feel, Think, Do, and Become.* New York: Hudson Street Press.

Fredrickson, B., and R. Levenson. 1998. "Positive Emotions Speed Recovery from the Cardiovascular Sequelae of Negative Emotions." *Psychology Press* 12: 191–220.

Fredrickson, B., R. Mancuso, C. Branigan, and M. Tugade. 2000. "The Undoing Effect of Positive Emotions." *Motivation and Emotion* 24: 237–58.

Gentry, W. D. 1982. "Habitual Anger-Coping Styles: Effect on Mean Blood Pressure and Risk for Essential Hypertension." *Psychosomatic Medicine* 44: 195–202.

Goetz, J. L., D. Keltner, and E. Simon-Thomas. 2010. "Compassion: An Evolutionary Analysis and Empirical Review." *Psychological Bulletin* 136 (3): 351–74.

Goldstein, J. 2002. *One Dharma: The Emerging Western Buddhism.* San Francisco: HarperSanFrancisco.

Goleman, D. 2003. *Destructive Emotions: How Can We Overcome Them? A Scientific Dialogue with the Dalai Lama.* New York: Bantam Books.

Greenglass, E. R. 1996. "Anger Suppression, Cynical Distrust, and Hostility: Implications for Coronary Heart Disease. In *Stress and Emotion: Anxiety, Anger, and Curiosity,* edited by C. D. Spielberger and I. G. Sarason. New York: Routledge.

Grepmair, L., F. Mitterlehner, T. Loew, E. Bachler, W. Rother, and M. Nickel. 2007. "Promoting Mindfulness in Psychotherapists in Training Influences the Treatment Results of Their Patients: A Randomized Controlled Trial." *Psychotherapy and Psychosomatics* 76: 332–38.

Grossman, P., L. Niemann, S. Schmidt, and H. Walach. 2004. "Mindfulness-Based Stress Reduction and Health Benefits: A Meta-analysis." *Journal of Psychosomatic Research* 57: 35–43.

Grossman, P., U. Tiefenthaler-Gilmer, A. Raysz, and U. Kesper. 2007. "Mindfulness Training as an Intervention for Fibromyalgia: Evidence of Postintervention and Three-Year Follow-Up Benefits in Well-Being." *Psychotherapy and Psychosomatics* 76: 226–33.

Halifax, J. 2008. *Being with Dying: Cultivating Compassion and Fearlessness in the Presence of Death.* Boston: Shambhala Publications.

Hanson, R. with R. Mendius. 2009. *Buddha's Brain: The Practical Neuroscience of Happiness, Love, and Wisdom.* Oakland, CA: New Harbinger Publications.

Hansson, R. D., W. H. Jones, and B. Carpenter. 1984. "Relational Competence and Social Support." *Review of Personality and Social Psychology* 5: 265–84.

Hemenway, D. S., S. Solnick, and J. Carter. 1994. "Child Rearing Violence." *Child Abuse and Neglect* 18: 1011–20.

Herman, D. 1985. "A Statutory Proposal to Limit the Infliction of Violence upon Children." *Family Law Quarterly* 19: 1–52.

Jain, S., S. L. Shapiro, S. Swanick, S. C. Roesch, P. M. Mills, I. Bell, and G. E. R. Schwartz. 2007. "A Randomized Control Trial of Mindfulness Meditation versus Relaxation Training: Effects on Distress, Positive States of Mind, Rumination, and Distraction." *Annals of Behavioral Medicine* 33: 11–21.

Jamieson, Wendell. 2013, March 2. "The Crime of His Childhood." *The New York Times*. Retrieved from http://www.nytimes.com/2013/03/03/nyregion/40-years-after-an-acid-attack-a-life-well-lived.html.

Jones, W. H., J. E. Freeman, and R. A. Gasewick. 1981. "The Persistence of Loneliness: Self and Other Determinants." *Journal of Personality* 49: 27–48.

Kabat-Zinn, J. 1990. *Full Catastrophe Living: Using the Wisdom of Your Body and Mind to Face Stress, Pain, and Illness.* New York: Delacorte Press.

Kabat-Zinn, J., and R. J. Davidson (eds.), with Z. Houshmand. 2011. *The Mind's Own Physician: A Scientific Dialogue with the Dalai Lama on the Healing Power of Meditation.* Oakland, CA: New Harbinger Publications.

Kabat-Zinn, J., J. E. Wheeler, T. Light, A. Skillings, M. J. Scharff, T. G. Copley, D. Hosmer, and J. D. Bernhard. 1998. "Influence of a Mindfulness Meditation-Based Stress Reduction Intervention on Rates of Skin Clearing in Patients with Moderate to Severe Psoriasis Undergoing Phototherapy (UVB) and Photochemotherapy (PUVA)." *Psychosomatic Medicine* 60: 625–32.

Khema, Ayya. 1987. *Being Nobody Going Nowhere: Meditations on the Buddhist Path.* Boston: Wisdom Publications.

Korbanka, J., and M. McKay. 1995. "The Emotional and Behavioral Effects of Parental Discipline Styles on Their Adult Children." Unpublished paper.

Lau, M. A., S. R. Bishop, Z. V. Segal, T. Buis, N. Anderson, L. Carlson, S. Shapiro, and J. Carmody. 2006. "The Toronto Mindfulness Scale: Development and Validation." *Journal of Clinical Psychology* 62: 1445–67.

LeDoux, J. 1996. *The Emotional Brain*. New York: Touchstone.

Lewis, H. K., and M. E. Lewis. 1972. *Psychosomatics: How Your Emotions Can Damage Your Health*. New York: Viking Press.

Ludwig, D. S., and J. Kabat-Zinn. 2008. "Mindfulness in Medicine." *Journal of the American Medical Association* 300: 1350–52.

Mann, A. H. 1977. "Psychiatric Morbidity and Hostility in Hypertension." *Psychological Medicine* 7: 653–59.

McKay, M., P. D. Rogers, and J. McKay. 2003. *When Anger Hurts: Quieting the Storm Within*. 2nd ed. Oakland, CA: New Harbinger Publications.

Morone, N. E., C. M. Greco, and D. K. Weiner. 2008. "Mindfulness Meditation for the Treatment of Chronic Low-Back Pain in Older Adults: A Randomized Controlled Pilot Study." *Pain* 134: 310–19.

Neff, K. 2011. *Self-Compassion: Stop Beating Yourself Up and Leave Insecurity Behind*. New York: William Morrow / HarperCollins.

Nhat Hanh, Thich. 1975. *The Miracle of Mindfulness: A Manual on Meditation*. Boston: Beacon Press.

Nye, N. S. *Words Under the Words: Selected Poems*. Portland, OR: Far Corner Books.

Peeters, G., and J. Czapinski. 1990. "Positive-Negative Asymmetry in Evaluations: The Distinction Between Affective and Informational Negativity Effects." In *European Review of Social Psychology: Volume 1*, edited by W. Stroebe and M. Hewstone. New York: Wiley.

Pradhan, E. K., M. Baumgarten, P. Langenberg, B. Handwerger, A. K. Gilpin, T. Magyari, M. C. Hochberg, and B. M. Berman. 2007. "Effect of Mindfulness-Based Stress Reduction in Rheumatoid Arthritis Patients." *Arthritis and Rheumatism* 57: 1134–42.

Ramel, W., P. R. Goldin, P. E. Carmona, and J. R. McQuaid. 2004. "The Effects of Mindfulness Meditation Training on Cognitive

Processes and Affect in Patients with Past Depression." *Cognitive Therapy and Research* 28: 433–55.

Rosenman, R. H. 1985. "Health Consequences of Anger and Implications for Treatment. In *Anger and Hostility in Cardiovascular and Behavioral Disorders*, edited by M. A. Chesney and R. H. Rosenman. Washington, DC: Hemisphere Publishing Co.

Rosenzweig, S., D. K. Reibel, J. M. Greeson, J. S. Edman, S. A. Jasser, K. D. McMearty, and B. J. Goldstein. 2007. "Mindfulness-Based Stress Reduction Is Associated with Improved Glycemic Control in Type 2 Diabetes Mellitus: A Pilot Study." *Alternative Therapies in Health and Medicine* 13: 36–38.

Salzberg, S. 1995. *Loving-Kindness: The Revolutionary Art of Happiness*. Boston: Shambhala Publications.

————. 2011. *Real Happiness: The Power of Meditation*. New York: Workman Publishing.

Schure, M. B., J. Christopher, and S. Christopher. 2008. "Mind-Body Medicine and the Art of Self-Care: Teaching Mindfulness to Counseling Students Through Yoga, Meditation, and Qigong." *Journal of Counseling & Development* 86 (1): 47–56.

Schwartz, G. E., D. A. Weinberger, and J. A. Singer. 1981. "Cardiovascular Differentiation of Happiness, Sadness, Anger, and Fear Following Imagery and Exercise." *Psychosomatic Medicine* 43: 343–64.

Seligman, M. 2006. *Learned Optimism: How to Change Your Mind and Your Life*. New York: Vintage / Random House.

"Seville Statement." *Psychology Today*, June 1988, 34–39.

Shapiro, S. L., K. W. Brown, and G. M. Biegel. 2007. "Teaching Self-Care to Caregivers: Effects of Mindfulness-Based Stress Reduction on the Mental Health of Therapists in Training." *Training and Education in Professional Psychology* 1: 105–15.

Shapiro, S. L., and C. Izett. 2008. "Meditation: A Universal Tool for Cultivating Empathy. In *Mindfulness and the Therapeutic Relationship*, edited by D. Hick and T. Bien. New York: Guilford Press.

Shapiro, S. L., G. E. Schwartz, and G. Bonner. 1998. "Effects of Mindfulness-Based Stress Reduction on Medical and Premedical Students." *Journal of Behavioral Medicine* 21: 581–99.

Siegel, D. J. 2007. *The Mindful Brain: Reflection and Attunement in the Cultivation of Well-Being.* New York: W. W. Norton.

———. 2012. *Pocket Guide to Interpersonal Neurobiology: An Integrative Handbook of the Mind.* New York: W. W. Norton.

Speca, M., L. E. Carlson, E. Goodey, and M. Angen. 2000. "A Randomized, Wait-List Controlled Clinical Trial: The Effect of a Mindfulness Meditation–Based Stress Reduction Program on Mood and Symptoms of Stress in Cancer Outpatients." *Psychosomatic Medicine* 62: 613–22.

Steindl-Rast, D. 2001. "An Early Attempt at Gratitude." In *From the Ashes: A Spiritual Response to the Attack on America,* collected by the editors of Beliefnet. Boston: Rodale.

Straus, M. 1994. *Beating the Devil Out of Them: Corporal Punishment in American Families.* New York: Lexington Books.

Strozzi-Heckler, R. 2007. *In Search of the Warrior Spirit: Teaching Awareness Disciplines to the Military,* 4th ed. Berkeley, CA: Blue Snake Books.

Tavris, C. 1989. *Anger: The Misunderstood Emotion.* New York: Simon & Schuster.

Wachs, K., and Cordova, J. V. 2007. "Mindful Relating: Exploring Mindfulness and Emotion Repertoires in Intimate Relationships." *Journal of Marital and Family Therapy* 33: 464–81.

Walach, H., N. Buchheld, V. Buttenmüller, N. Kleinknecht, and S. Schmidt. 2006. "Measuring Mindfulness: The Freiburg Mindfulness Inventory." *Personality and Individual Differences* 40: 1543–55.

Whitting, J. W. M. 1941. *Becoming a Kwoma.* New Haven, CT: Yale University Press.

Williams, R. B. 1999. "A 69-Year-Old Man with Anger and Angina." *Journal of the American Medical Association* 282: 763–770.

Williams, R., and V. Williams. 2006. *In Control: No More Snapping at Your Family/Sulking at Work/Steaming in the Grocery Line/Seething in Meetings/Stuffing Your Frustration.* New York: Rodale.

Wolff, H. S., and S. Wolf. 1967. "Stress and the Gut." *Gastroenterology* 52: 2.

Wood, C. 1986. "The Hostile Heart." *Psychology Today* 20: 10–12.

World Health Organization (WHO). 1996. WHO Global Consultation on Violence and Health. *Violence: A Public Health Priority.* Geneva, Switzerland: World Health Organization.

—————. 2002. *World Report on Violence and Health.* Geneva, Switzerland: World Health Organization.

Young-Eisendrath, P. 2009. "What Suffering Teaches." In *In the Face of Fear: Buddhist Wisdom for Challenging Times,* edited by Barry Boyce and the editors of the *Shambhala Sun.* Boston: Shambhala Publications.

Zautra, A. J., M. C. Davis, J. W. Reich, P. Nicassario, H. Tennen, P. Finan, A. Kratz, B. Parrish, and M. R. Irwin. 2008. "Comparison of Cognitive Behavioral and Mindfulness Meditation Interventions on Adaptation to Rheumatoid Arthritis for Patients with and Without History of Recurrent Depression." *Journal of Consulting and Clinical Psychology* 76: 408–21.

calming your angry min

저자 소개

제프리 브랜틀리(Jeffrey Brantley, MD, DFAPA)는 마음챙김 명상을 30년 이상 실행해오고 있다. 또한 그는 자신의 의학 및 정신의학 분야 저술에서도 개인의 건강과 웰빙을 촉진하기 위한 시도로서 마음챙김과 마음챙김에 근거한 개입을 강조해왔다. 그는 듀크대학교 통합의학과의 창립진이며, 1988년에는 듀크대학교 통합의학과에 마음챙김에 근거한 스트레스 감소 프로그램을 개설하였다.

추천의 글을 쓴 바버라 프레드릭슨(Barbara L. Fredrickson, PhD)은 *Love 2.0*의 저자이며 노스캐롤라이나 채플힐대학교 심리학과 석좌교수이자, 채플힐의 긍정적 정서와 심리생리학 연구실의 책임교수이다.